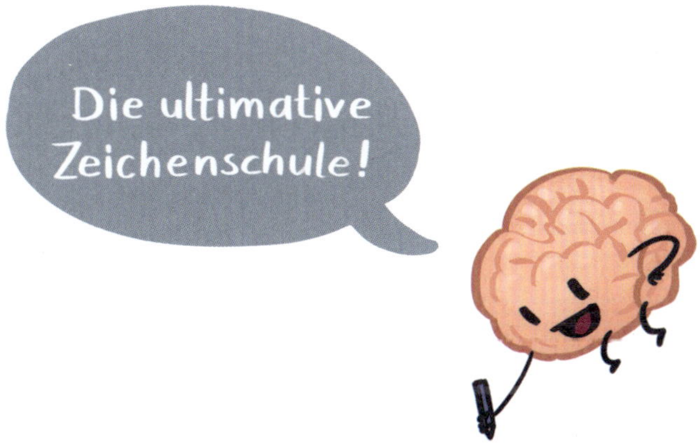

ZEICHNEN
BEGINNT IM KOPF

VON LINA FLEER

Hier ist ein Daumenkino!

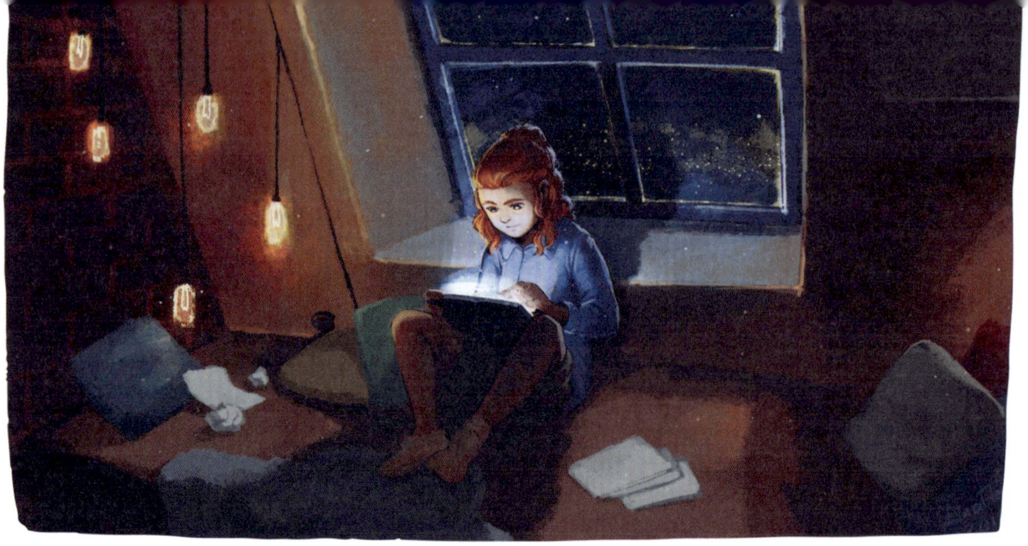

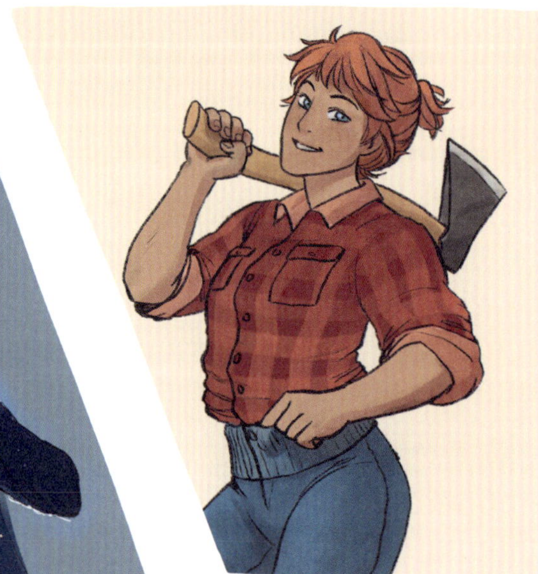

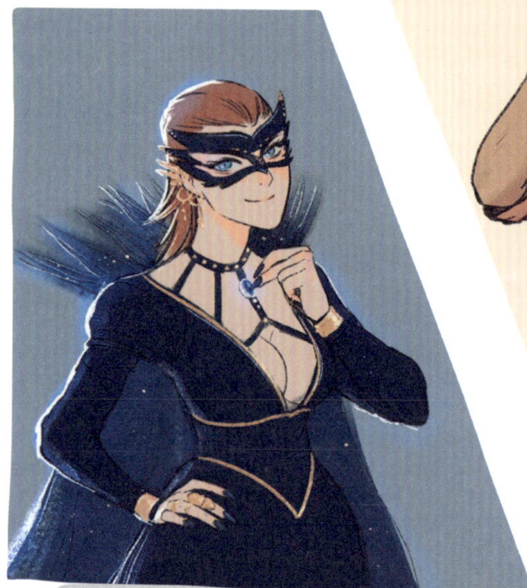

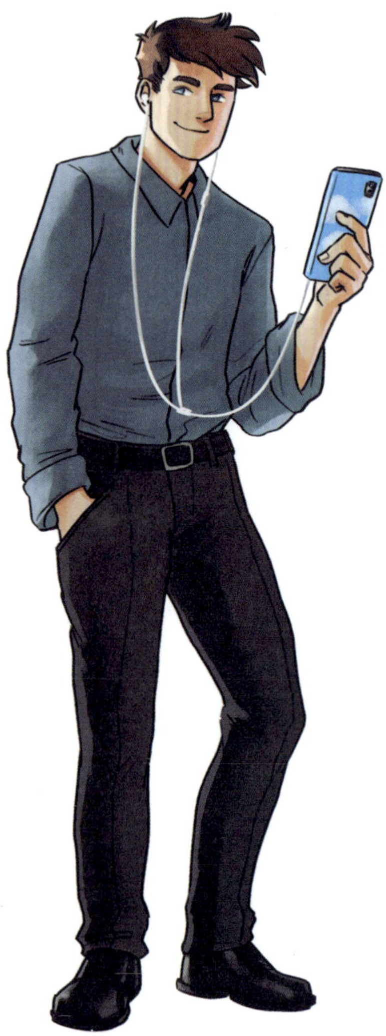

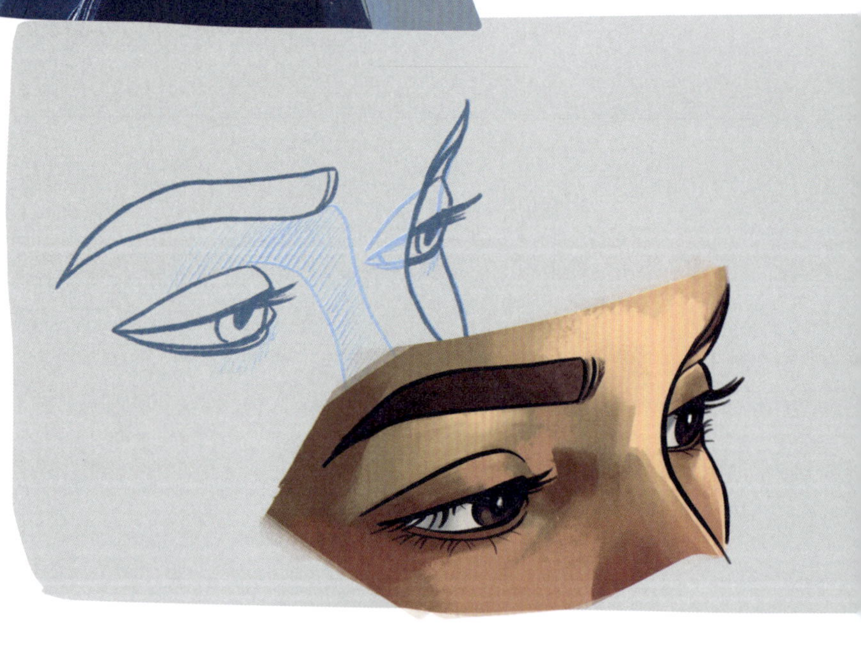

Hier auch! →

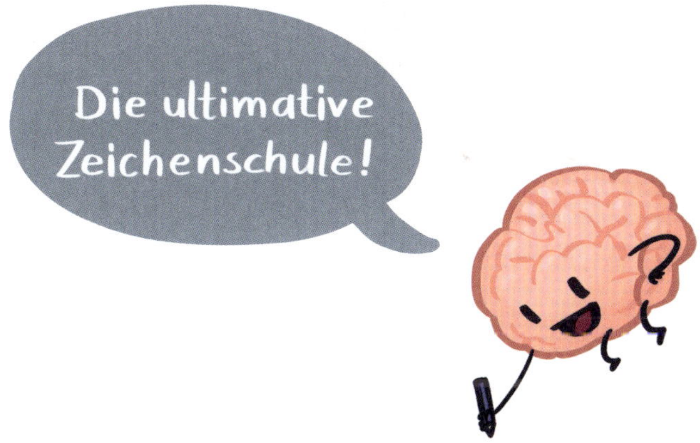

ZEICHNEN
BEGINNT IM KOPF

von Lina Fleer

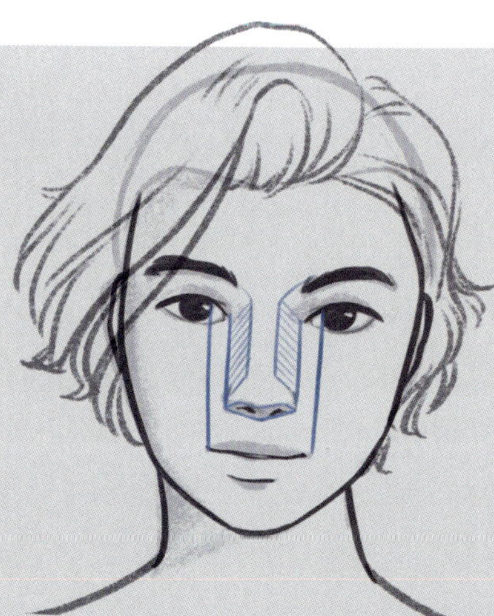

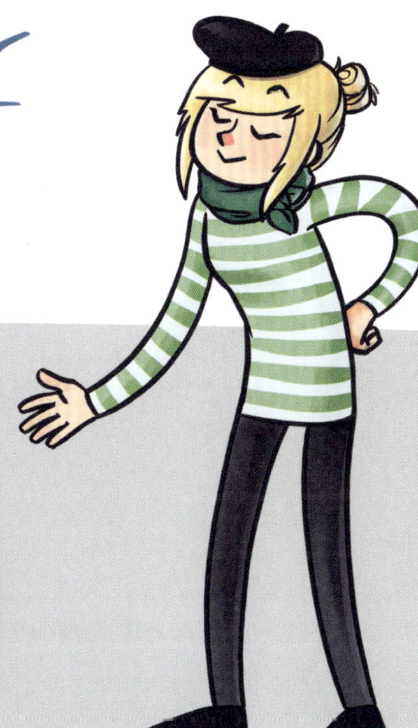

EIN BUCH DER
EDITION MICHAEL FISCHER

INHALT

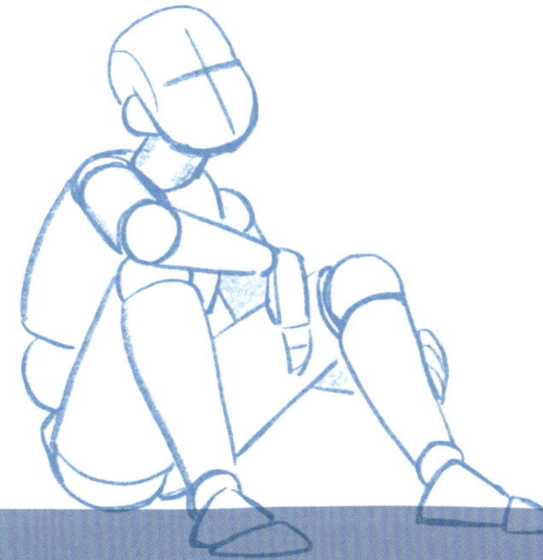

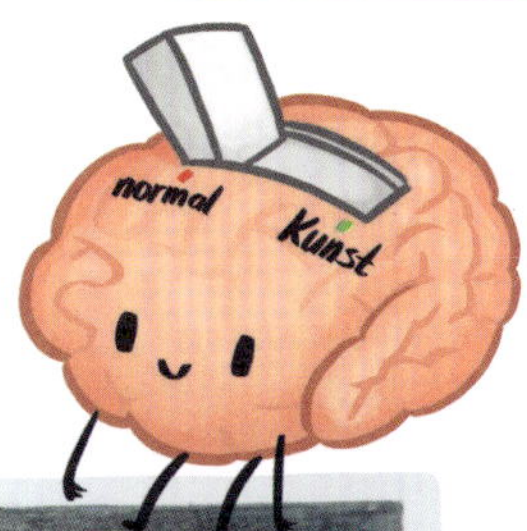

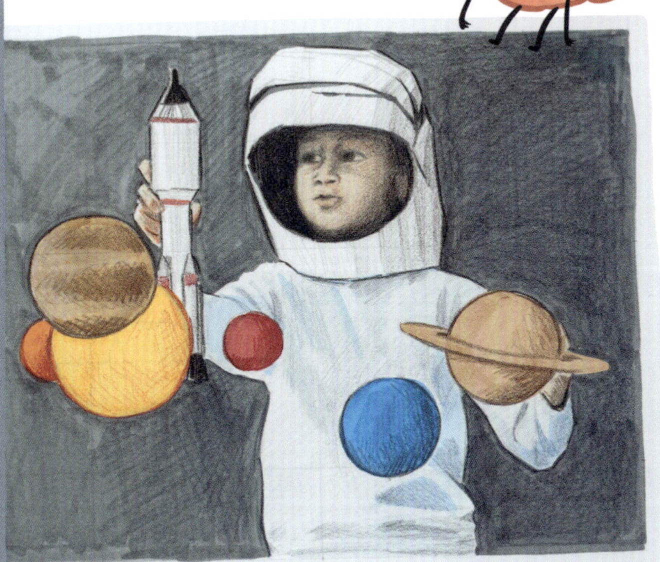

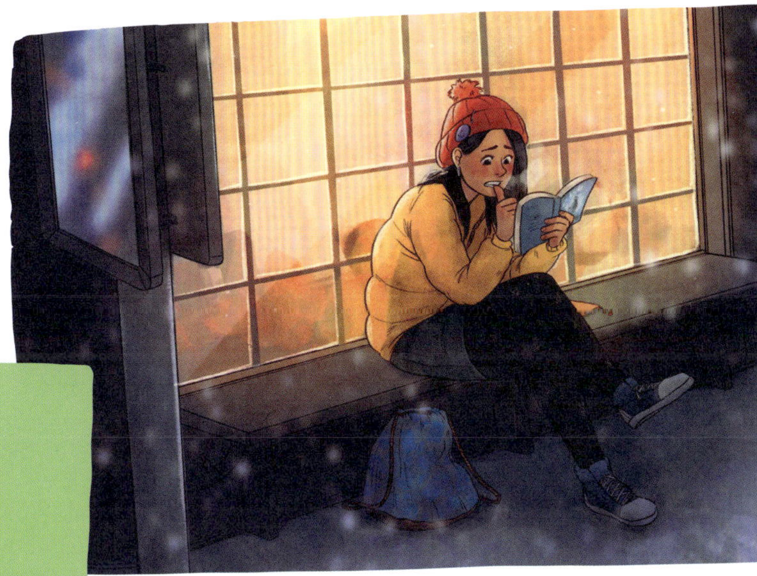

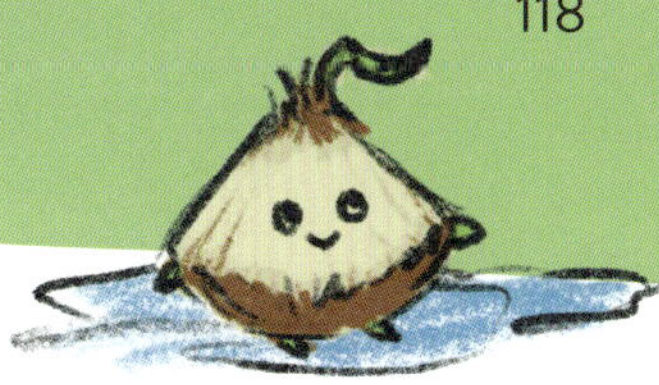

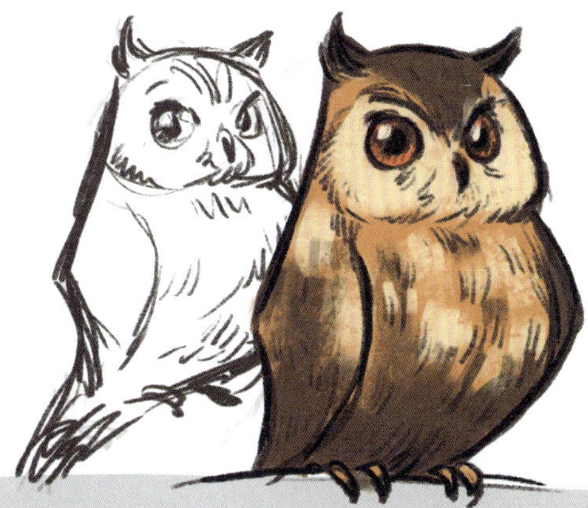

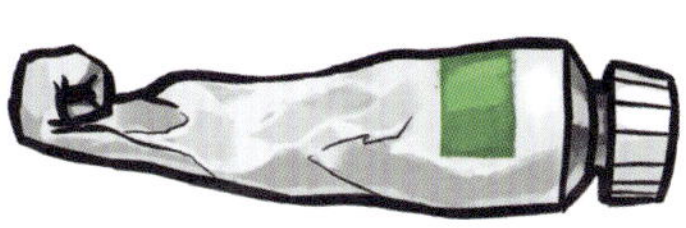

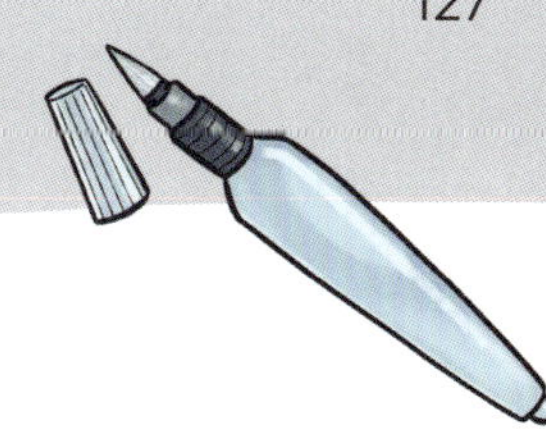

VORWORT

Hallo!

Ich bin Lina und dieses Buch ist meine Liebeserklärung ans Zeichnen!

Malen und Zeichnen waren schon immer meine Leidenschaft. Daher ist es nur selbstverständlich, dass ich Animatorin geworden bin – ein Beruf, bei dem man nicht nur ständig den Stil wechselt, sondern auch so viele Bilder hintereinander zeichnet, dass eine Illusion von Bewegung entsteht.

Wie die meisten anderen Kreativen glaube ich nicht an grundlegende Begabungen oder Talent, das manche Menschen einfach besitzen und andere nicht. Jeder kann zeichnen lernen, auch wenn es manchmal vielleicht einen Extraanstoß braucht.

Am wichtigsten ist es immer noch, Spaß dabei zu empfinden. Dieser kann einem jedoch schnell vergehen, wenn man keine Verbesserung sieht oder nur stumpf üben soll.

Aus diesem Grund beziehen sich meine Lernmethoden eher auf die Prozesse des Gehirns und darauf, dass du dir bewusst machen solltest, wie diese funktionieren. Dadurch kannst du schneller lernen und auch flink dazu übergehen, genau das zu zeichnen, was du möchtest.

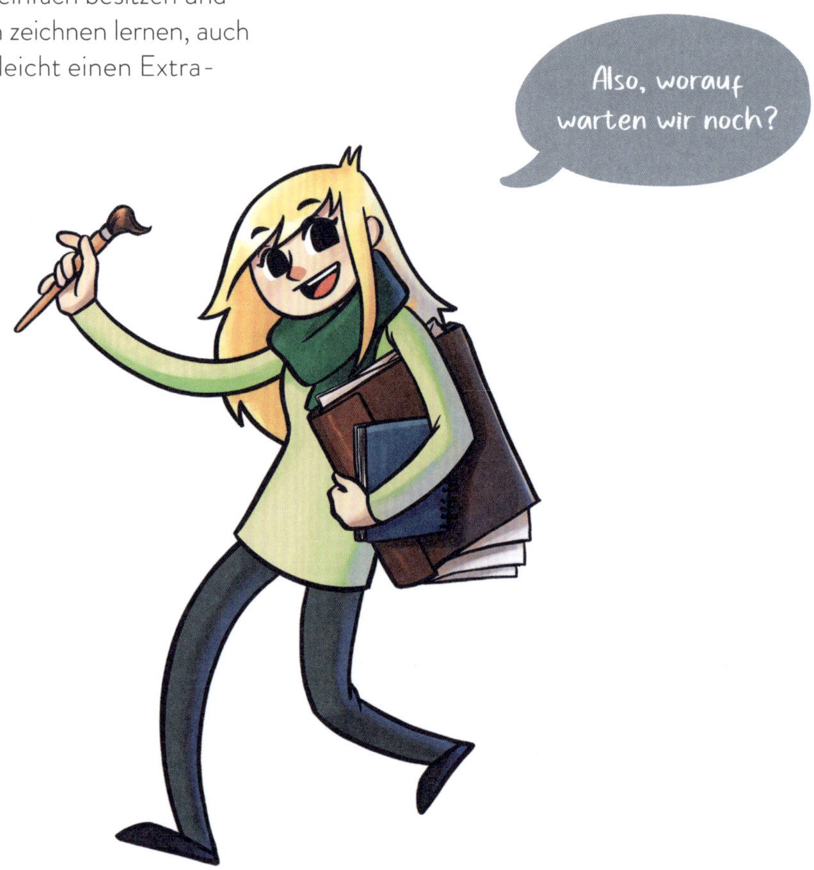

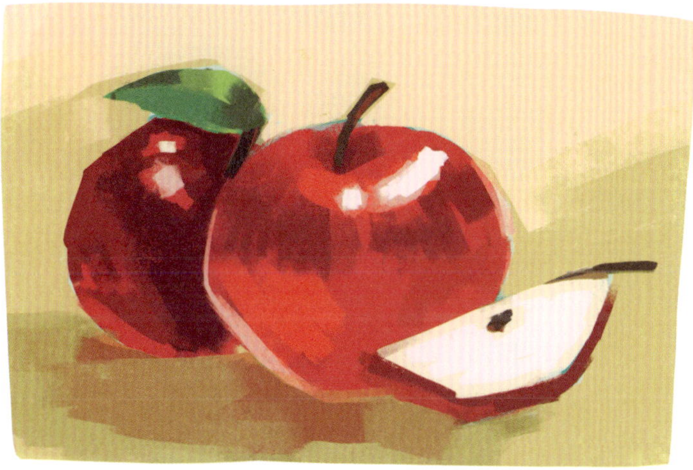

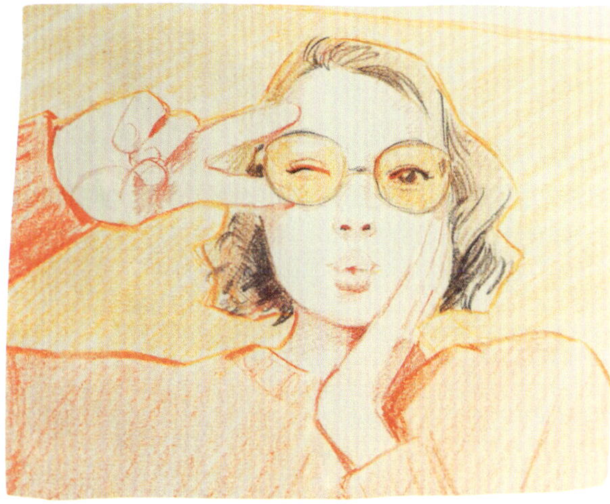

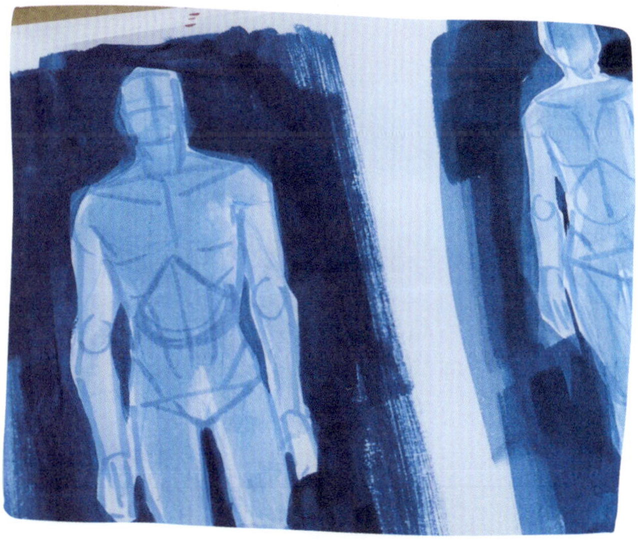

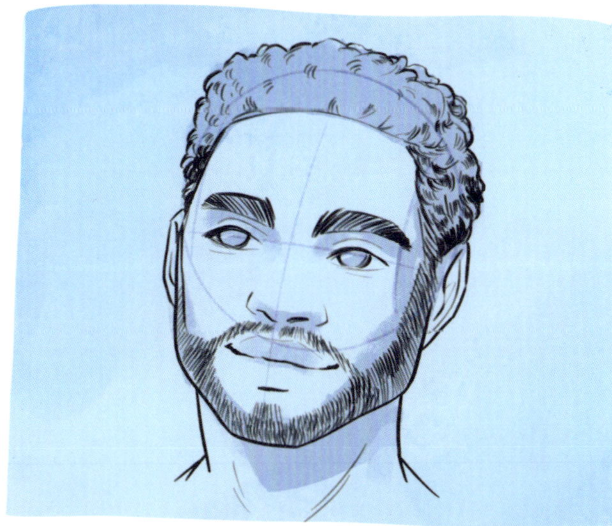

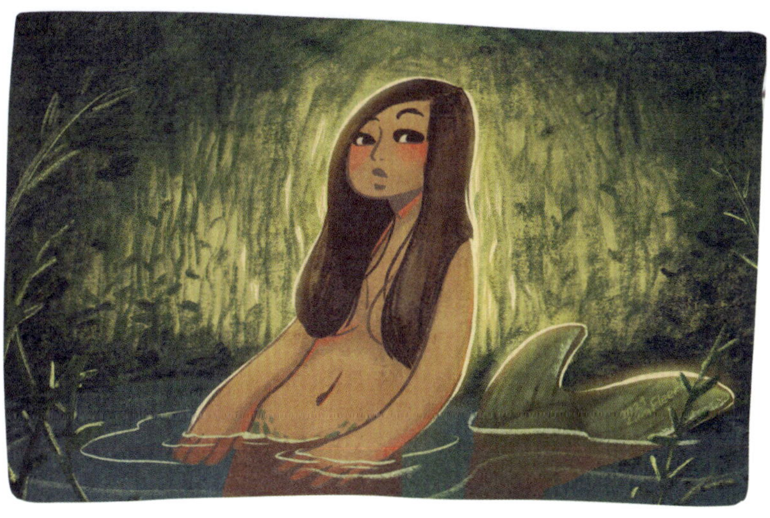

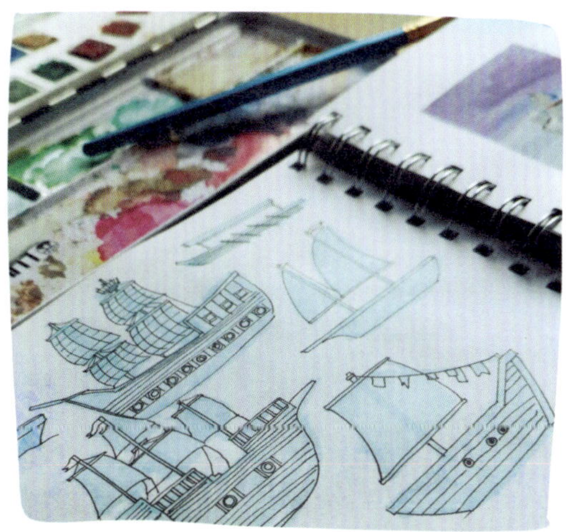

WIE KÜNSTLER DENKEN

Besonders spannend ist es immer, einmal jemand Erfahrenes und dann eine Person, die mit Kunst gar nichts zu tun hat, zu fragen, ein bestimmtes Motiv zu malen – in diesem Fall das Bild einer Landschaft mit einem Baum. Beide haben im Prinzip das Gleiche gemalt, aber ich denke, man erkennt da doch ein paar deutliche Unterschiede.

Das Interessante ist, die unerfahrene Person denkt in ganz anderen Mustern. Die Person hat keinen Baum gemalt, sondern eher das Symbol eines Baumes. Der Stamm ist ein brauner Balken und die Baumkrone ein grünes Wölkchen.

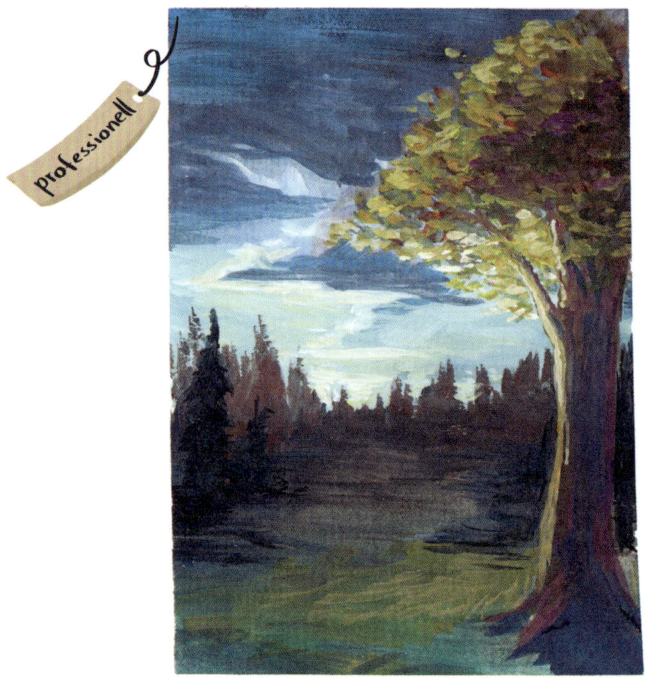

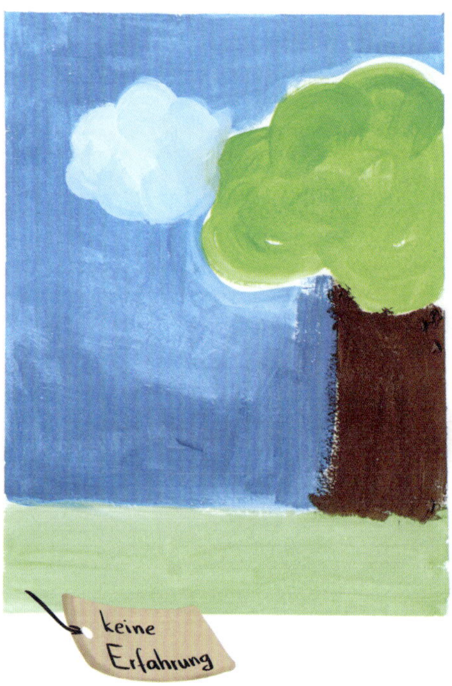

Beim professionellen Bild findest du ganz andere Farben. Wenn du genau hinsiehst, erkennst du sowohl in den Blättern als auch im Stamm Gelb-, Rot- und Blautöne. Und auch die Wolken dort nehmen ganz andere Formen an.

Mit Kunsterfahrung kann man die Welt viel realer, aber auch abstrakter darstellen, weil man gelernt hat, sie genauer zu betrachten und das Gesehene zu verarbeiten.

Das Schönste daran ist, dass du durch eine genauere Wahrnehmung nicht nur die Realität besser abbilden kannst, sondern auch viel konkreter erkennen kannst, was dir gefällt und was du zeichnen möchtest.

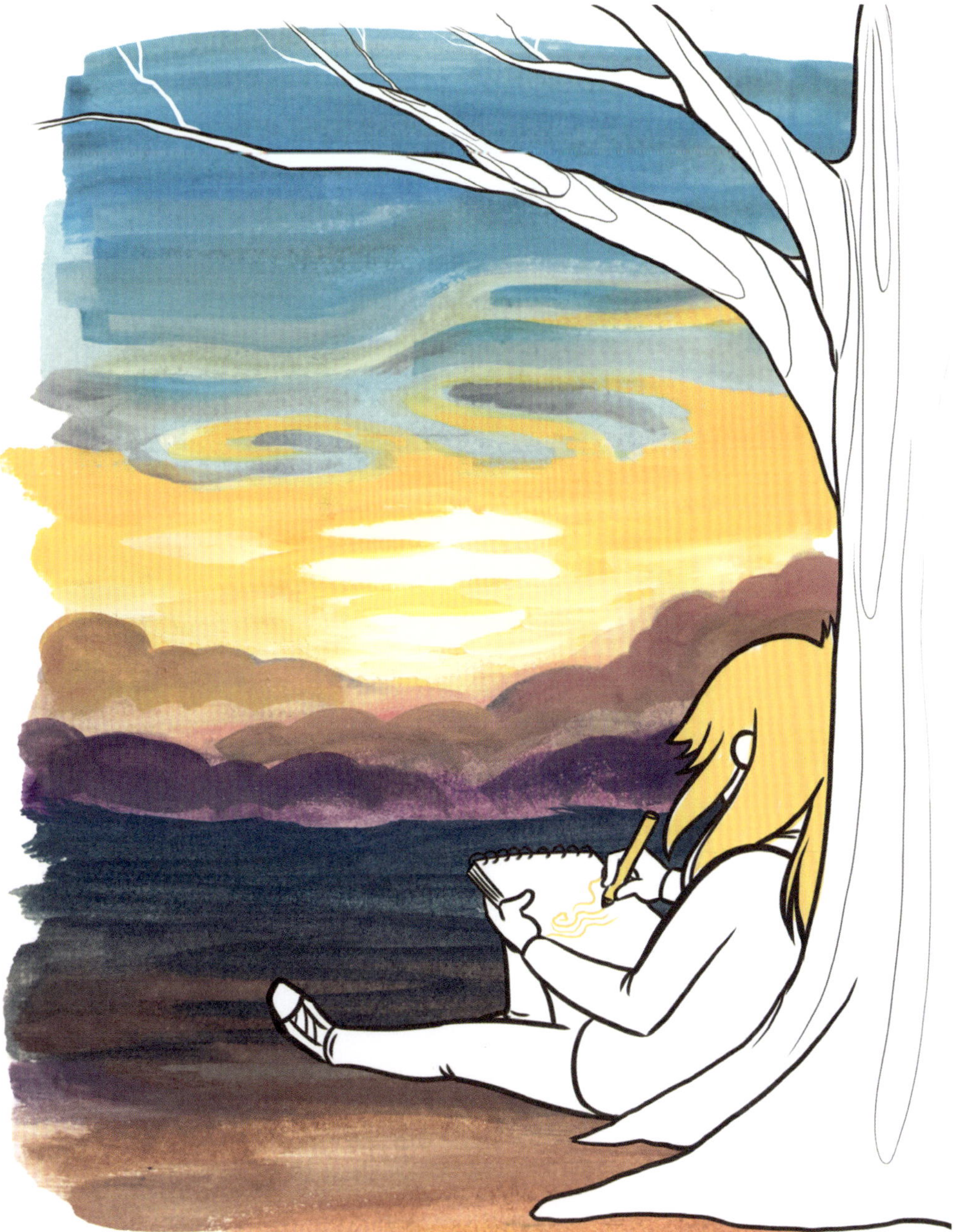

Unser Gehirn verändert sich durch jede neue Fähigkeit, die wir uns aneignen, und die bewusste Wahrnehmung erlaubt es dir, die Welt mit ganz neuen Augen zu sehen.

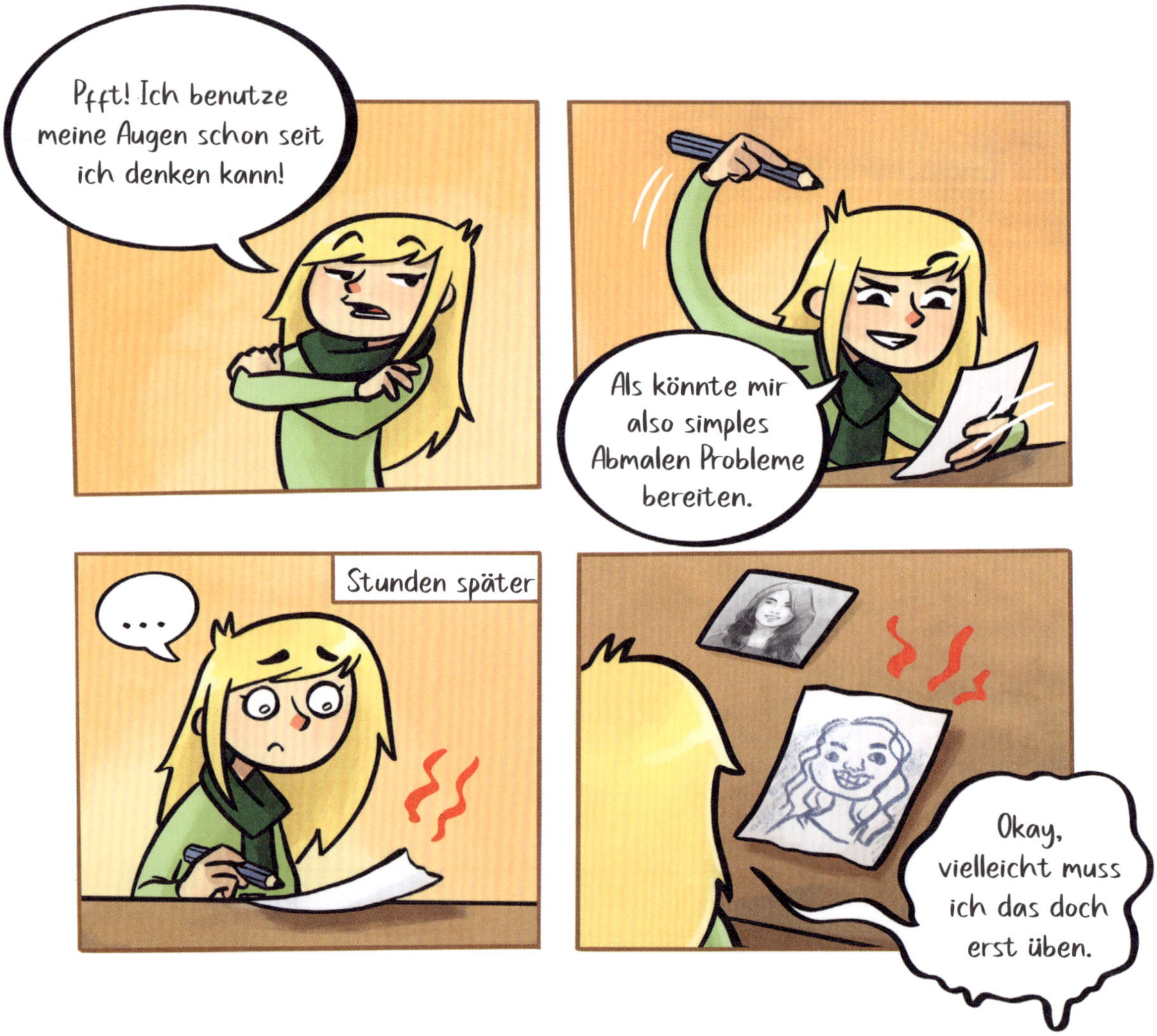
Pfft! Ich benutze meine Augen schon seit ich denken kann!
Als könnte mir also simples Abmalen Probleme bereiten.
Stunden später
...
Okay, vielleicht muss ich das doch erst üben.

WAHRNEHMUNG

Sehen ist so selbstverständlich für uns, dass wir so gut wie nie darüber nachdenken was wir gerade betrachten und wie unsere Umwelt »wirklich« aussieht.

Sobald wir dann versuchen ein Motiv genau zu beschreiben, fällt uns erst auf wie viele Details uns vielleicht vorher entgangen sind. Bei einer Zeichnung ist dieser Effekt noch viel stärker. Aber selbst so eine alltägliche Fähigkeit wie ein Objekt betrachten, kann trainiert und perfektioniert werden.

Die nächsten Seiten werden dir mehrere Methoden zeigen, die sich auf verschiedene Aspekte der Wahrnehmung beziehen. Dadurch lernst du, worauf du achten solltest und welche Vorgehensweisen du nutzen kannst, damit das was du siehst auch auf dem Papier landet.

DER SCHALTER IM GEHIRN

Lass uns mit einem Prinzip beginnen, das ich den »Schalter im Gehirn« nenne. Unser Ziel ist es, unsere Wahrnehmung vom Alltagsmodus in den Zeichenmodus umzustellen.

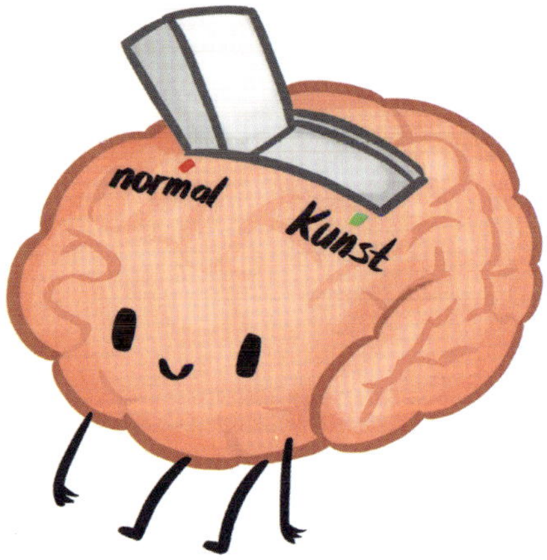

Im Grunde kannst du sehr dankbar dafür sein, dass dein Gehirn den Großteil deiner Wahrnehmung nur unterbewusst durchführt. Würden wir zu jeder Zeit jedes noch so kleine Detail bewusst wahrnehmen, wären wir schnell überfordert.

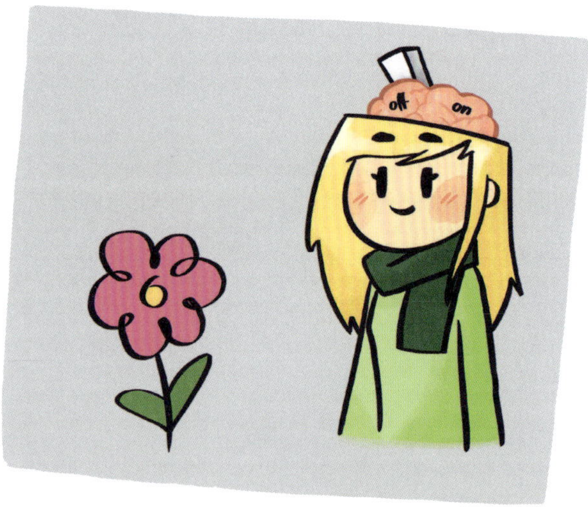

Wenn wir aber nun etwas korrekt abzeichnen wollen, müssen wir gezielter hinschauen. Wir müssen die Form erkennen, die Farbe, die Struktur, die Schatten, und das alles auch noch im Zusammenhang.

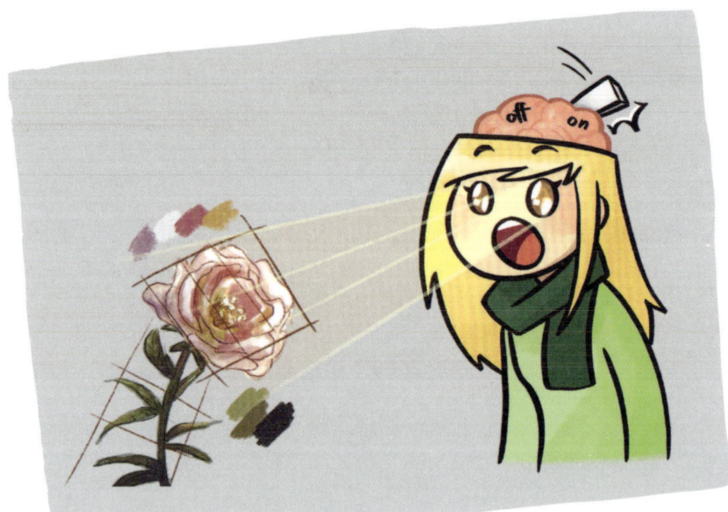

Unser Gehirn lässt das aber nicht so einfach zu. Es filtert weiterhin Informationen heraus und füllt die Lücken mit »Wissen«.

Dass dieses vermeintliche Wissen nicht immer mit dem übereinstimmt, was wir wirklich sehen, ist dabei besonders nervig.

Häufig enden unsere Bilder dann in simplen Symbolen unseres Motivs und nicht in einer korrekten Rekonstruktion.

Simple Darstellungen können natürlich auch sehr hübsch sein. Wir wollen aber richtige Profis werden und alles genau so zeichnen, wie wir möchten. Dafür müssen wir lernen, unser Gehirn auszutricksen.

Auf den folgenden Seiten werde ich dir zeigen, wie du bestimmte Methoden nutzen kannst, um deine Wahrnehmung umzupolen. Der größte Faktor dabei ist, dass du viel abzeichnest, denn erst dadurch verinnerlichst du diese Prinzipien und Denkweisen.

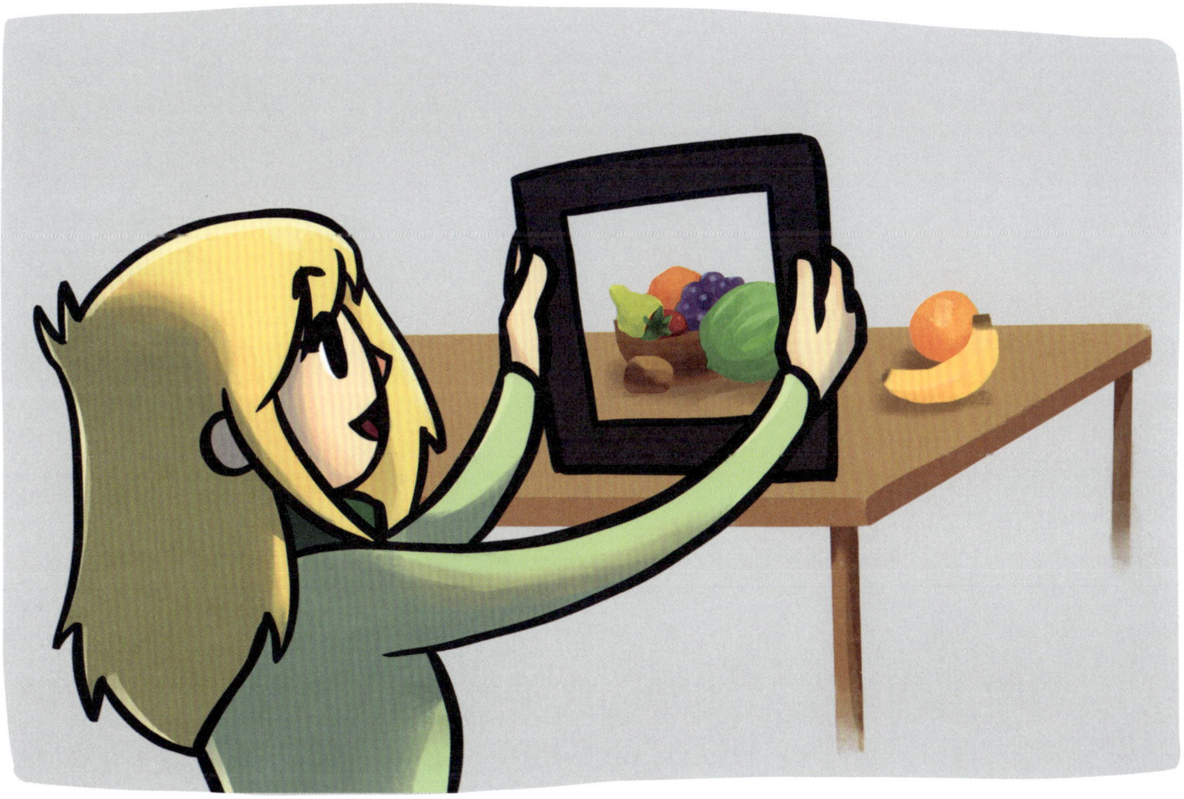

Normalerweise ist es übrigens empfehlenswert, nicht nur von Fotos oder sogar anderen Illustrationen abzumalen, sondern von der Realität. Kameras können viel verzerren und du solltest dich auf deinen Blick verlassen können. Für dieses Buch sind Fotos jedoch das, was der Realität am nächsten kommt.

Methode

KOPFÜBER

Gerade Gesichter sind sehr betroffen von unserem Hirnfilter, weshalb es dafür direkt die erste und sogar die simpelste Übung gibt.

Du hast es wahrscheinlich schon oft erlebt, dass du Gesichter in Objekten gesehen hast, obwohl da gar keine sind. Auch die Tatsache, dass wir nur zwei Punkte und einen Strich brauchen, um ein Lächeln darin zu erkennen, zeigt das sehr deutlich :)

Leider sieht der Zeichenprozess bei Gesichtern dadurch auch folgendermaßen aus:

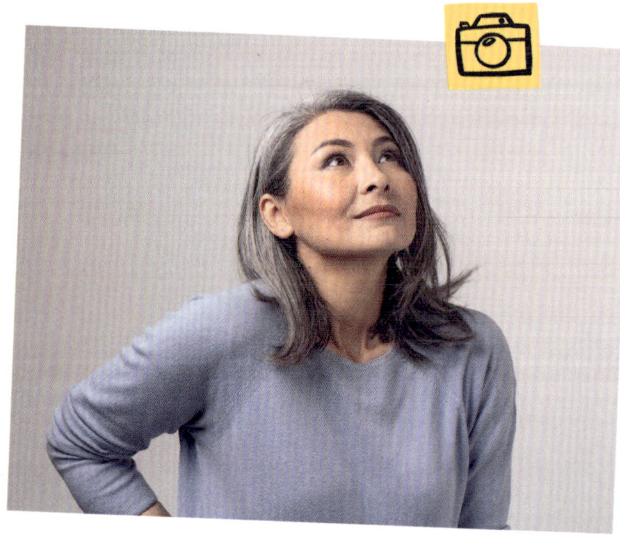

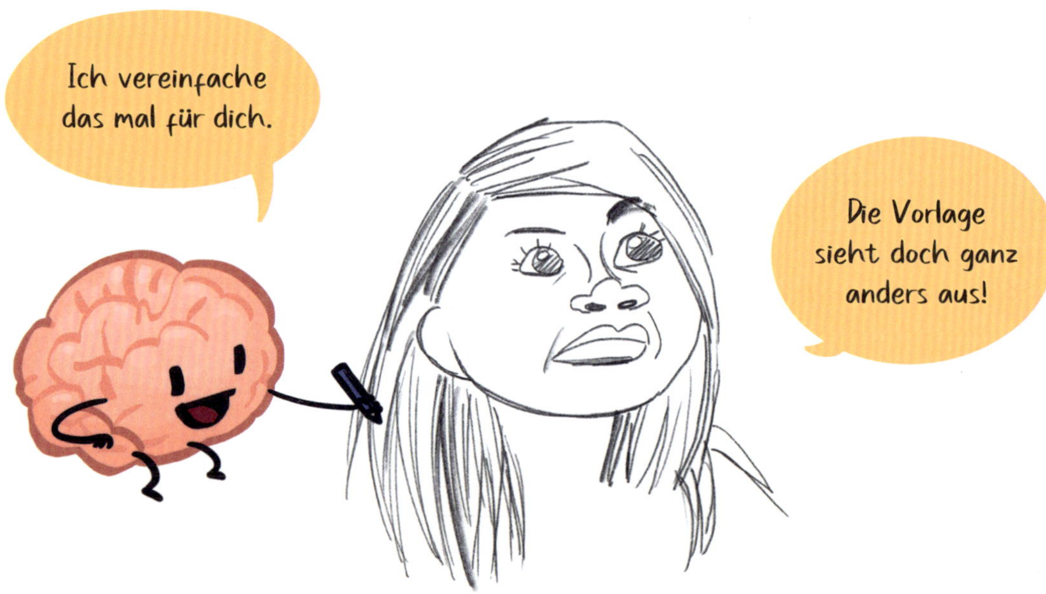

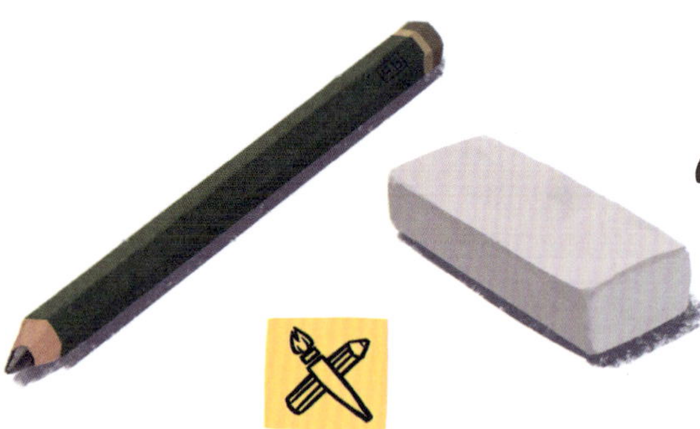

Da du hier viel rumprobieren und mehrmals deine Skizzen ausbessern kannst, solltest du ganz simpel zu deinem Lieblingsbleistift und Radierer greifen.

Stattdessen einfach umdrehen

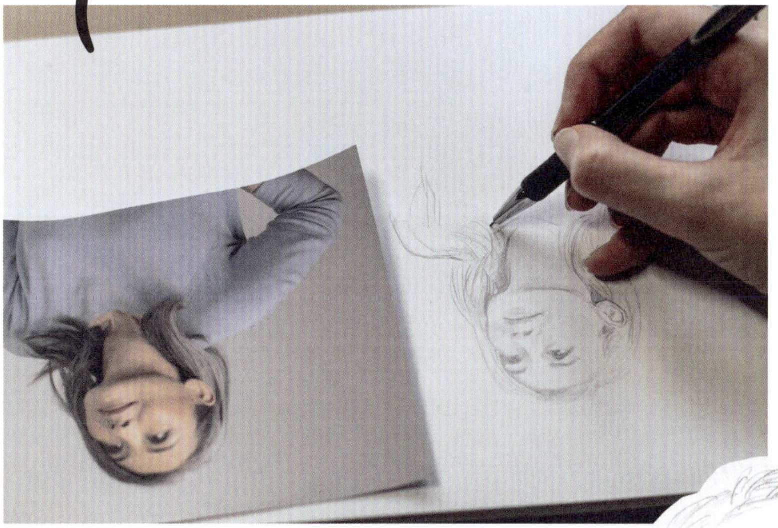

Zum Glück können wir unser Hirn supereinfach daran hindern, überhaupt ein Gesicht zu sehen. Dafür müssen wir unsere Vorlage einfach nur kopfüber drehen und sie so abzeichnen. So blockiert unser Unterbewusstsein keine visuellen Informationen, weil es sich wieder selbstständig gemacht hat.

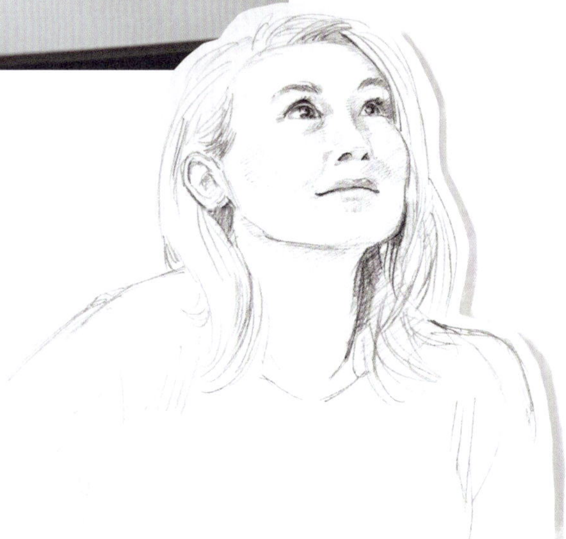

Schon mit dieser simplen Methode sieht unsere Zeichnung dem Originalbild so viel ähnlicher. Je öfter du es versuchst, umso genauer werden deine Kopien auch, aber durch die folgenden Methoden wirst du dich darin noch weiter verbessern.

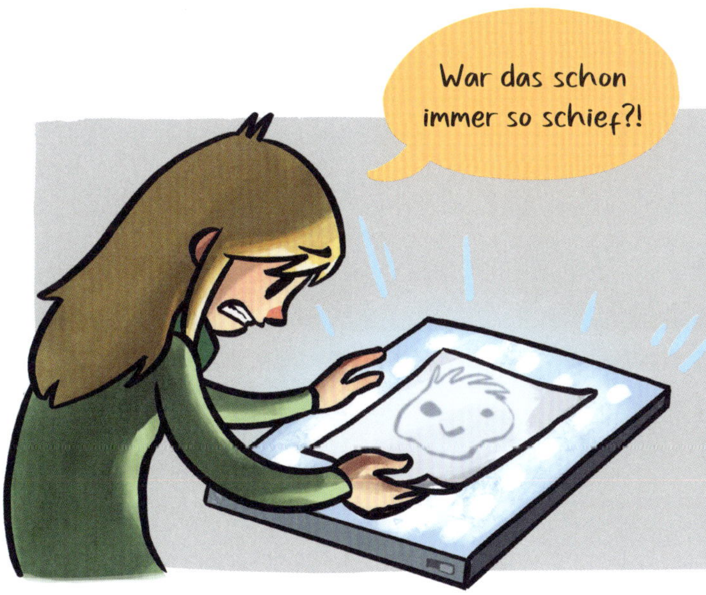

Dein Gehirn mal ein bisschen umdenken zu lassen, indem du deine Bilder in andere Positionen bringst, hilft übrigens auch im Nachhinein. Überprüfe deine Zeichnungen doch mal auf Fehler, indem du sie umgedreht gegen eine Lichtquelle hältst, sie damit also einmal spiegelst.

Auf einmal erkennst du ganz deutlich, an welchen Stellen du noch arbeiten solltest.

Methode

RASTER

Die Rastermethode benutzen auch Profis, um Bilder perfekt kopieren oder in andere Größen übertragen zu können.

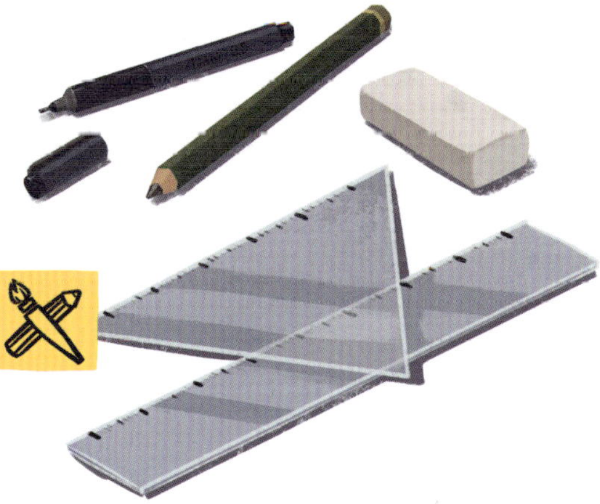

Für die Zeichnung selbst ist das Material egal. Für das Raster solltest du aber ein Lineal und einen Bleistift oder Fineliner zur Hand haben.

Auch die Wahl des Motivs ist in dem Fall nicht so wichtig. Solange man gut ein Raster drüberlegen und die Details noch erkennen kann, sollte es funktionieren.

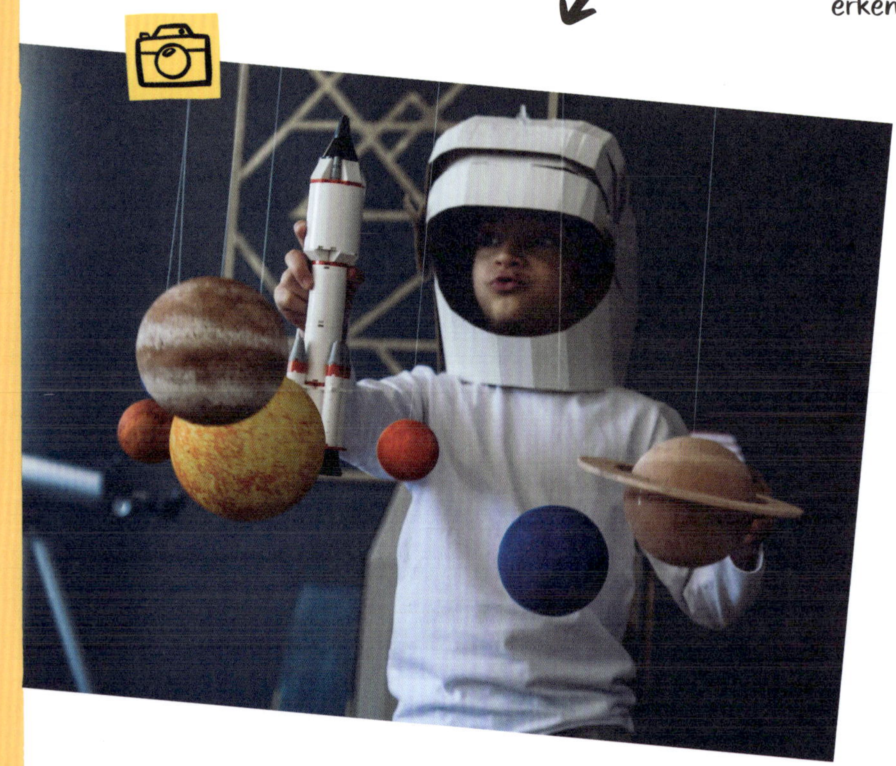

Du musst deinem Gehirn beibringen, die Welt ein bisschen »mathematischer« zu sehen. Das hat in dem Fall nichts mit Zahlen und Rechnen zu tun, sondern mit Verhältnissen und Bezugslinien.

Es verhindert in erster Linie, dass deine Bilder zu schief werden, denn das Problem hat fast jeder am Anfang.

Wir sehen und zeichnen nicht objektiv, sondern verrutschen immer sehr leicht und können Entfernungen nicht gut einschätzen.

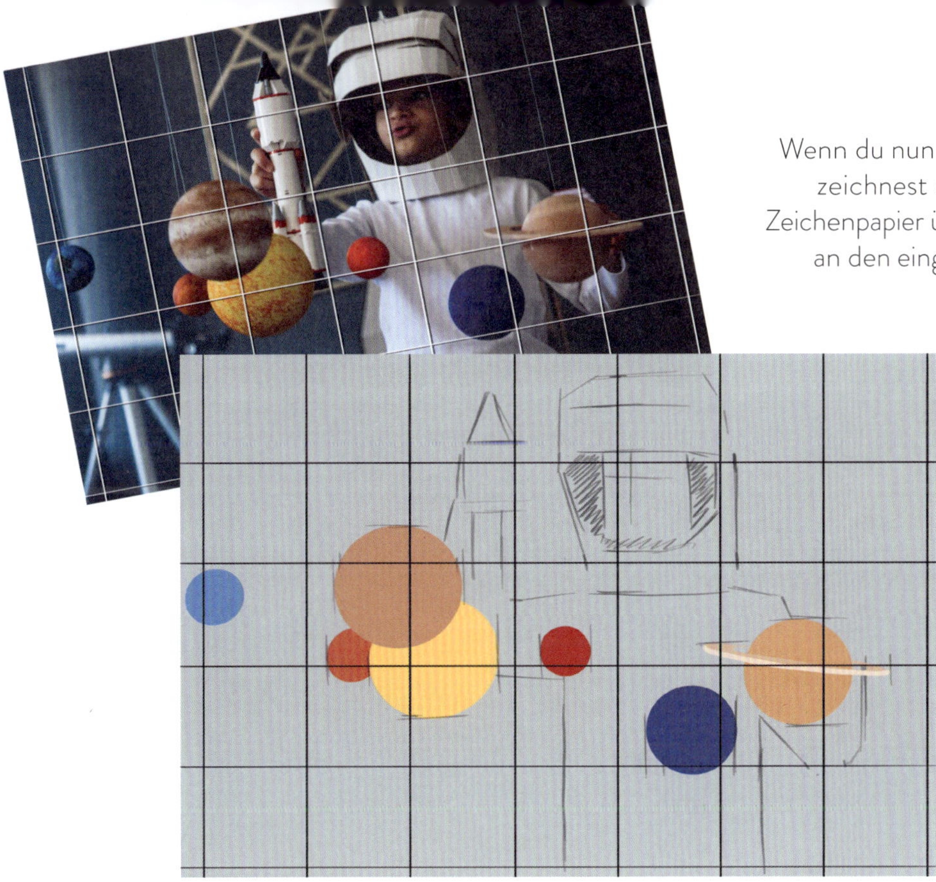

Wenn du nun aber ein Raster über dein Foto zeichnest und das gleiche Raster auf dein Zeichenpapier überträgst, kannst du dich immer an den eingezeichneten Linien orientieren.

Du schaust genau, welche Objekte sich wo mit den Rasterlinien überschneiden und markierst diese Schnittstellen bei deinem eigenen Raster.

Achte darauf, dass dein Raster nicht zu grob ist und dir die Anhaltspunkte fehlen.

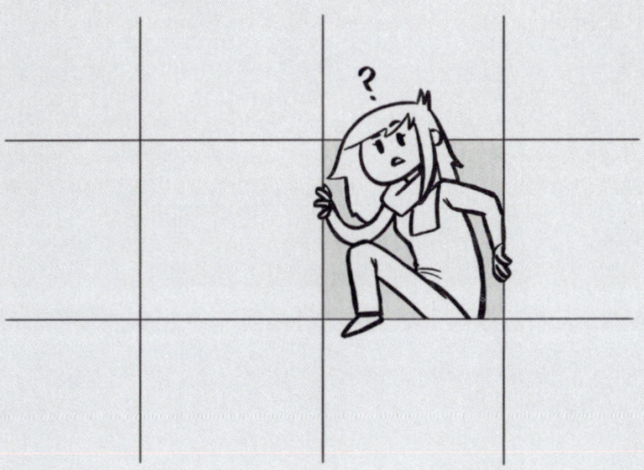

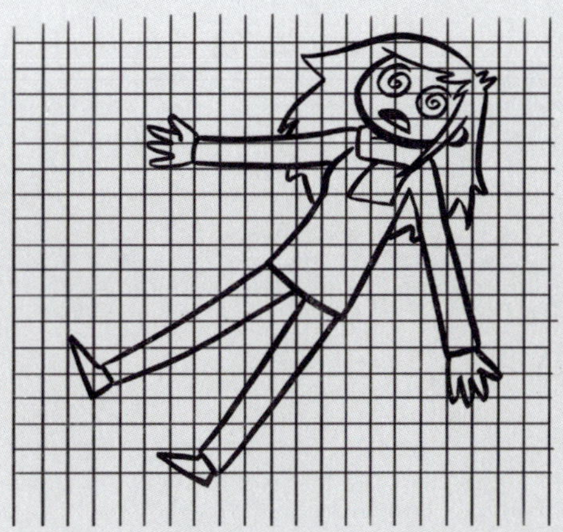

Zu fein sollte es aber auch nicht sein, sonst verliert man zu schnell die genaue Position, die man kopiert.

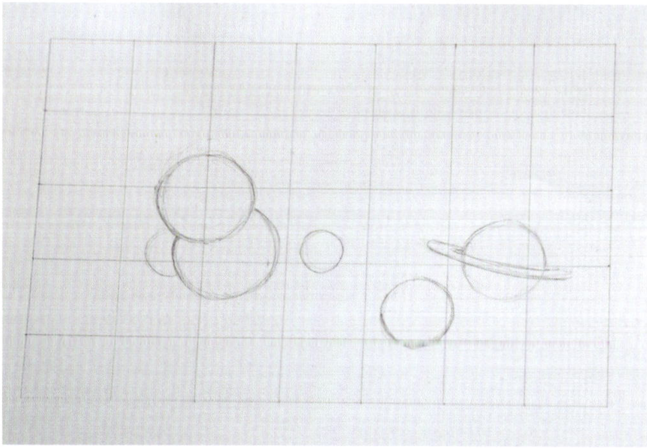

Step 1

Fangen wir mit den Planeten im Vordergrund an, denn die haben nicht nur einfache Formen, sondern bei ihnen sieht man auch am besten, wo sie das Raster kreuzen.

Step 2

Der Junge im Hintergrund ist da schon etwas kniffliger. Gerade für sein Gesicht könnte man auch ein kleineres Raster in dem Bereich anlegen oder auch hier die Kopf-über-Methode nutzen.

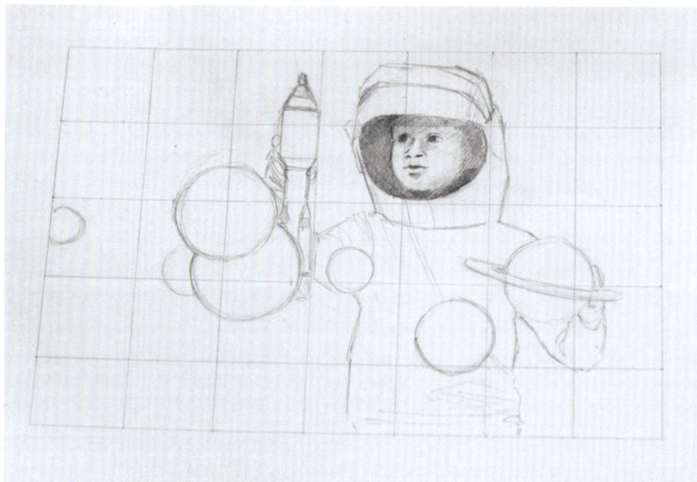

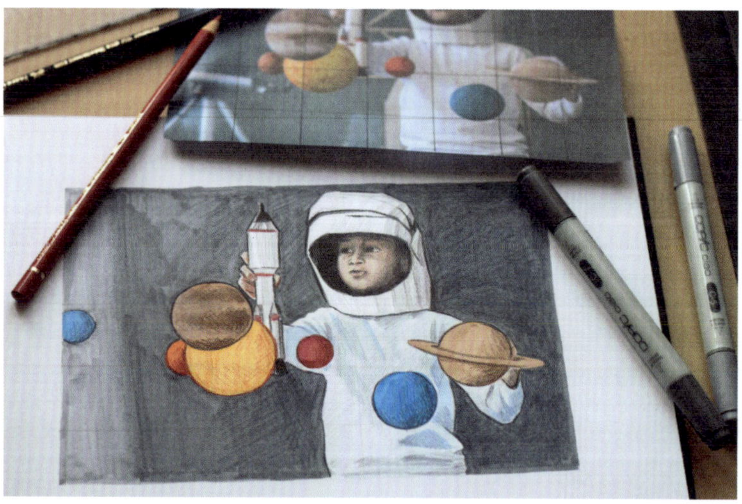

Step 3

Am Ende kannst du alles auch noch ausmalen und dich auch bei den Farben am Raster orientieren. Das ist aber nicht so einfach, deshalb sprechen wir später noch mal genauer über unsere Farbwahrnehmung.

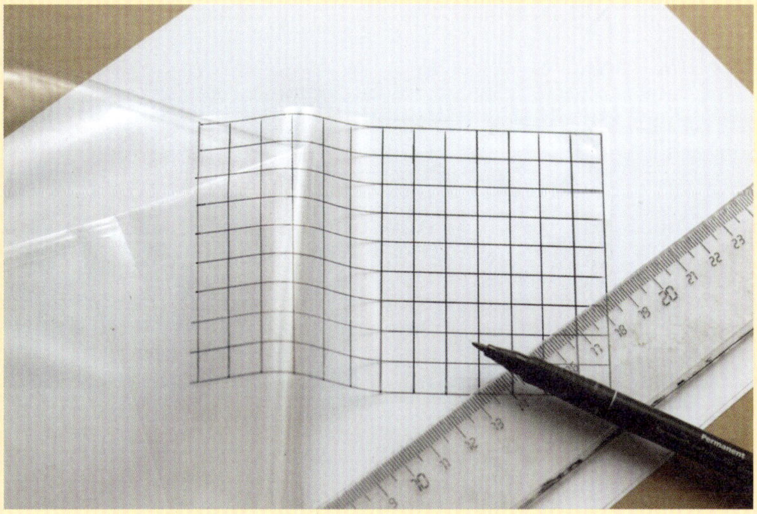

Wenn du keine Lust hast, jedes Mal aufs Neue all die Linien einzuzeichnen, kannst du auch ein bisschen schummeln. Male das Raster mit einem permanenten Folienstift auf eine Klarsichtfolie. Dadurch kannst du es immer wieder verwenden. Achte nur darauf, dass die Folie zwischendurch nicht verrutscht!

Wenn du noch etwas kariertes Papier herumliegen hast, kannst du es für kleinere Nachzeichnungen benutzen.

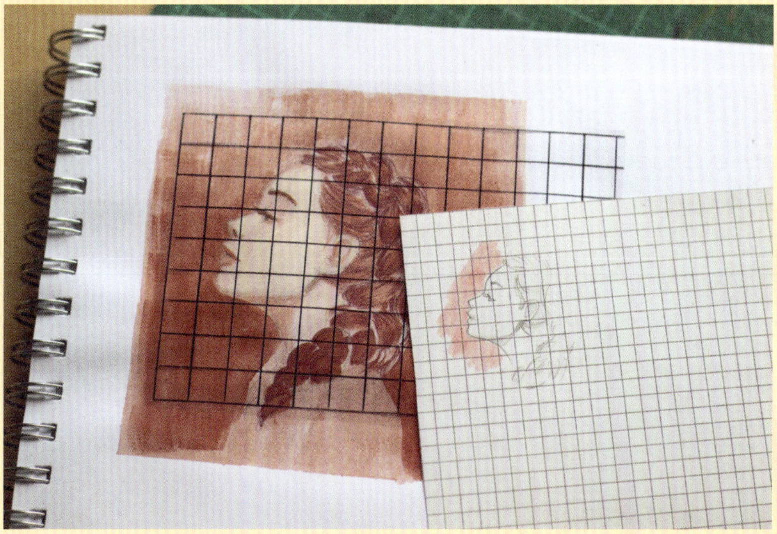

Diese Methode eignet sich übrigens auch super, um Bilder zu vergrößern oder zu verkleinern. Das hängt einfach davon ab, ob du dein Raster größer oder kleiner als das Originalraster anlegst.

Methode

HELL & DUNKEL

Versuche als Vorlage ein Foto mit starken Kontrasten zu finden, am besten in Schwarz-Weiß, das sich gut in 3 bis 4 Helligkeitsstufen einteilen lässt. Du solltest klar erkennen können, welche Stellen schwarz und welche weiß sind.

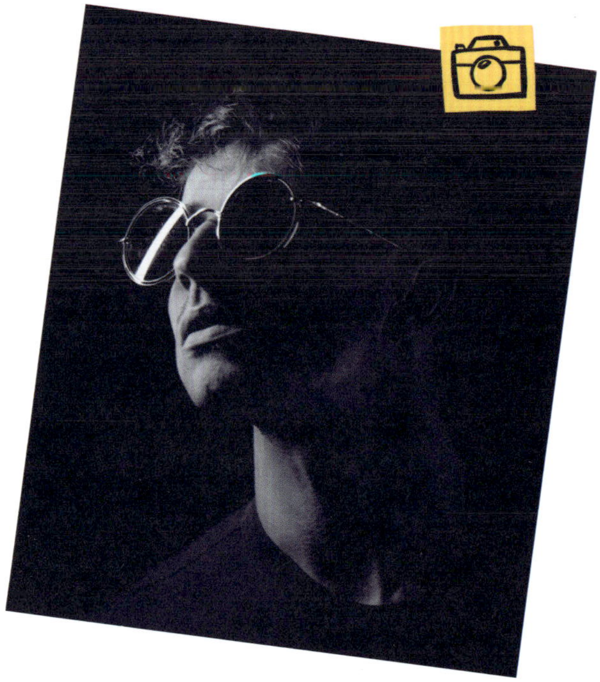

Als Farben nimmst du am besten dicke Filzstifte oder vorher gemischte Graustufen von deckenden Farben, wie Acryl oder Gouache.

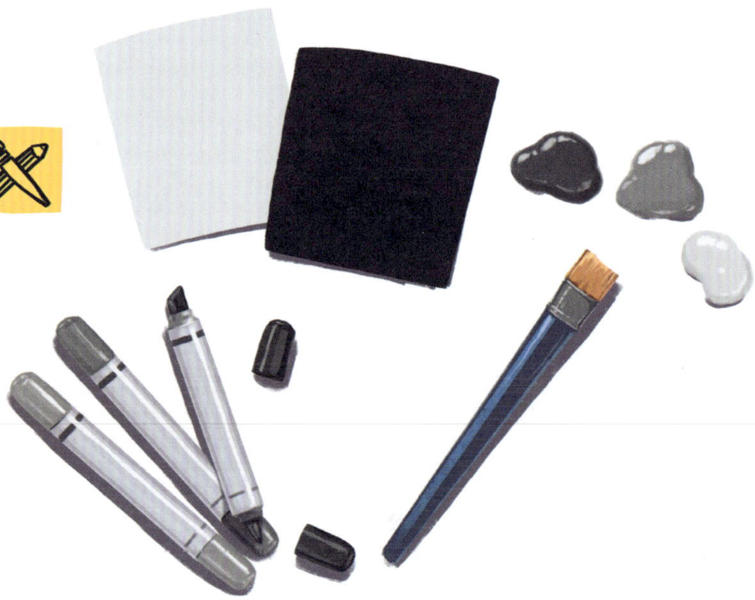

Die Pinsel- oder Markerspitzen sollten recht breit sein, damit du eher flächig arbeitest.

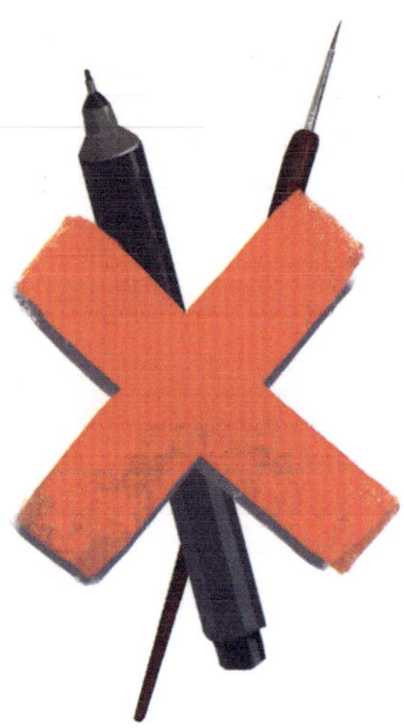

Zeichenwerkzeuge wie Bleistift, Fineliner oder Buntstifte solltest du hierfür nicht benutzen. Sie haben feine Spitzen, die eher zum Zeichnen von Umrissen einladen und genau die willst du hier vermeiden.

Diese Übung soll dir helfen, Bilder in Flächen zu sehen und dein Gehirn davon abzubringen, alles mit Linien definieren zu wollen. Denn genau dadurch zeichnet es häufig Dinge, die es so eigentlich gar nicht sieht.

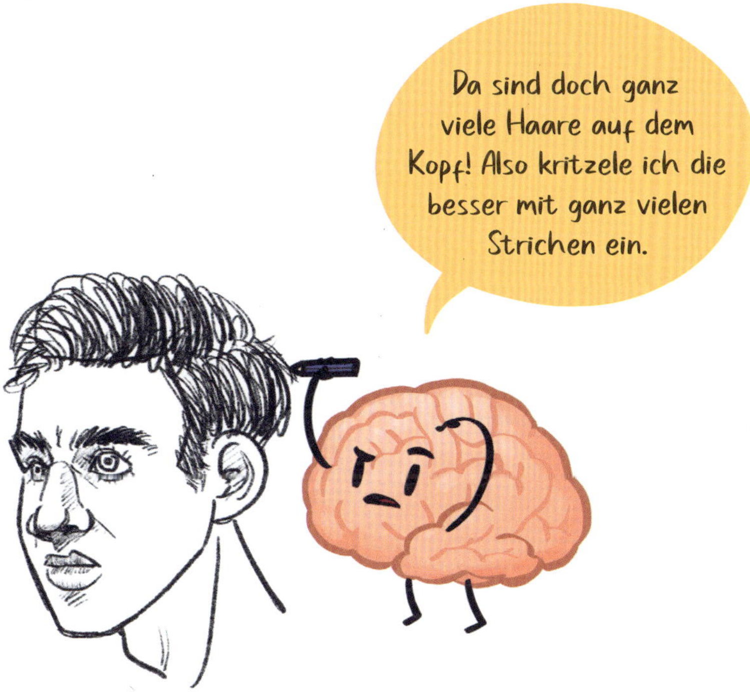

Wenn du dich aber auf verschiedene Helligkeitsstufen konzentrierst, kannst du viele Objekte meist besser darstellen.

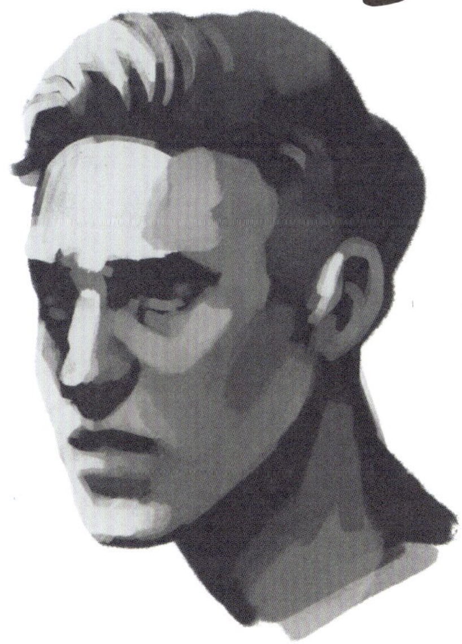

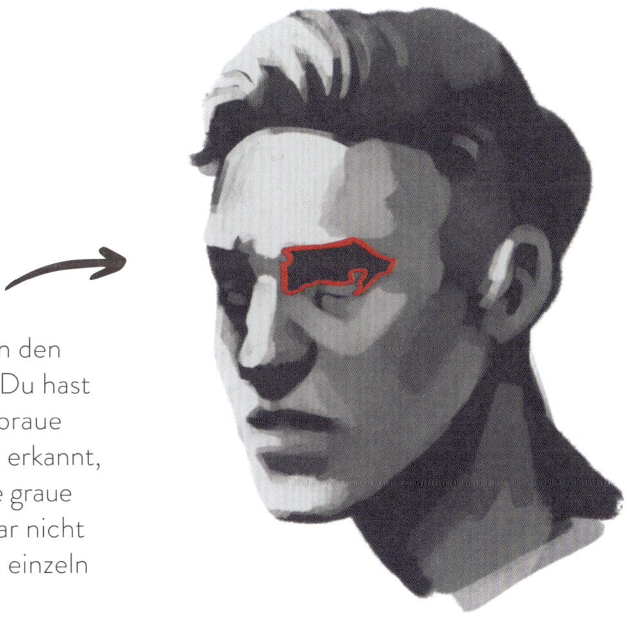

Schau dir mal allein den Augenbereich an. Du hast sofort eine Augenbraue und ein Auge darin erkannt, obwohl es nur diese graue Fläche ist. Es ist gar nicht nötig, jedes Detail einzeln zu malen.

Selbst wenn du sonst lieber mit Linien zeichnest, lernst du durch diese Methode, deine Vorlagen besser erkennen und nachzeichnen zu können.

Als Erstes solltest du dein Vorlagenbild genau betrachten. Sorge auch mal dafür, dass du es verschwommen siehst, zum Beispiel, indem du die Augen zukneifst.

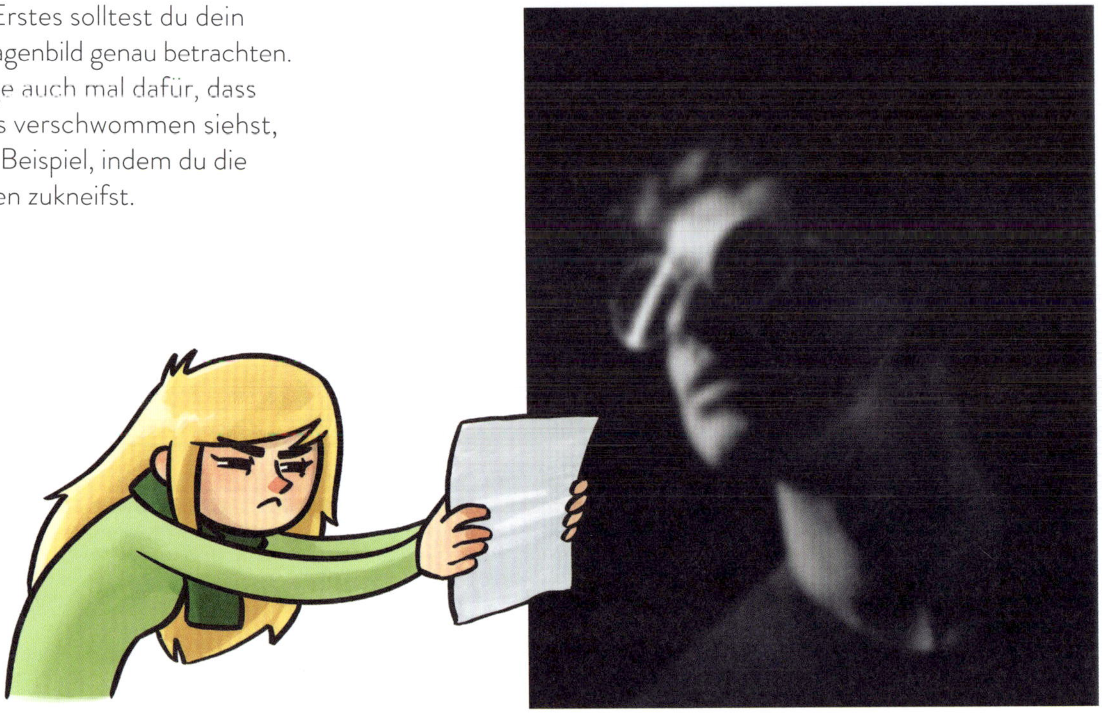

Bei dieser Vorlage erkennt man dadurch zum Beispiel, dass das einzige Weiß im ganzen Bild nur an der Brille zu finden ist. Alles andere ist entweder grau oder schwarz.

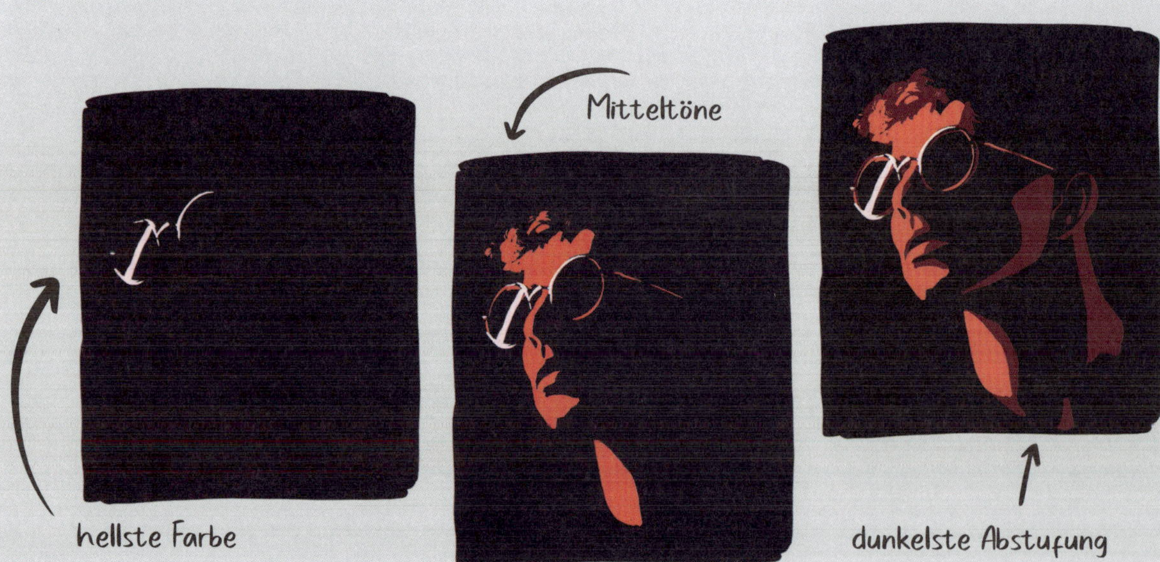

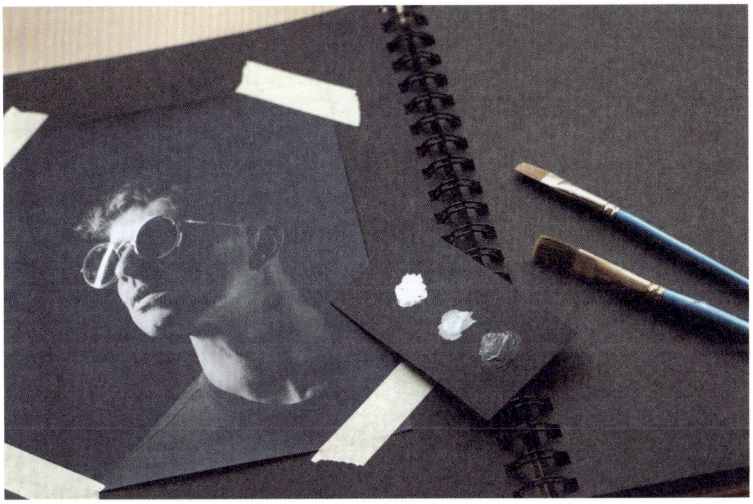

Step 1

Fürs Nachmalen suchst du dir dann deine Farbtöne aus und legst deine Vorlage bereit.

Step 2

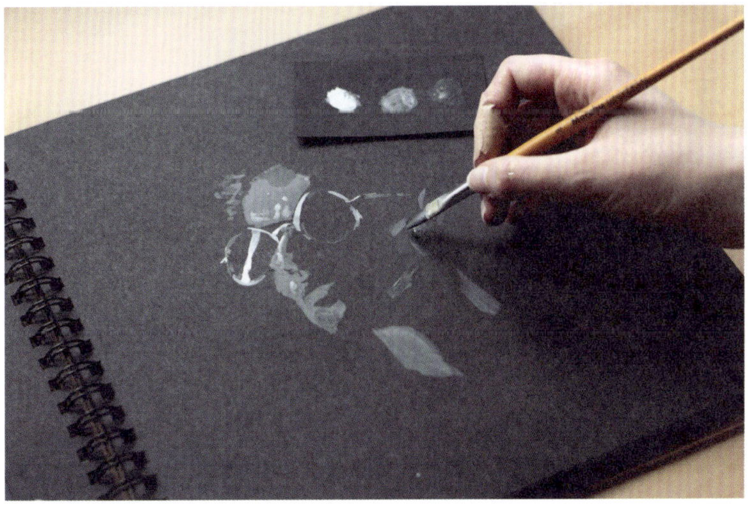

Das Gleiche, was du vorher im Kopf gemacht hast, bringst du nun auf Papier. Zuerst die helle Brille, danach die Mitteltöne, die links im Gesicht erkennbar sind.

Nach kurzer Zeit fällt es dir leichter, die Helligkeitsabstufungen richtig einzuschätzen und sie in gesamten Formen und nicht nur in Umrisslinien zu sehen.

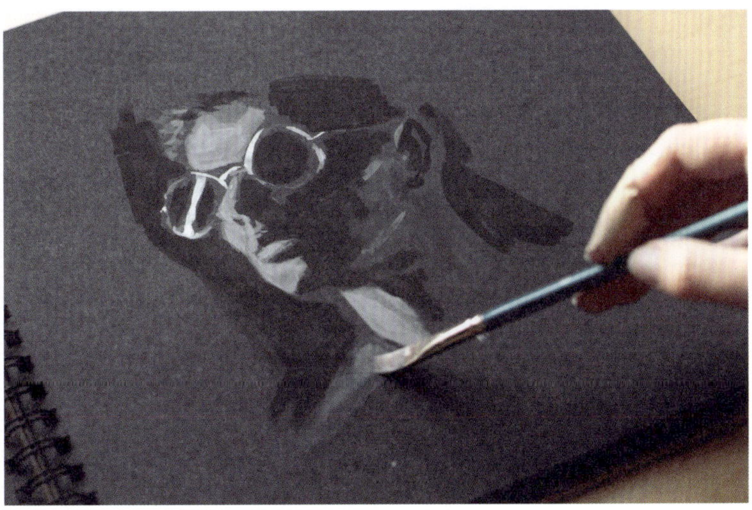

Step 3

Am Ende hast du das Bild eingefangen, ohne auf viele Details zu achten. Nur mit drei Farben und flächigem Malen.

FARBWAHRNEHMUNG

Eine der besten Methoden, Farben richtig erkennen zu lernen, sind optische Täuschungen.

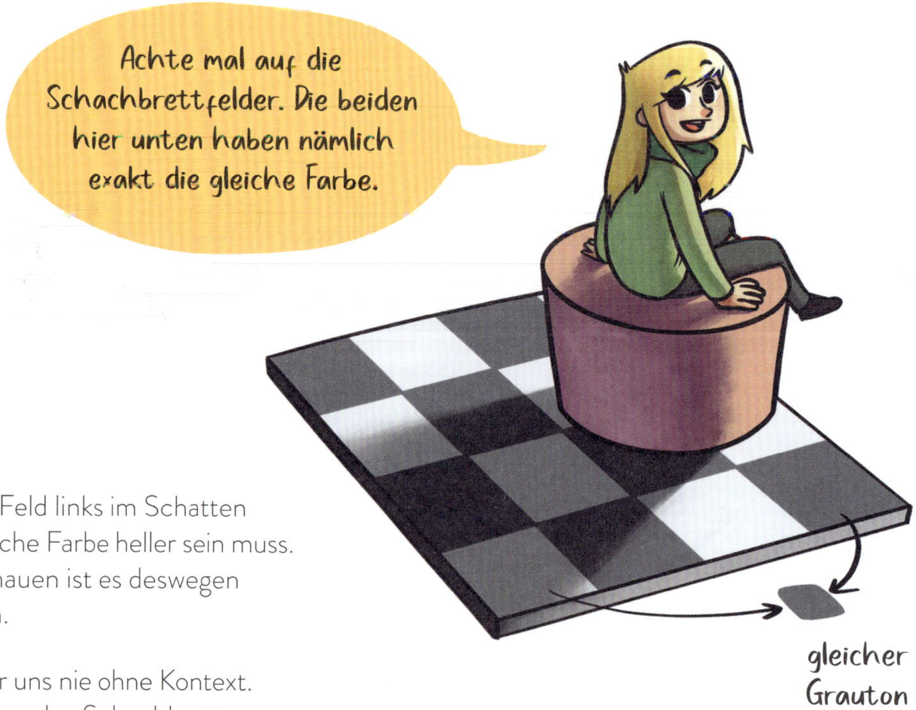

Du siehst, dass das Feld links im Schatten liegt und seine wirkliche Farbe heller sein muss. Beim ersten Hinschauen ist es deswegen schwer zu erkennen.

Farben existieren für uns nie ohne Kontext. Ohne die Darstellung des Schachbretts erkennen wir natürlich sofort, dass die Farben gleich sind. Hier liegt jedoch eine Fläche im Schatten, also sagt uns unser Gehirn, dass der wirkliche Farbton heller sein muss.

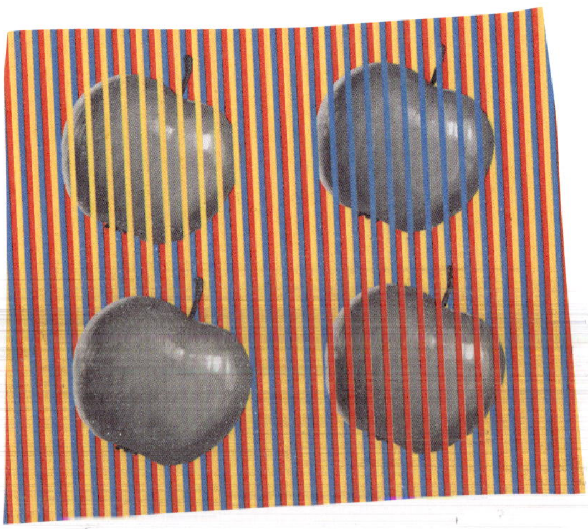

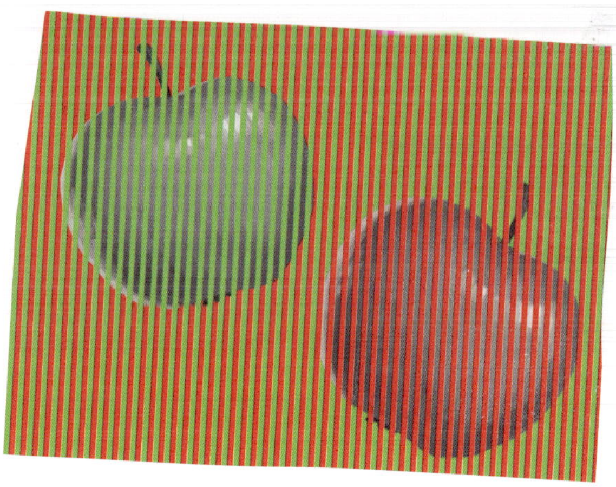

In unserer Wahrnehmung mischen wir Farben auch ganz gerne, was man gut an diesen Rastern erkennen kann. Alle diese Äpfel sind grau, aber je nachdem, wie nah oder weit entfernt du auf die Bilder schaust, scheinen sich die Farben der Linien zu vermischen.

Welche Farbe hat dieser Apfel?

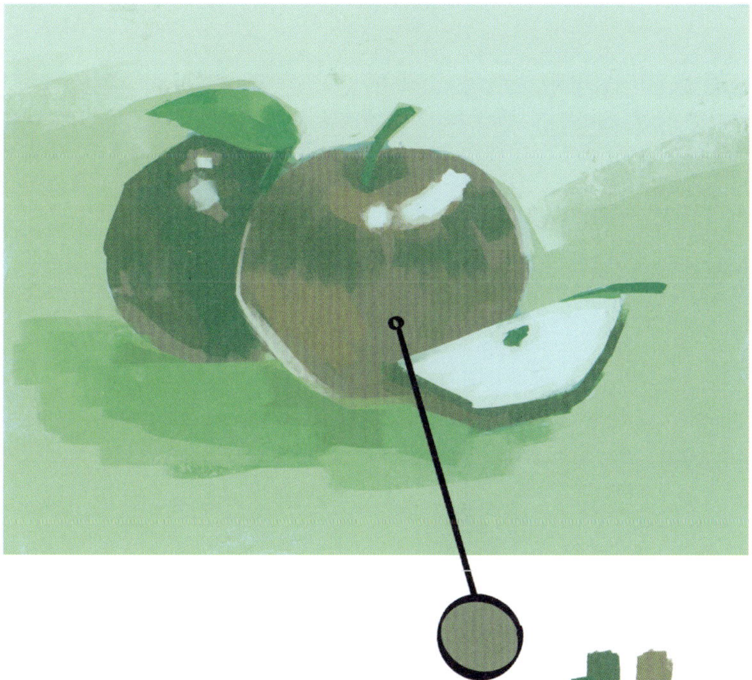

Wie gut unser Gehirn darin ist, den Kontext eines Bildes einzuschätzen, zeigt auch diese Täuschung. Natürlich siehst du, dass da sehr viel Grün und Türkis in dem Bild steckt, aber du erkennst trotzdem, dass der Apfel eigentlich rot ist, oder?

Wenn wir aber mal eine Probe der vermeintlich roten Schale aus dem Bild nehmen, ist die Farbe dort eindeutig grün-grau.

Auf der gesamten Illustration ist kein einziger roter oder auch nur ansatzweise rötlicher Pixel. Jeder einzelne Farbton liegt zwischen Grün, Blau und Grau.

Das ergibt natürlich Sinn, denn im Alltag ändern sich die Lichtverhältnisse ständig. Auch im Dunklen oder bei farbigen Lichtquellen musst du einschätzen können, welche Farben bestimmte Objekte wirklich haben. In diesem Fall betrachtest du dieses Bild und dein Gehirn versteht sofort, dass dort ein grüner Effekt darüberliegt.

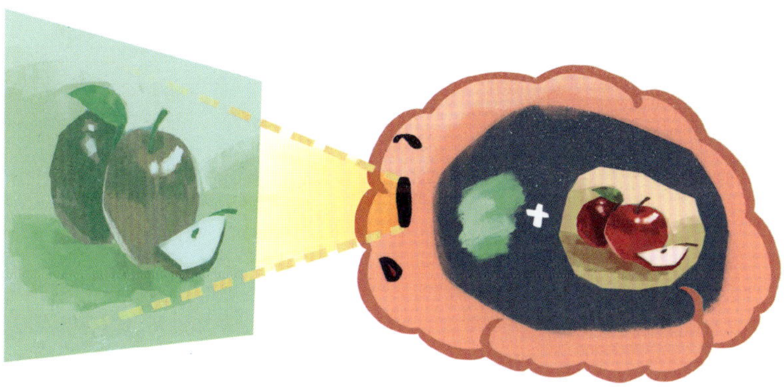

Den filtert es gut genug raus, dass die meisten Menschen beim Versuch, das Bild abzumalen, direkt zu einem roten Stift greifen würden.

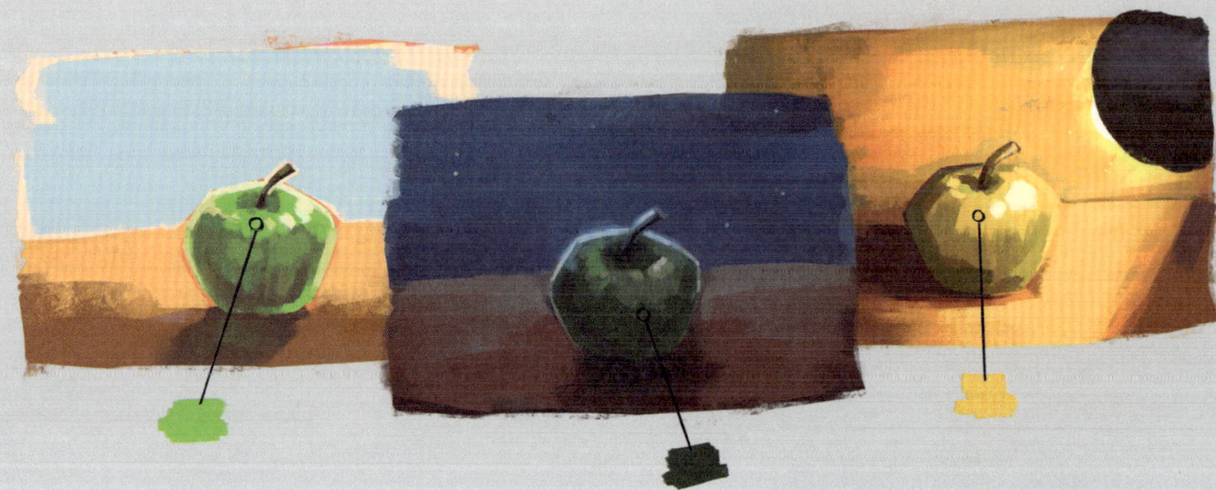

Wirklich perfekt werden wir Farben nie sehen können, denn allein durch Licht verändern sie sich schon sehr stark.

Wir können es aber versuchen!

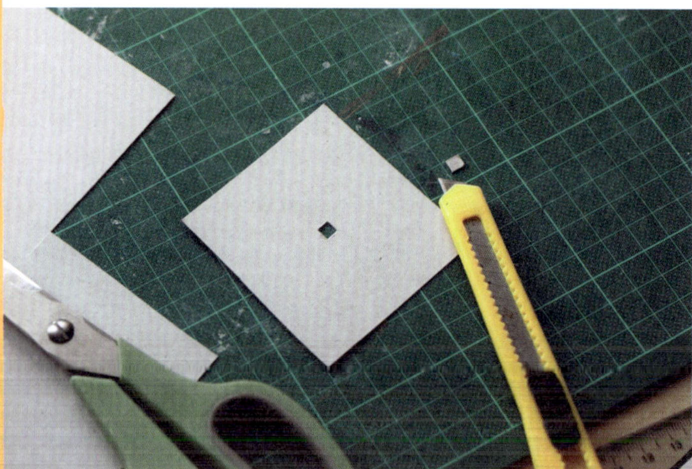

Statt einer Malanleitung gibt es für die Farbwahrnehmung deshalb etwas zum Basteln. Aus grauem Papier oder dünner Pappe kannst du dir einen »Detailbetrachter« machen. Einfach ein kleines Loch ausschneiden und auf Bilder legen, deren Farben du gezielt sehen möchtest.

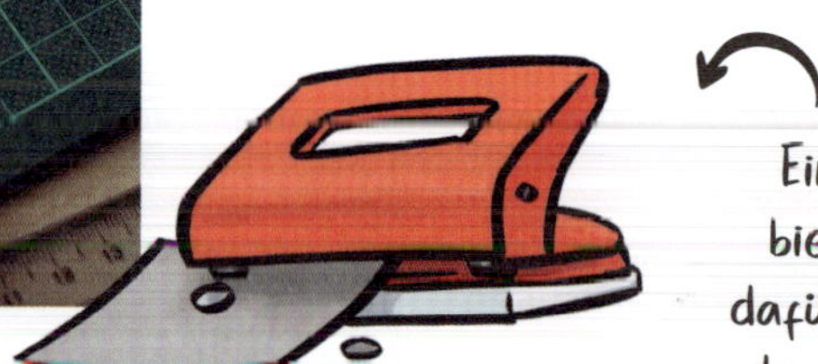

Ein Locher bietet sich dafür besonders gut an.

Es ist wichtig, dass das Grau nicht zu hell und nicht zu dunkel ist. Bei einem weißen Blatt Papier würde die Farbe, die du betrachten willst, im Kontrast möglicherweise dunkler wirken und bei schwarzem Papier umgekehrt heller. Ein mittleres Grau ist für unsere Zwecke deshalb am sinnvollsten.

Digital geht das Ganze sogar noch einfacher. So ziemlich jedes Programm für digitale Kunst hat nämlich einen sogenannten »Color Picker« oder ein Pipettenwerkzeug, mit dem du die Farbe einzelner Pixel auf einem Bild bestimmen kannst.

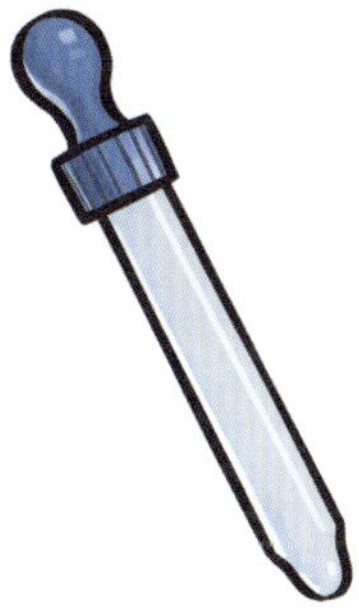

Damit findest du ganz leicht heraus, dass nur in diesem Apfel schon all diese Farben stecken, obwohl er auf den ersten Blick nur rot zu sein scheint.

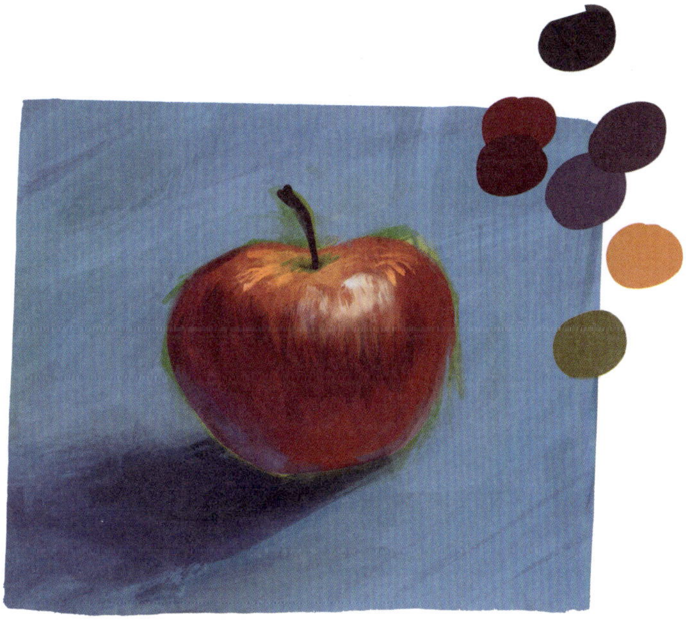

All die Farbtöne auch ohne Hilfsmittel zu erkennen und vor allem auch selbstbewusst nutzen zu können, bringst du dir auf die Dauer durchs genaue und bewusste Betrachten bei. Du musst eben nur auf die Details achten und du merkst: Unsere Welt ist eben bunter (aber manchmal auch grauer), als wir denken!

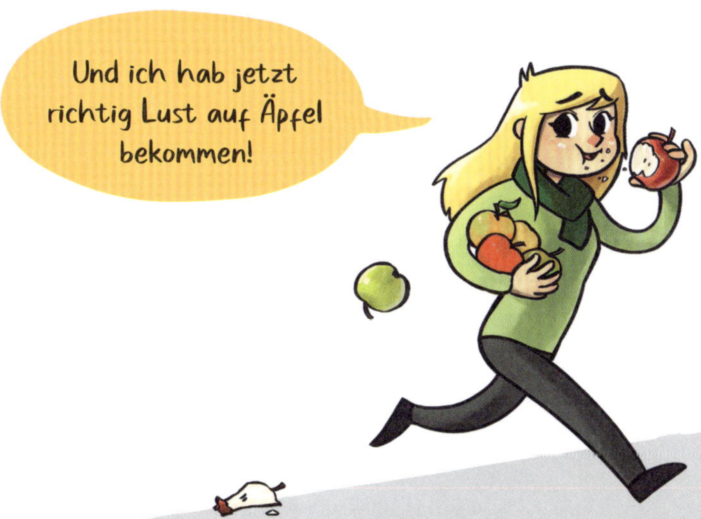

Methode

NEGATIVE SPACE

Negative Space übersetzt »Negativraum« beschreibt in Bildern den Bereich, der eben nicht dein Objekt darstellt.

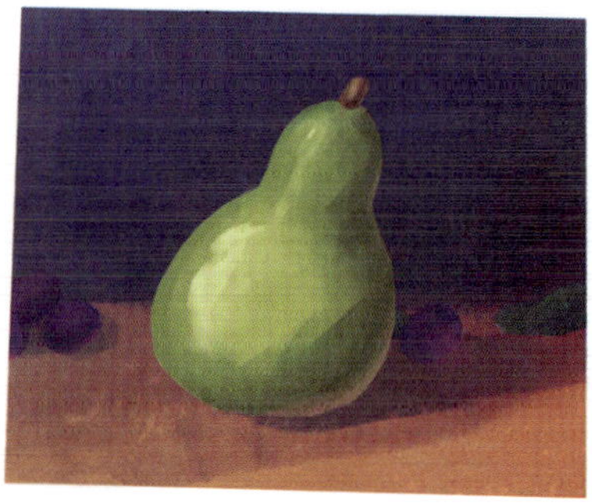

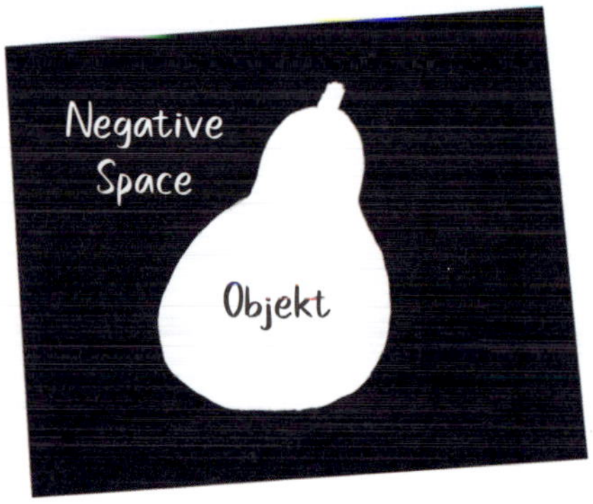

Bei dieser Übung rate ich dir zu Buntstiften, weil man damit einerseits gut Umrisse einzeichnen, im nächsten Schritt aber auch die Hintergrundfläche ausmalen kann.

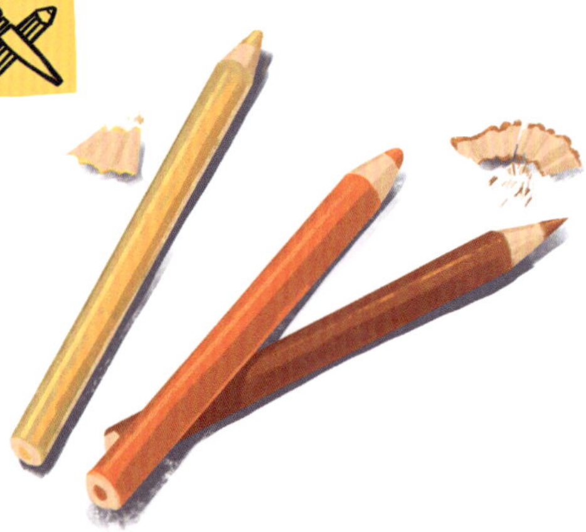

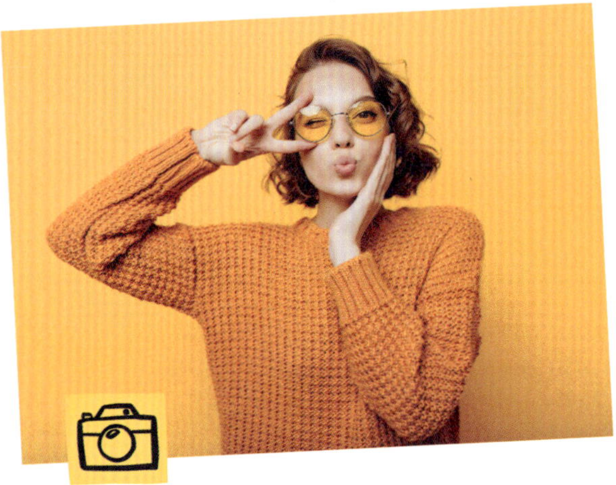

Als Vorlagefoto solltest du dir auf jeden Fall eines aussuchen, auf dem interessante Formen erkennbar sind, um dich zu fordern.

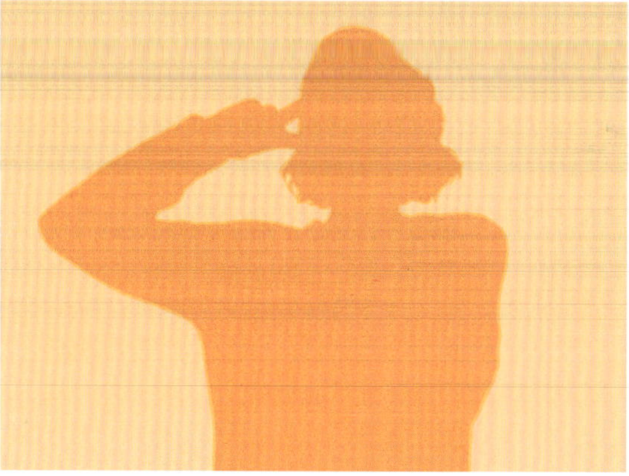

Du schaust dir zuerst den Raum an, der gerade nicht das Objekt ist, und versuchst ihn zu umranden.

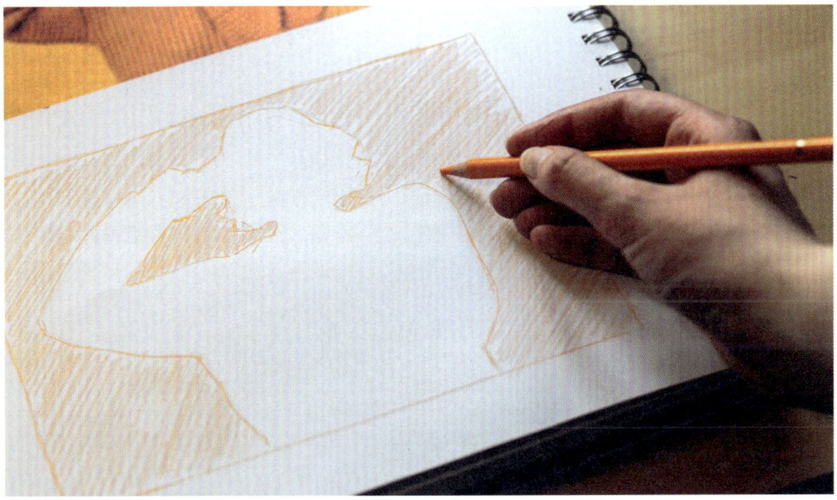

Danach kannst du sozusagen von außen nach innen arbeiten.

Sobald die erste Umrandung steht, kannst du dich mit dieser Methode Schritt für Schritt in die Mitte vorarbeiten.

Hierbei zwingst du dein Gehirn, sich auf bestimmte Aspekte des Bildes zu konzentrieren, die es nicht so leicht filtern kann. Es versucht nicht, den Körper zu verstehen, sondern erkennt vielmehr den Bezug zum Bildrand und wo die Abstände liegen.

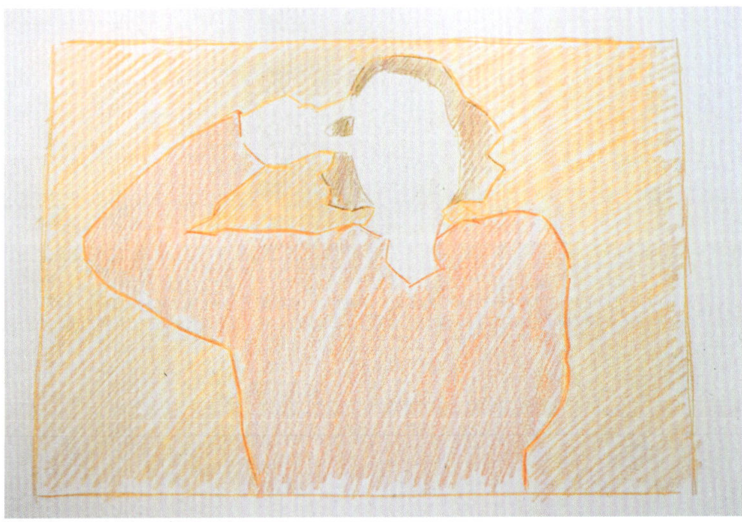

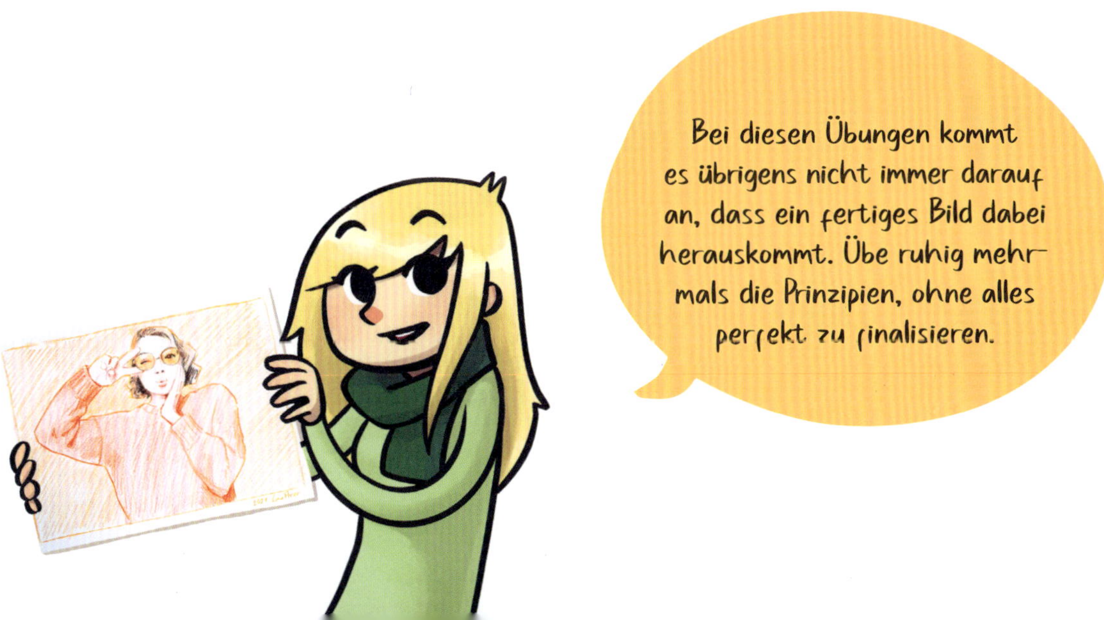

Methode

ALLES ZUSAMMEN

Jetzt, wo du alle Methoden kennst, kannst du sie kombinieren. Du wirst merken, dass verschiedene Bilder verschiedene Herangehensweisen benötigen. Nimm dir also gerade vor einem komplexeren Werk vorher ruhig die Zeit, dir zuerst ein paar Gedanken zu machen.

Bei dieser Vorlage kannst du direkt sehen, wie durch die Interaktion der Person mit dem Holzgerüst mehrere interessante Lücken entstehen. Dafür können wir sehr gut die Negative-Space-Methode nutzen.

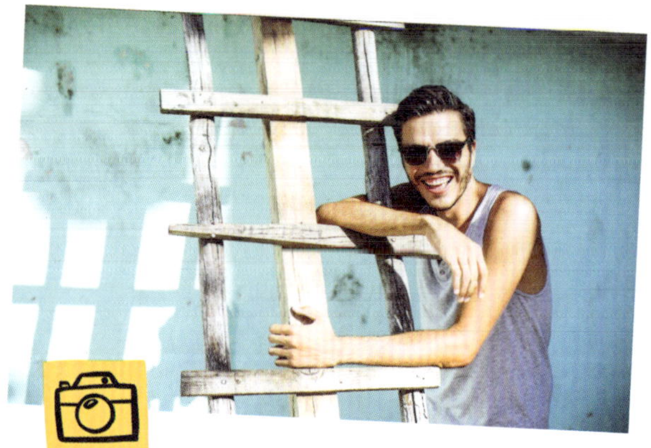

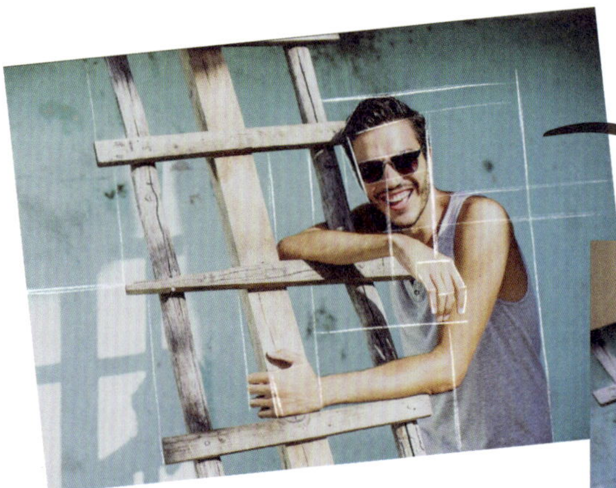

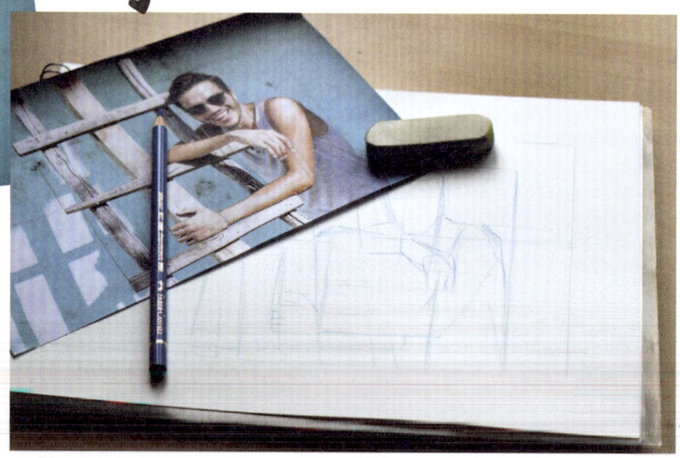

Du könntest auch ein Raster über das gesamte Bild legen. Meistens benötigst du aber gar kein komplettes Raster, sondern nur einen gezielten Ausschnitt.

Dabei zeichnest du Linien oder ganze Formen ein, um dir selbst zu verdeutlichen, wie die Elemente auf dem Bild in Relation zueinanderstehen. Diese Methode vereinfacht viele schwierige Objekte, wie z. B. Hände.

Als Material kannst du benutzen, was dir am besten liegt. In meinem Fall sind das Buntstifte für die Vorzeichnung und Details und Gouache für größeren Farbflächen.

Vielleicht sagt dir diese Pose hier etwas?

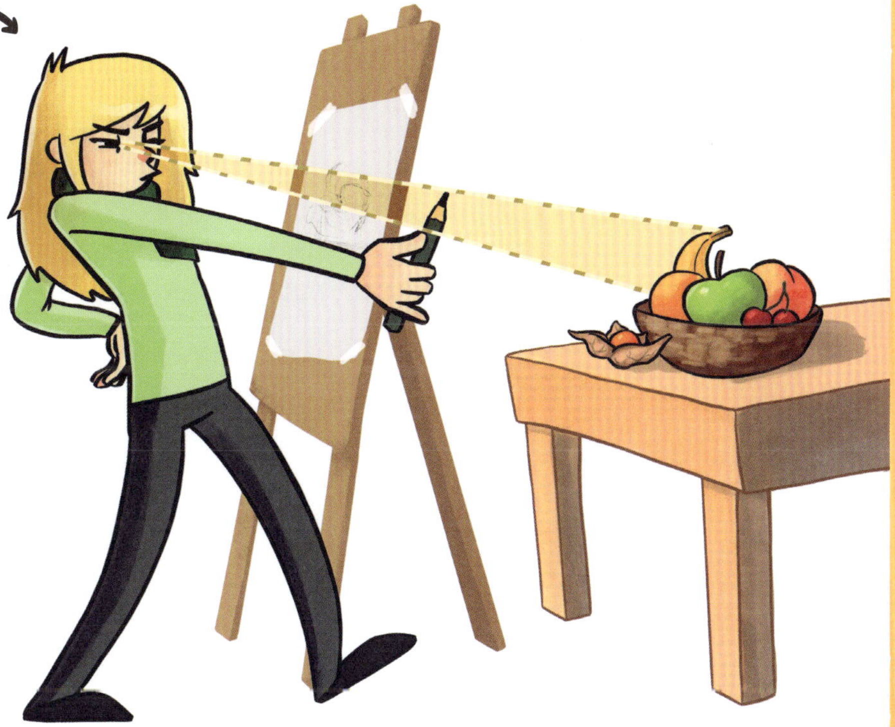

Schon seit Ewigkeiten nutzen Künstler aktiv ihren Pinsel, um ihre Objekte zu »vermessen«.

Dabei wird ein Auge zugekniffen, der Arm mit dem Stift oder Pinsel auf Höhe der Leinwand ausgestreckt und mit dem Daumen festgestellt wie lang bestimmte Abstände sind.

Diese werden dann aufs Gemälde oder in diesem Fall die Zeichnung übertragen.

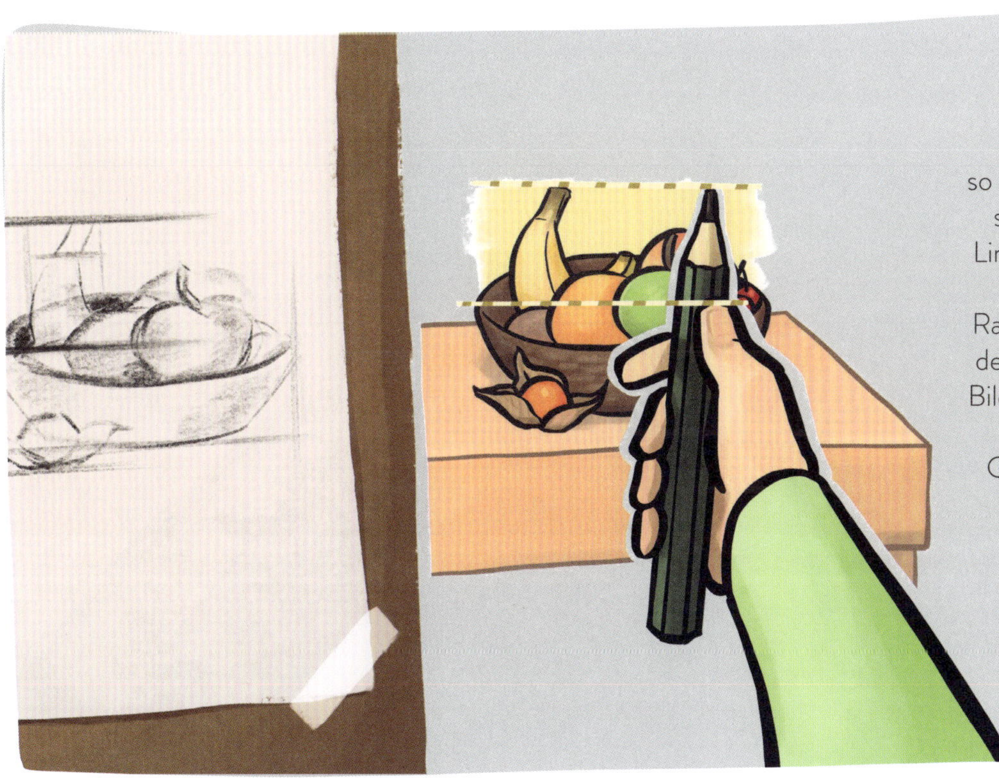

Nacheinander wird so das Motiv vermessen und mit groben Linien eingezeichnet, damit ein grober Rahmen besteht, mit dessen Hilfe man ein Bild genauer abmalen kann. Genau das Gleiche machen wir gerade bei diesem Foto.

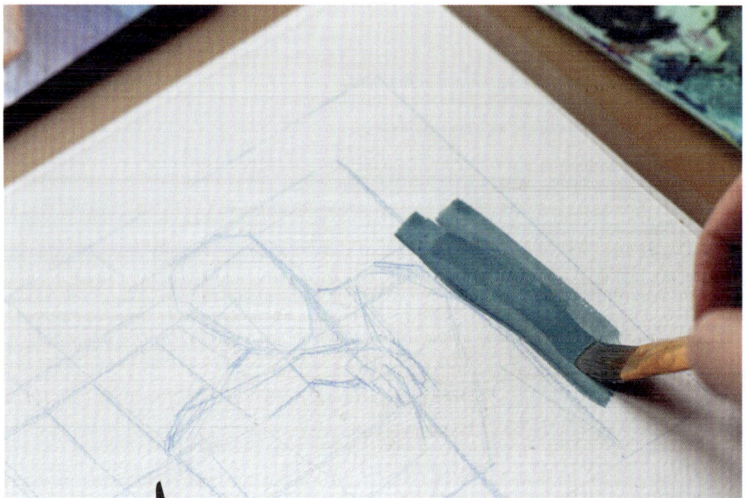

Step 1

Ausgehend von dem groben Gerüst kannst du dich nun auf den Raum rund um die Figur, also den Negative Space, konzentrieren und den Hintergrund ausmalen.

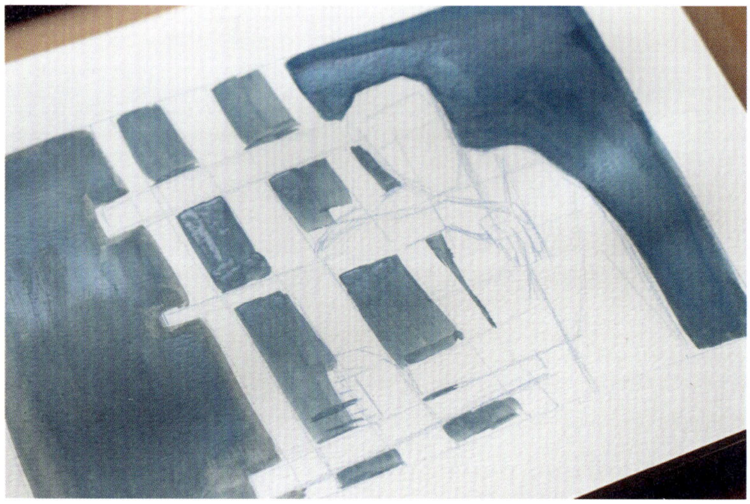

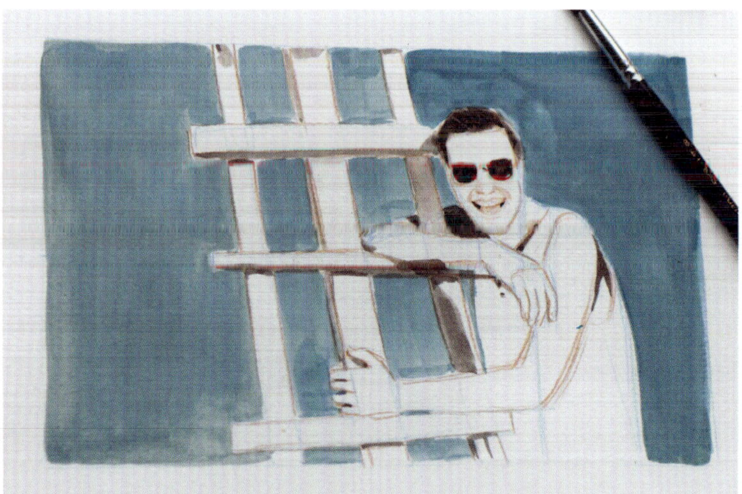

Step 2

Damit hast du nun die perfekte Orientierungshilfe, um mit den Details zu beginnen. Dieses Mal fangen wir mit den dunkelsten Stellen an. Das sind die Sonnenbrille, Haare und ein paar Schatten.

Step 3

Danach folgen weitere Farben und Details, die du erst grob mit Gouache aufmalst und dann mit Buntstiften ausarbeitest.

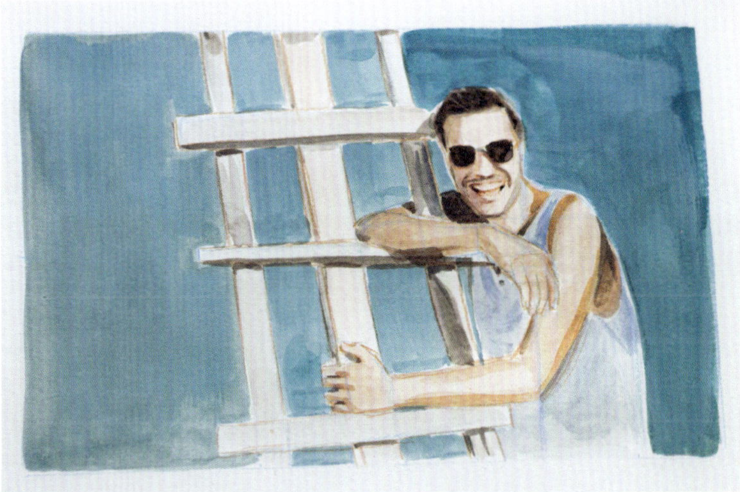

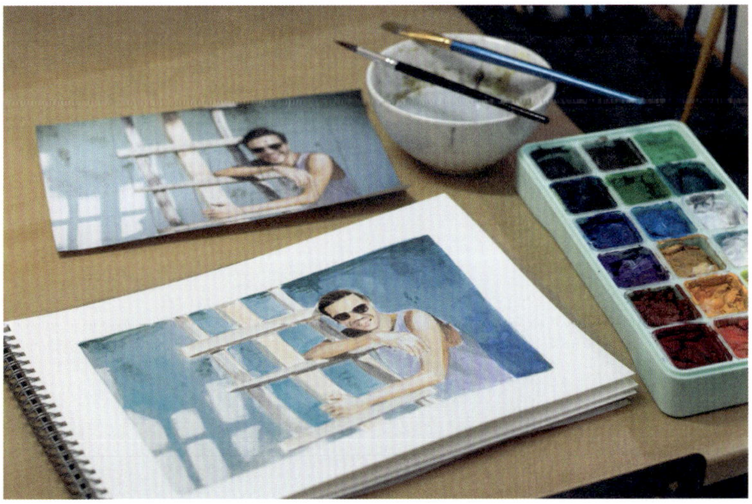

Step 4

Vergleiche immer wieder dein Bild mit dem Original. Wenn du deine Vorlage ausgedruckt hast, kannst du die Farben sogar darauf testen.

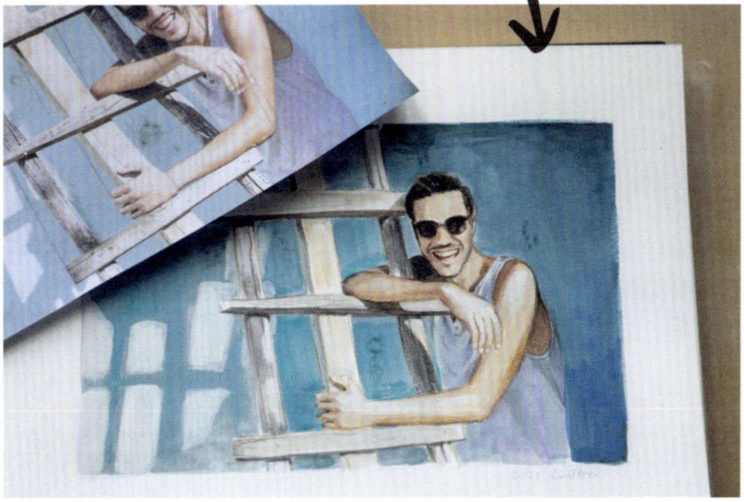

Letztendlich kannst du mit einer gekonnten Kombination aus all den Methoden so ziemlich jedes Bild abzeichnen. Dabei kannst du sogar versuchen, perfekte Kopien von Fotos zu machen, aber auch deine eigenen Ideen einbringen. Davon erzähle ich dir aber in den folgenden beiden Kapiteln noch mehr.

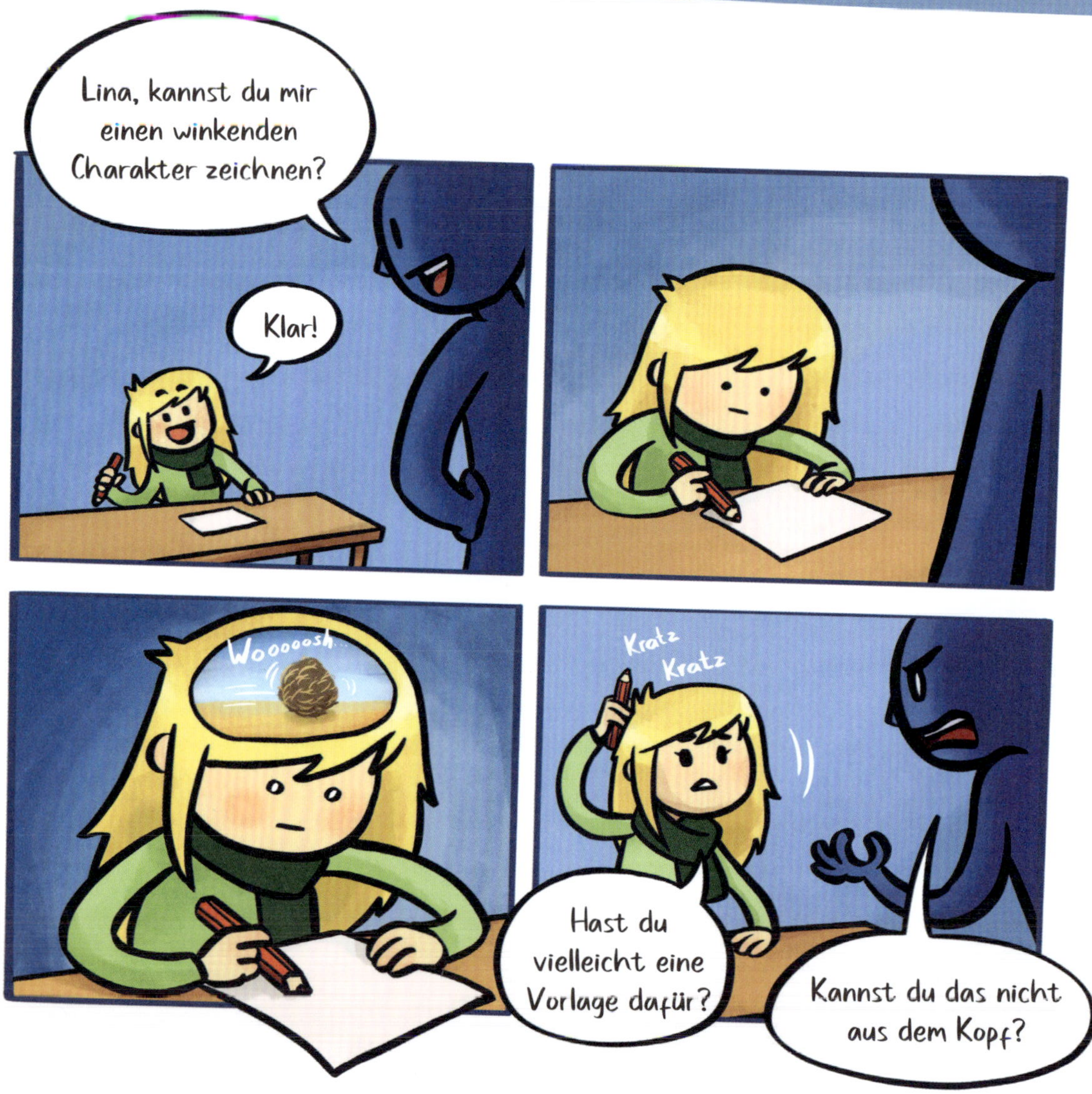

Lina, kannst du mir einen winkenden Charakter zeichnen?
Klar!
Wooooosh...
Kratz
Kratz
Hast du vielleicht eine Vorlage dafür?
Kannst du das nicht aus dem Kopf?

GEDÄCHTNIS

Beim Zeichnenlernen ist Spaß ein wichtiger Faktor, um motiviert zu bleiben. Man darf aber auch nicht ignorieren, dass es bestimmte Sachen gibt, die man einfach büffeln muss. Und wie so ziemlich alles im Leben merkst du dir Dinge am besten, wenn du sie wiederholst. So versteht dein Gehirn, dass dieser Stoff wichtig ist und es die Infos behalten soll.

Selbst wenn du lieber nur abzeichnest und Vorlagen verwendest, ist es super hilfreich, sich in der Materie auszukennen, um umso schneller zu erkennen, was man betrachtet. Also, wenn du nicht nur siehst, wie jemand eine Pose macht, sondern auch auf den ersten Blick verstehst, wie sie funktioniert und wie du sie einfach rekonstruieren kannst.

Dieses Kapitel beschäftigt sich zum Großteil mit dem menschlichen Körper, denn der ist nicht nur ein beliebtes Motiv, sondern steht dir als Vorlage auch jederzeit zur Verfügung, wenn du gerade einen Spiegel zur Hand hast.

Allgemein wirst du aber auch lernen, wie du Muster erkennst oder Vorzeichnungen anfertigst, mit denen du letztendlich alles zeichnen kannst, was du möchtest.

VORZEICHNEN

Der Aufbau des menschlichen Körpers, auch Anatomie genannt, ist wirklich sehr komplex.

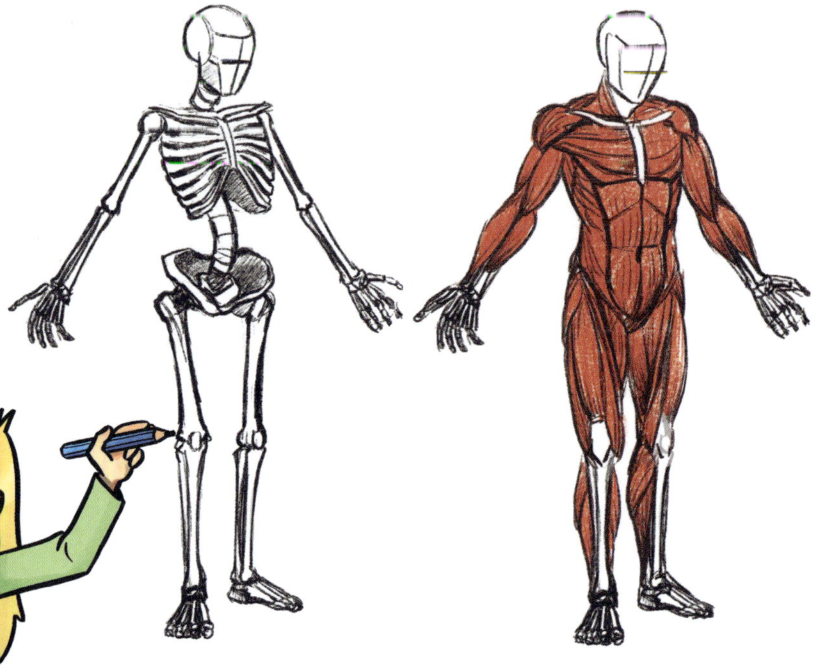

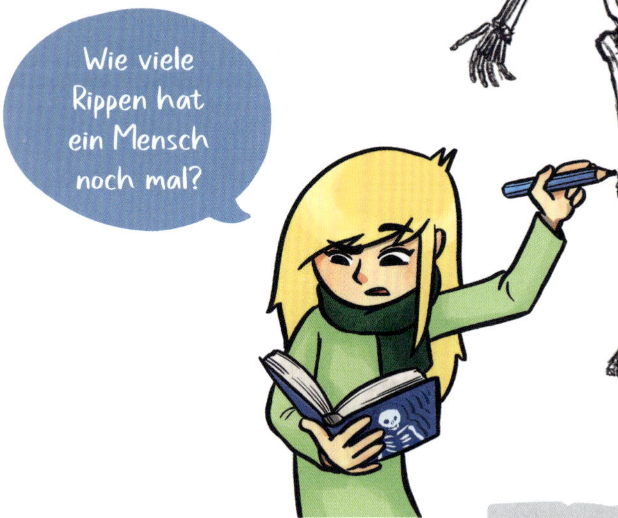

Um zu umgehen, all das im Gedächtnis behalten zu müssen, solltest du den Aufbau deshalb simpler gestalten.

Statt genau zu wissen, wo welcher Knochen und welcher Muskel liegt, baust du dir skizzierte Gerüste auf. Diese bleiben viel leichter im Gedächtnis und sind auch deutlich schneller umgesetzt.

Ein paar Arten vorzuzeichnen.

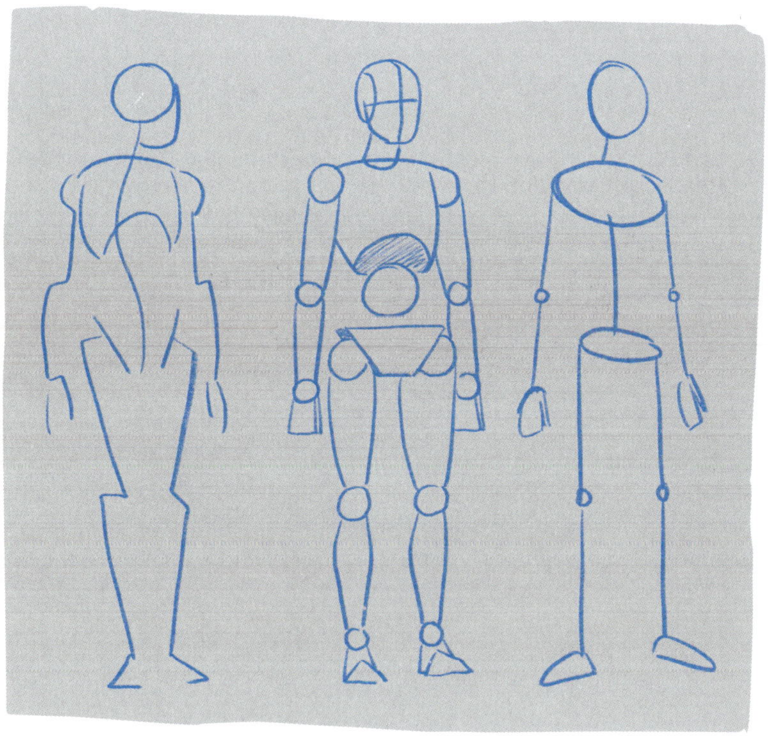

Dabei gibt es unglaublich viele Methoden, die man nutzen kann. Jede einzelne hat Vor- und Nachteile, was ihre Beweglichkeit, Hilfe bei schweren Posen oder die Komplexität betrifft. Am Ende musst du für dich die richtige Variante finden, und die ist auch nicht in Stein gemeißelt; du kannst sie selbst während der Arbeit an einer Zeichnung immer wieder wechseln.

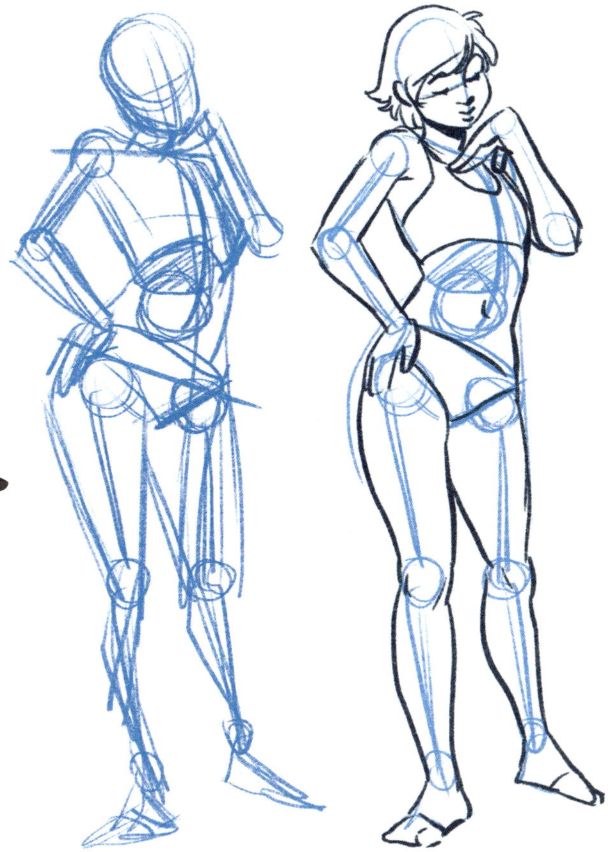

Normalerweise skizziere ich sehr schnell und krakelig.

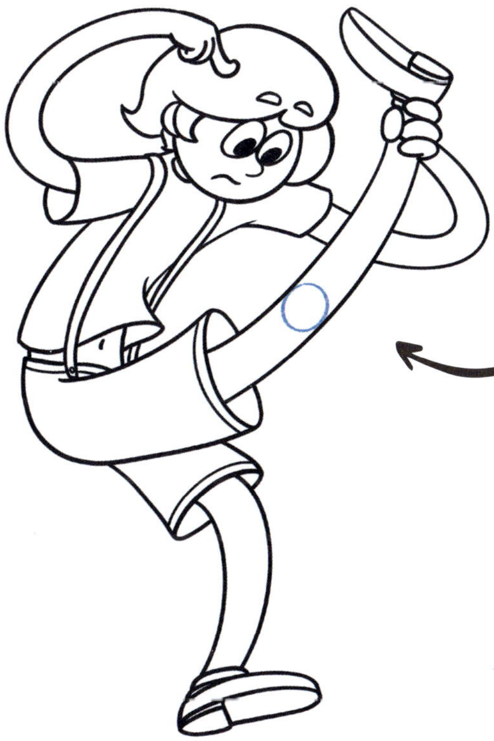

Für manche Zeichenstile sind bestimmte Vorzeichenmethoden gar nicht so sinnvoll. Bei gebogenen Gliedmaßen brauchst du beispielsweise keine Gelenke einzuzeichnen.

Aber auch bei extremeren Stilen ist es von Vorteil, alles in simple Formen einzuteilen. Wenn sich sein Aussehen auf die gleichen Grundelemente bezieht, fällt es dir umso leichter, ihn aus verschiedenen Positionen zu zeichnen.

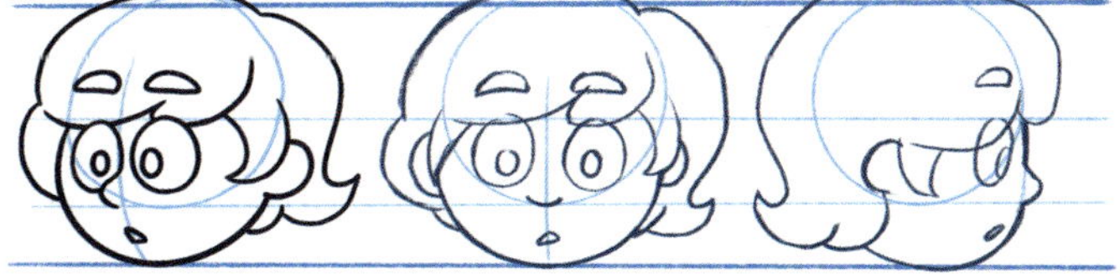

PROPORTIONEN

Proportionen beschreiben die Größenverhältnisse des Körpers. Ein paar Merkregeln helfen dir dabei, sie zu verstehen und dir einzuprägen. Zuerst schauen wir uns den gesamten Körper an. Betrachtet man diesen im Verhältnis zur Kopfhöhe, stellt man fest, dass ein erwachsener Mensch meistens zwischen 6 und 8 Köpfen hoch ist.

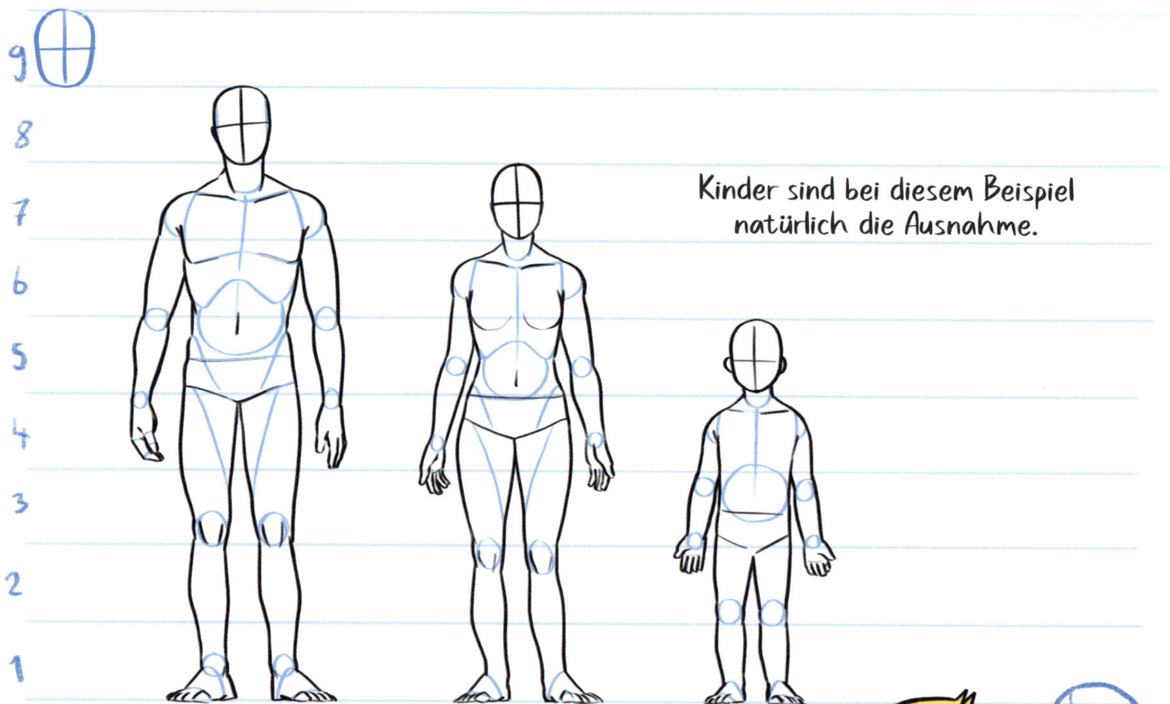

Kinder sind bei diesem Beispiel natürlich die Ausnahme.

Daran merkt man aber: Je niedlicher eine Figur ist, desto größer ist ihr Kopf im Vergleich zum Körper. Das trifft bei Kindern, aber auch bei niedlichen Tieren oder Cartoonfiguren zu.

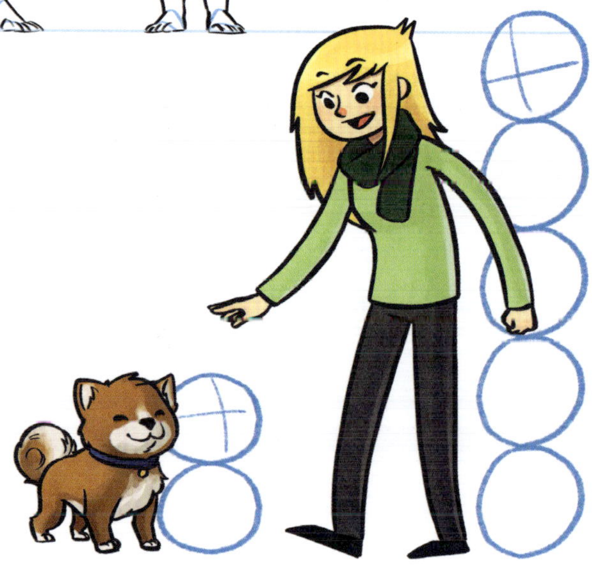

Ab hier folgen ein paar Posen, die du selbst mal nachmachen kannst. Körper sind natürlich alle unterschiedlich, aber die meisten Regeln sollten auch auf dich zutreffen.

Die Länge deiner ausgestreckten Arme, von den Fingerspitzen der einen bis zu den Fingerspitzen der anderen Hand, entspricht exakt deiner Höhe.

(Man könnte also sagen, du bist genauso breit, wie du hoch bist – wenn auch nur mit ausgestreckten Armen.)

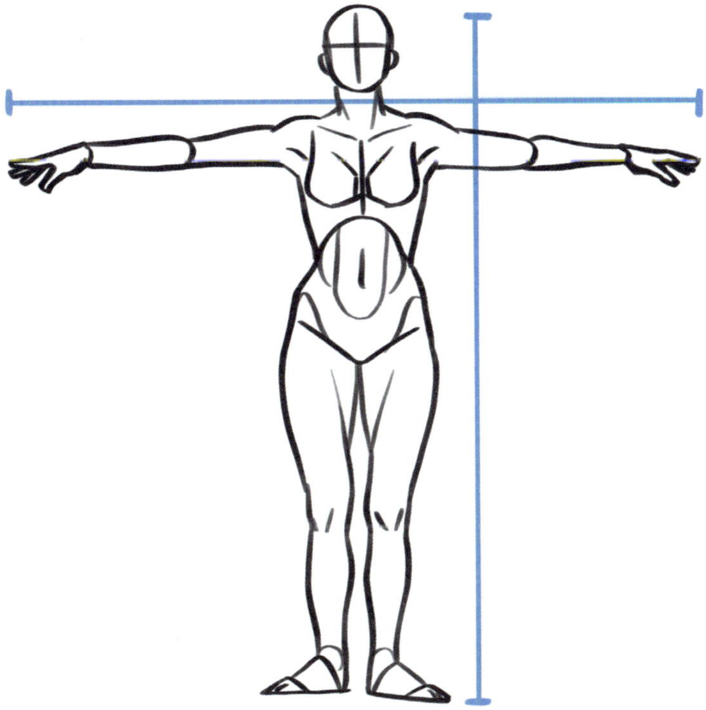

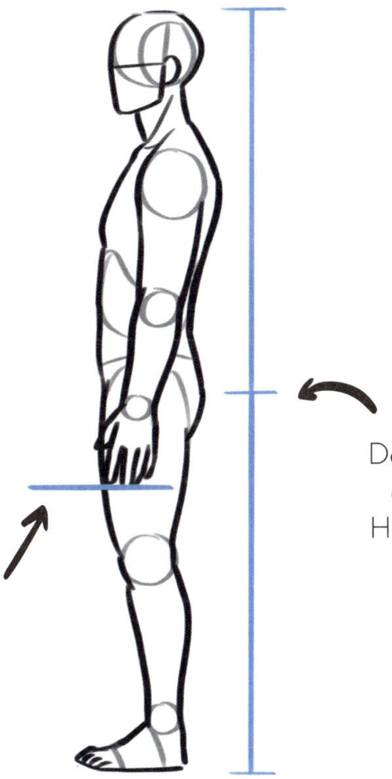

Deine Hüfte bzw. die Mitte deiner Hüfte liegt auf der Hälfte deiner Körpergröße.

Wenn du die Arme locker an deinen Seiten herunterhängen lasst, reichen deine Hande ungefähr bis zur Hälfte deiner Oberschenkel.

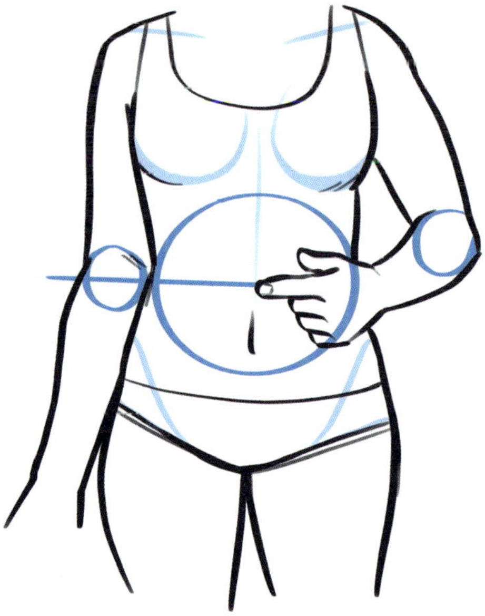

Dein Ellenbogen findet sich auf der Höhe deiner Taille, wenn du deinen Arm locker herabhängen lässt. Knapp darunter befindet sich der Bauchnabel, auch an diesem kannst du dich orientieren.

Deine Unterschenkel sind gleich lang wie deine Oberschenkel.

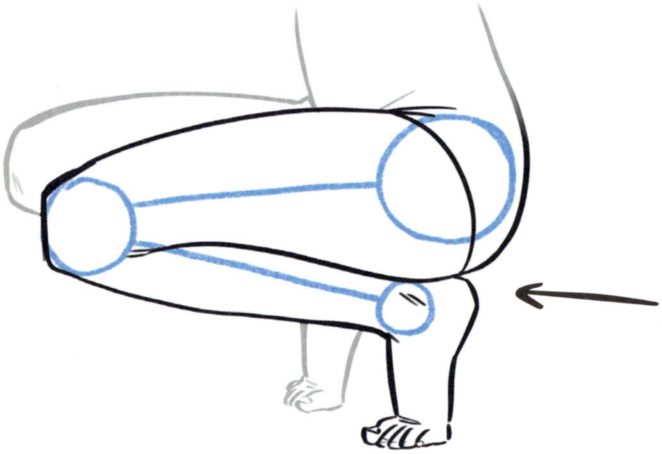

Die Ferse erreicht genau den Po!

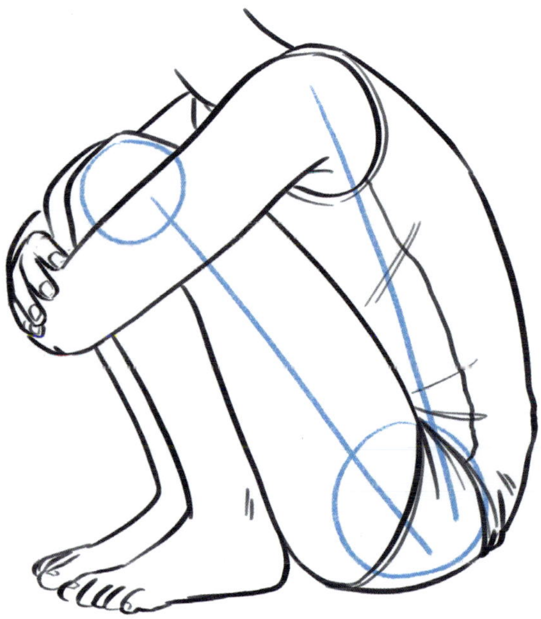

Deine Oberschenkel wiederum sind in etwa gleich lang wie dein Oberkörper. Deswegen kannst du dein Kinn auch gut auf deinen Knien ablegen, wenn du deine Beine umarmst.

Dein Unterarm zusammen mit deiner Handfläche ist ungefähr so lang wie dein Oberarm. Deshalb kannst du deine Schulter gut mit den Fingern erreichen.

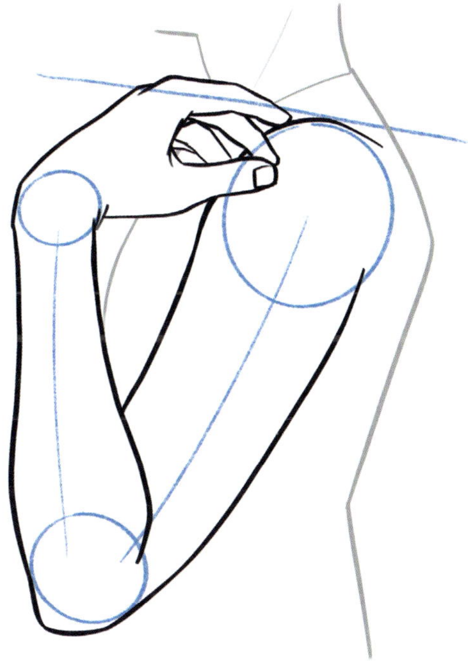

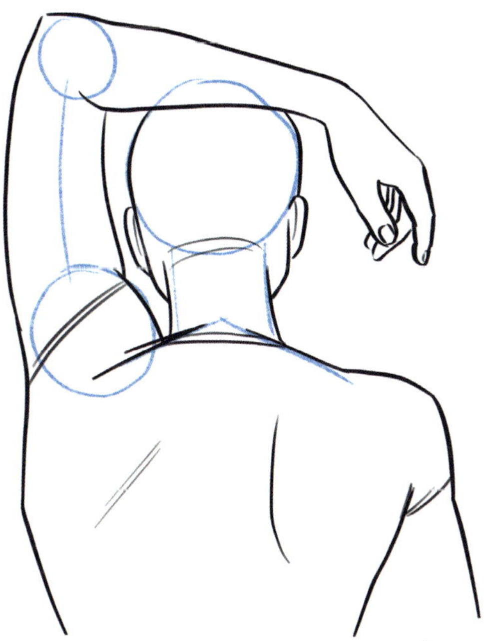

Und dein Oberarm ist so lang wie dein Hals und Kopf, weshalb du deinen Unterarm gemütlich auf deinem Kopf ablegen kannst.

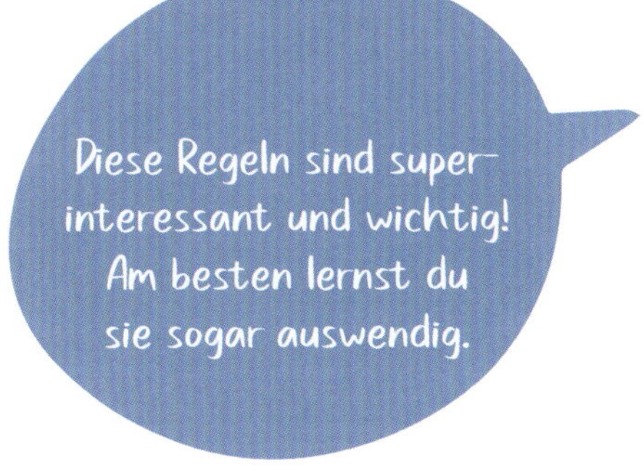

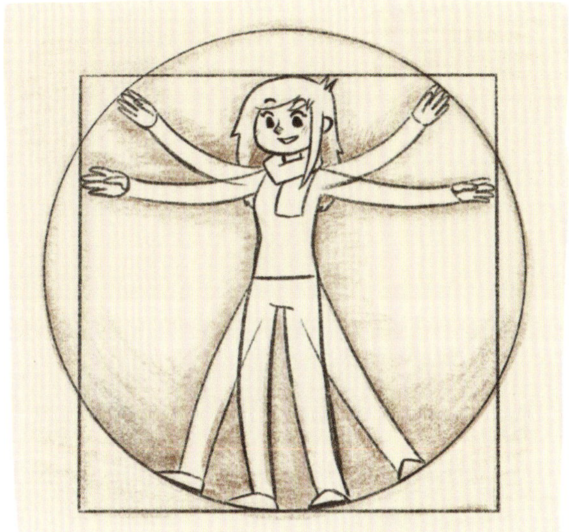

PROPORTIONEN KOPF

Für die Größenverhältnisse und Abstände im Gesicht gibt es auch Merkregeln, aber diese treffen bei vielen Menschen nicht unbedingt zu. Also, wie bei so ziemlich allen Regeln, gilt auch hier: Es ist gut, sie zu kennen, um zu wissen, wann sie gebrochen werden sollten.

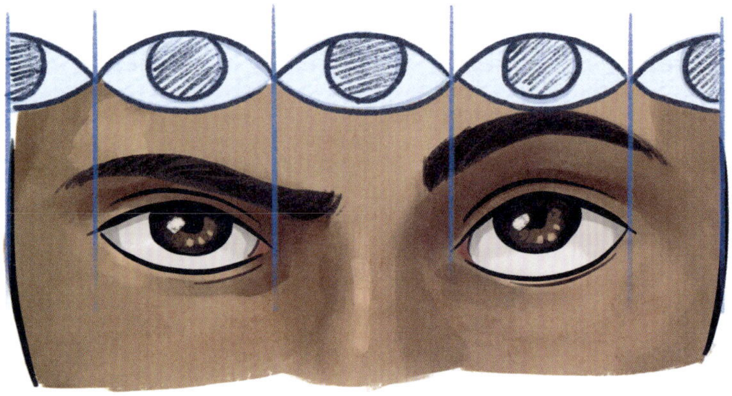

Für gewöhnlich sind deine Augen eine Augenlänge voneinander entfernt und bis zum Rand des Gesichts würde jeweils ein halbes Auge passen.

Deine Augen liegen auf der Mittellinie deines Kopfes. Die obere Kante deiner Ohren liegt auf Höhe der Augenbrauen und die untere Kante an der Unterseite der Nase.

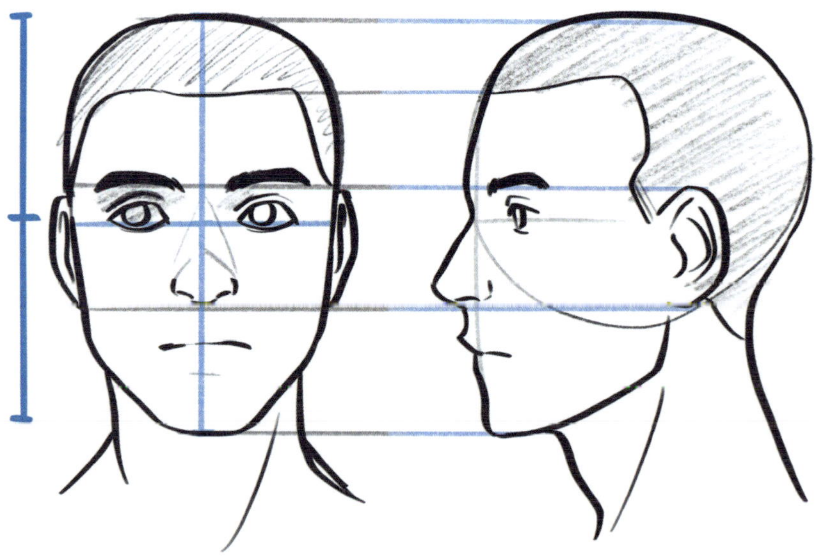

Nase und Mund kannst du häufig an den Abständen deiner Augen orientieren. Die Mundwinkel sind in etwa so breit wie der Abstand deiner Pupillen und deine Nasenflügel so breit wie dein innerer Augenabstand.

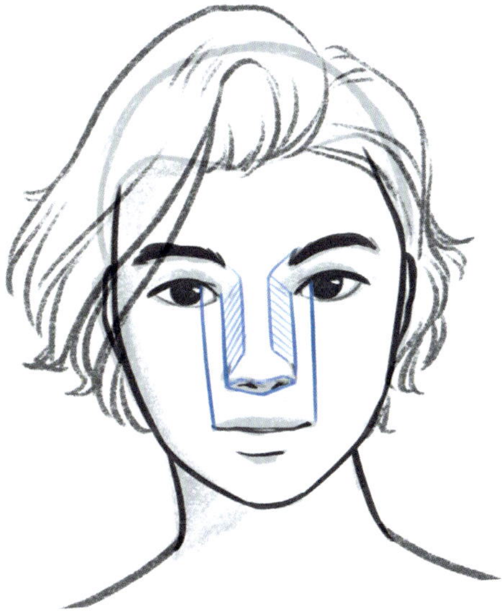

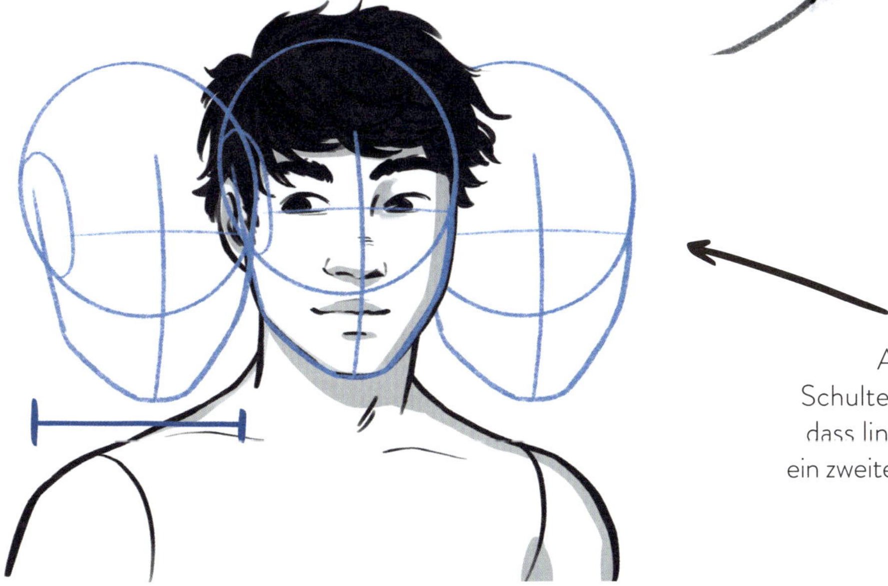

Außerdem sind deine Schultern ungefähr so breit, dass links und rechts jeweils ein zweiter Kopf passen würde.

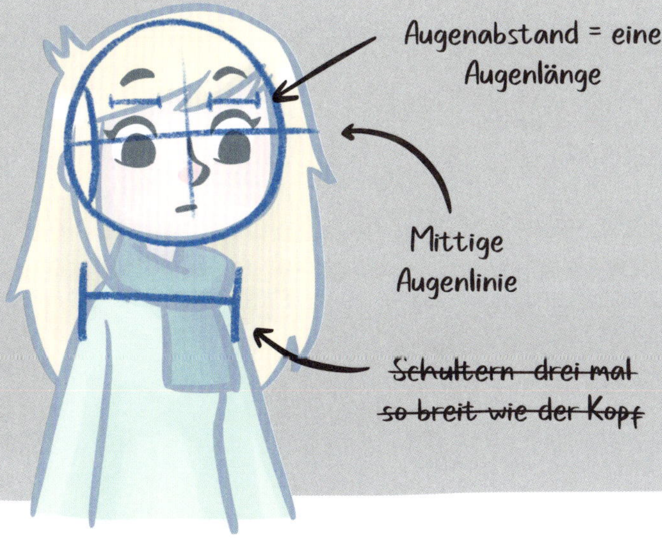

Man würde vermuten, dass kaum eine dieser Regeln auch für Cartoonstile funktionieren würden, aber überraschenderweise stimmen viele Verhältnisse auch hier. Es kann also auch für unrealistische Stile von Vorteil sein, auf Proportionen zu achten.

GESICHT FRONTAL

Step by Step

Kein Gesicht ist perfekt symmetrisch, aber gerade bei der frontalen Ansicht kann es doch sehr nützlich sein, geordnet vorzugehen. Ansonsten neigen wir schnell dazu, dass unsere gezeichneten Gesichter sehr schief werden.

Step 1

Du beginnst deshalb ganz simpel mit einem Kreis.

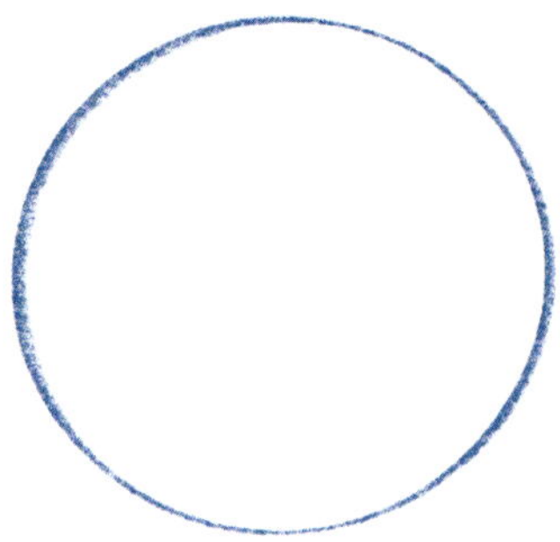

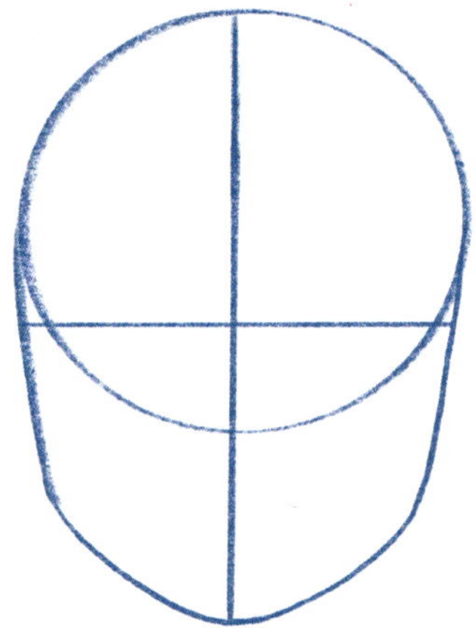

Step 2

An den setzt du unten einen Kiefer an und zeichnest zwei gerade Linien hindurch. Die eine verläuft mittig von oben nach unten und soll dir helfen, nicht zu sehr nach links oder rechts zu verrutschen. Die waagerechte Linie sollte ziemlich genau durch die Mitte des Kopfes, also Kreis und Kiefer gehen. Auf dieser Linie befinden sich die Augen.

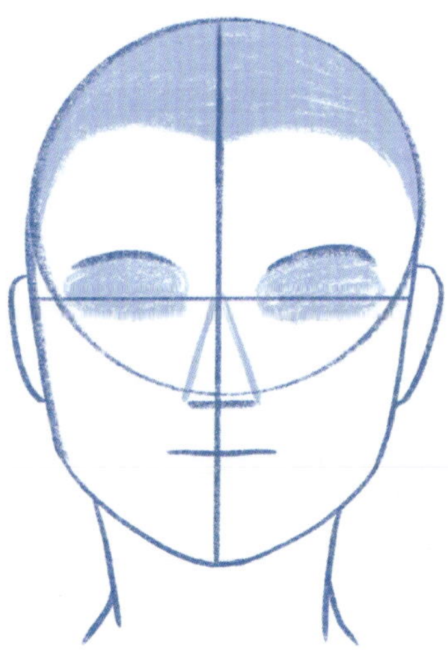

Step 3

Danach kannst du grob die verschiedenen Elemente des Kopfes einzeichnen. Ich empfehle, immer erst die ungefähren Positionen zu skizzieren, bevor du mit den Details anfängst. Gerade Bereiche wie Augen, Augenbrauen und Nase sind sehr eng verbunden und beeinflussen einander. Daher solltest du sie zuerst gemeinsam konzipieren.

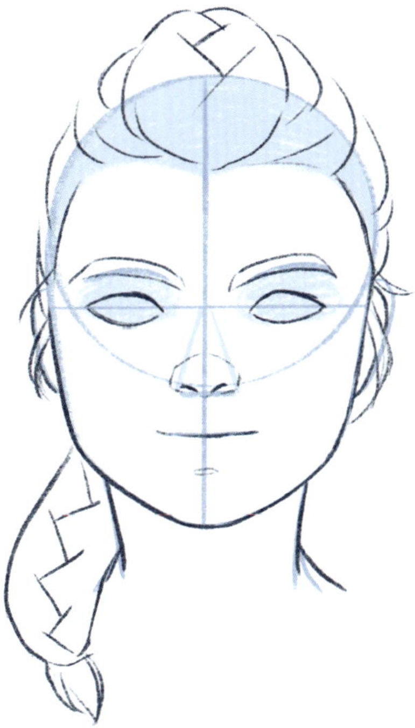

Step 4

Vergleiche dein Gesicht auch noch mehrmals mit den gelernten Proportionen. Prüfe, ob die Augen den richtigen Abstand haben, die Ohren die richtige Höhe. Falls dein Gesicht unförmig aussieht, kann es immer an solchen Details liegen.

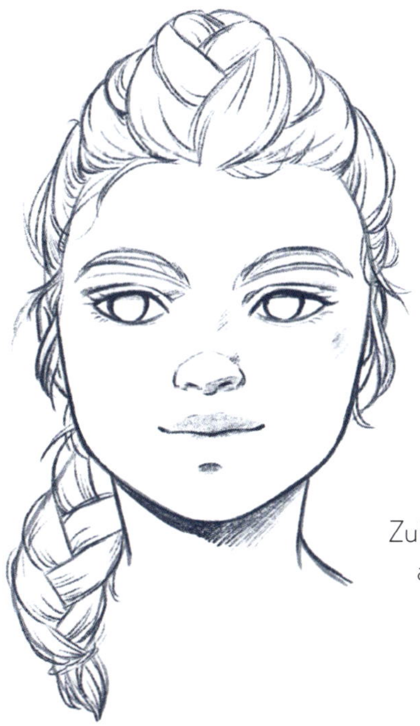

Step 5

Zuletzt wird alles ausgearbeitet.

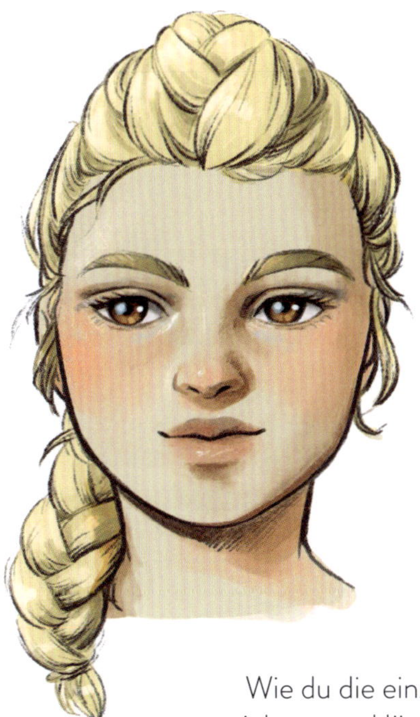

Step 6

Wie du die einzelnen Elemente des Gesichts zeichnest, erkläre ich dir später noch im Detail.

GESICHT PROFIL

Step by Step

Die Seitenansicht eines Gesichts nennt man auch das Profil eines Menschen. Das Schwierige ist meistens, dass es nicht viele Orientierungspunkte gibt und viel nach Gefühl gearbeitet werden muss.

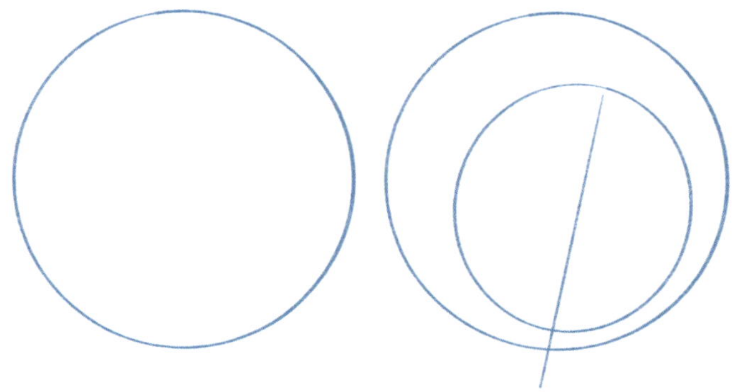

Step 1

Trotzdem fangen wir auch hier mit einem Kreis an. Unser Schädel ist an den Seiten, da, wo die Ohren liegen, ein wenig abgeflacht, weswegen ich dort zusätzlich einen kleinen Kreis einzeichne. Bei der Hälfte des kleineren Kreises befindet sich die Kieferlinie, an der auch das Ohr liegt.

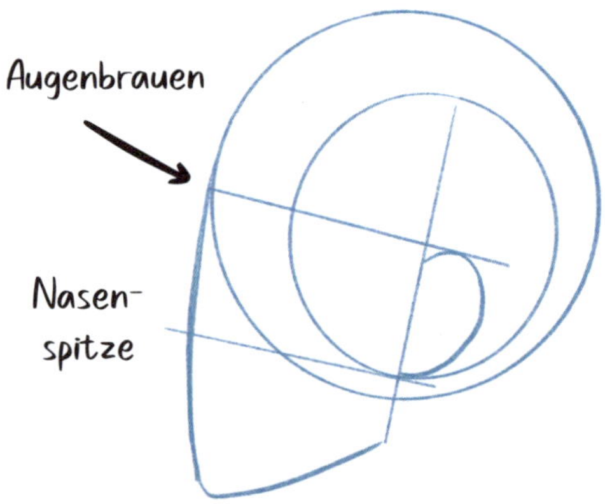

Step 2

Wenn wir wissen, wo das Ohr liegt, haben wir auch direkt unsere Linien für die Augenbrauen- und Nasenposition, wie wir schon bei den Gesichtsproportionen gelernt haben.

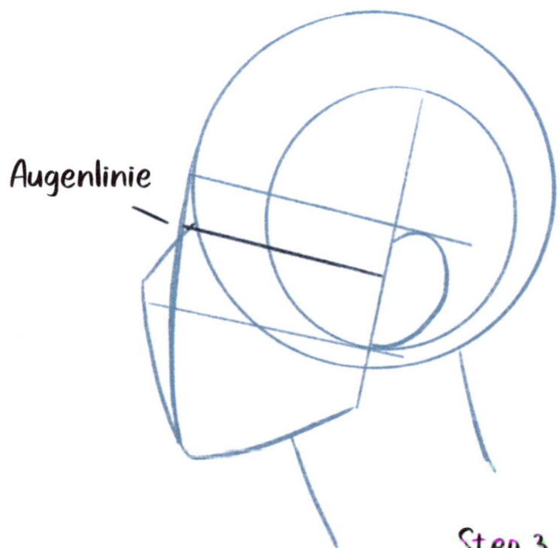

Step 3

Zwischen den Markierungen liegt dann auch unsere Linie für die Augen. Von dieser ausgehend kannst du schon mal festlegen, wie weit die Nase vorstehen soll, und ziehst von da aus eine Linie bis zum Kinn, um den Mundbereich zu definieren.

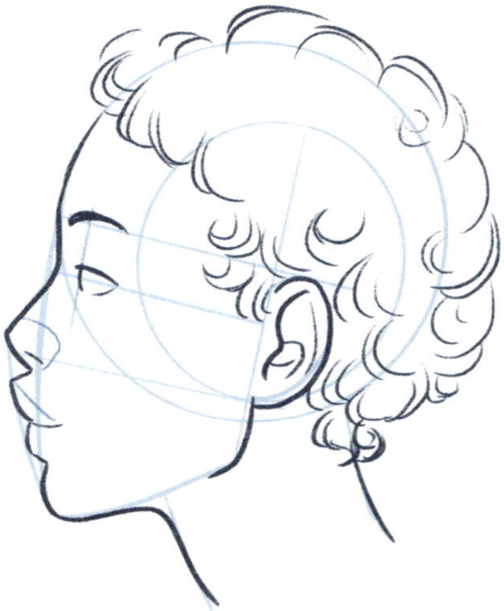

Step 4

Wenn du Probleme hast, das Auge genau zu platzieren, schau dir vielleicht die Nase genauer an. Der Abstand des Auges zum »Rand« des Gesichts wird durch den Nasenrücken bestimmt. Dieser ist leider kaum durch Hilfslinien genau festsetzbar, aber wenn man diesen Fakt im Kopf behält, fallen einem die Positionierungen ein wenig leichter.

Je nachdem, wie voll die Lippen sind und wie groß die Nase ist, treffen die Lippen die Linie von der Nasenspitze bis zum Kinn oder stehen weiter zurück.

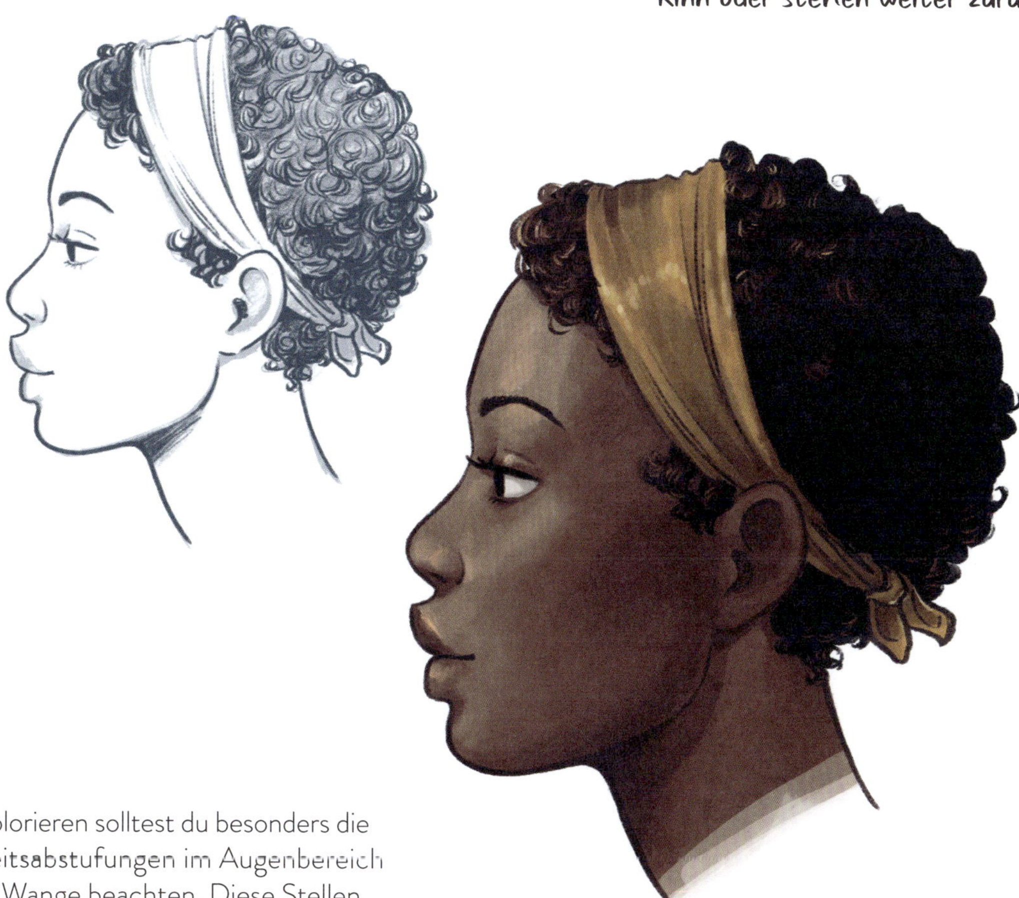

Step 5

Beim Kolorieren solltest du besonders die Helligkeitsabstufungen im Augenbereich und der Wange beachten. Diese Stellen stehen verschieden weit vor und fangen deshalb das Licht unterschiedlich ein.

GESICHT ¾-ANSICHT

Step by Step

Bei der Dreiviertelansicht zeichnen wir ein Gesicht, das nur leicht zur Seite geneigt ist. Diese Ansicht mag ich besonders gerne, da sie die meisten Gesichtszüge auf einmal vermittelt.

Gerade der dreidimensionale Aspekt daran macht es aber etwas komplexer.

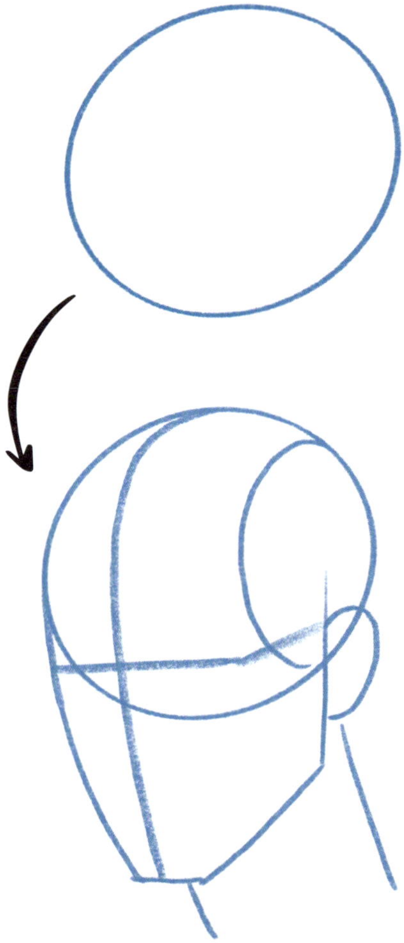

Step 1

Unser Freund, der Kreis, taucht wieder als Erstes auf. Auf ihn folgen unsere Hilfslinien für die Augen und die Mittellinie für die Position von Nase und Mund. Nach dem Kiefer kommen bei mir immer sofort die Ohren, an ihnen kann ich immer gut festmachen, auf welcher Höhe die Augenbrauen und Nasenspitze liegen.

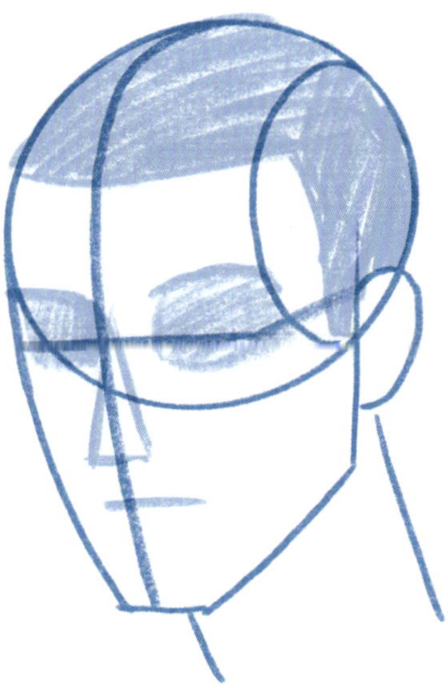

Step 2

Die Augen in dieser Perspektive bereiten meistens die größten Probleme. Wenn man einmal den Dreh raushat, klappt es aber dann jedes Mal. Das Prinzip erkläre ich im Abschnitt übers Augenzeichnen noch mal genauer.

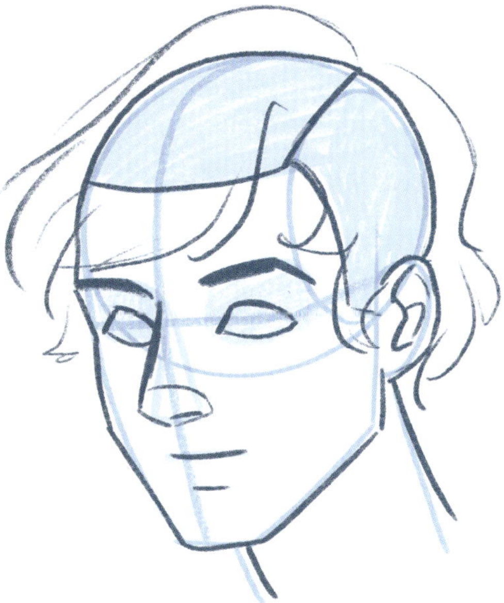

Step 3

Bei dieser Perspektive erkennt man auch, dass die Augenhöhle nach innen gewölbt ist und deswegen unter den Augenbrauen immer ein leichter Knick nach innen bei der Gesichtsumrandung zu sehen ist.

Außerdem sollte dir auffallen, dass Augenbrauen und Nasenrücken ineinander verlaufen. Da die immer etwas weiter vorstehen, entstehen unter den Augenbrauen und rund um die Nase häufig Schatten.

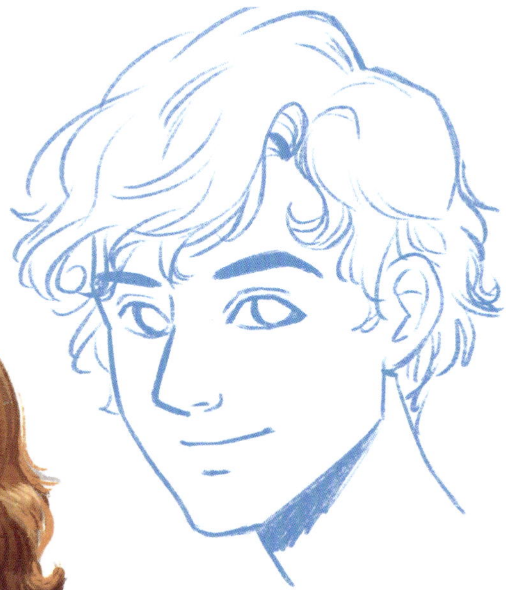

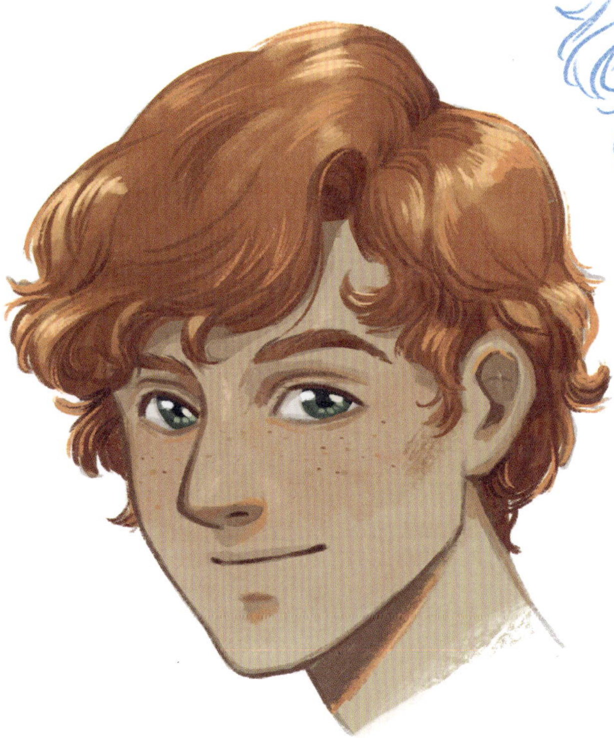

Step 4

Sobald du durch deine Hilfslinien alle Positionen festgelegt hast, erledigt sich der Rest fast von selbst.

AUGEN

Um ein Auge richtig zu zeichnen, solltest du dir im ersten Schritt bewusst werden, dass es nicht nur flach auf dem Gesicht liegt.

Auf dem kugelförmigen Augapfel ist die nach innen gewölbte Iris, auf der wiederum die Linse liegt.

Diese sorgt nicht nur für den Glanzpunkt auf dem Auge, sondern lässt die Iris auch wieder nach vorne gedehnt aussehen.

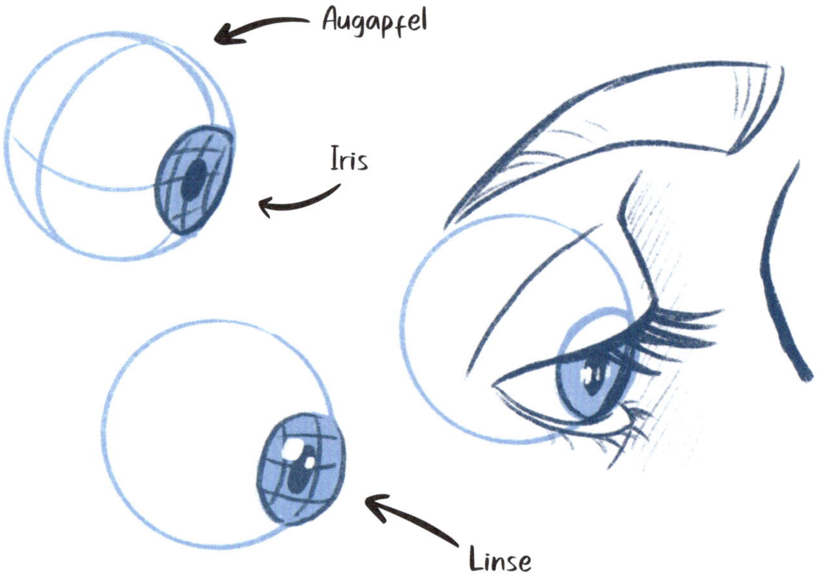

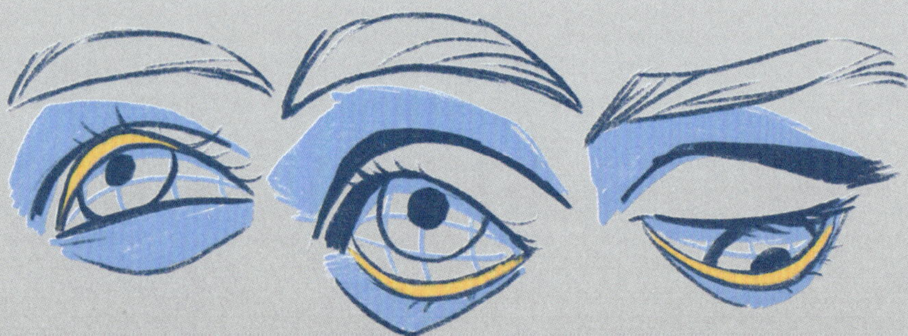

Da unsere Lider dreidimensional sind, entsteht am Rand des Auges eine Kante, die man Wasserlinie nennt. Die obere sieht man nur selten, die untere dafür fast immer.

Wimpern sind in Richtung der Nase etwas schwächer ausgeprägt. Zur äußeren Seite des Auges hin werden sie länger, dicker und besser sichtbar.

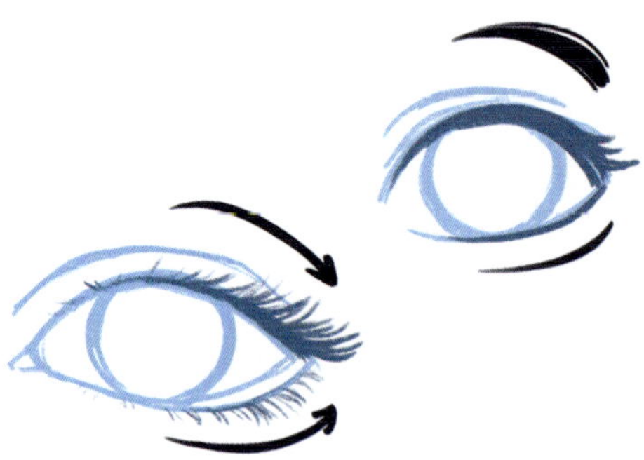

Bei vereinfachten Darstellungen kannst du die Linien dort deshalb einfach etwas dicker zeichnen.

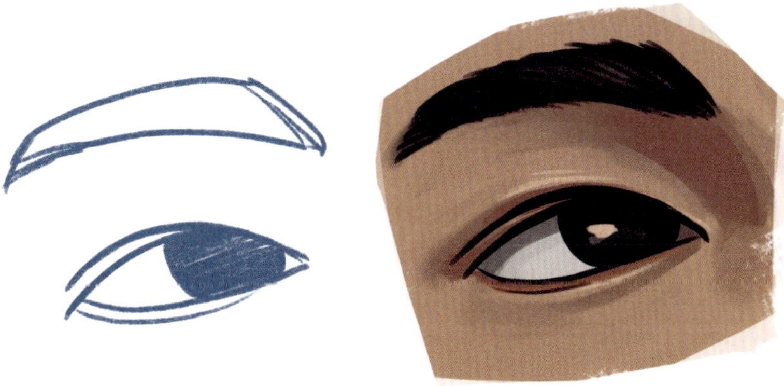

Augen sind nicht ohne Grund so interessant für uns. Sie können viel über uns aussagen und sehen dementsprechend unterschiedlich aus.

Überlege dir deshalb, wie die Augenpartie geformt und beschaffen ist.

Achte aber nicht nur auf die Form der Augenlider, die die allgemeine Form des Auges vorgeben, sondern auch auf die Augenbrauen, Wimpern, mögliche Falten oder selbst die Position der Iris.

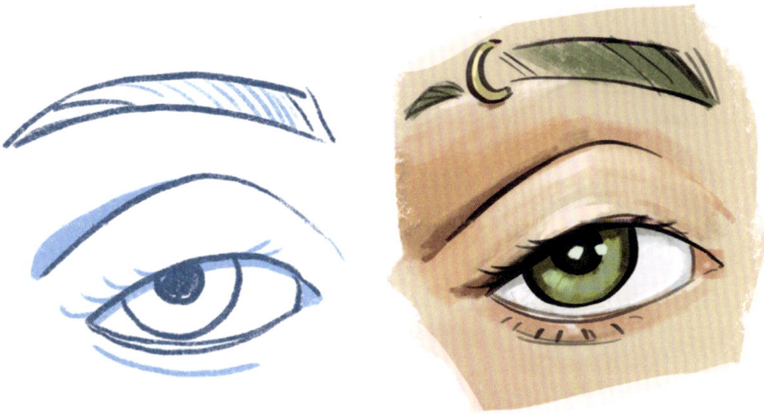

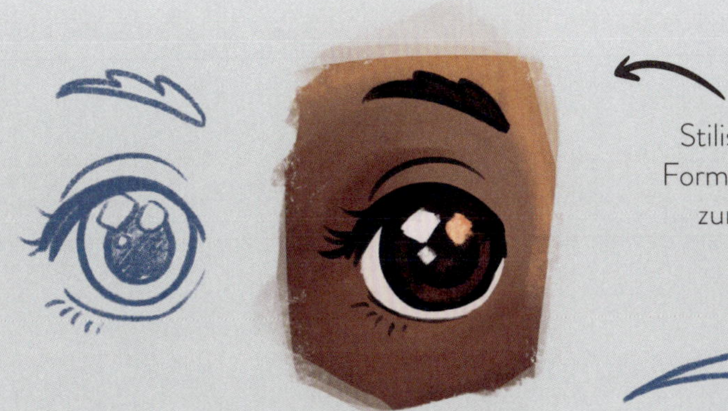

Stilisierte Augen können letztendlich jede Form annehmen. Vom einfachen Punkt bis zum sorgfältig gestalteten Glitzerobjekt.

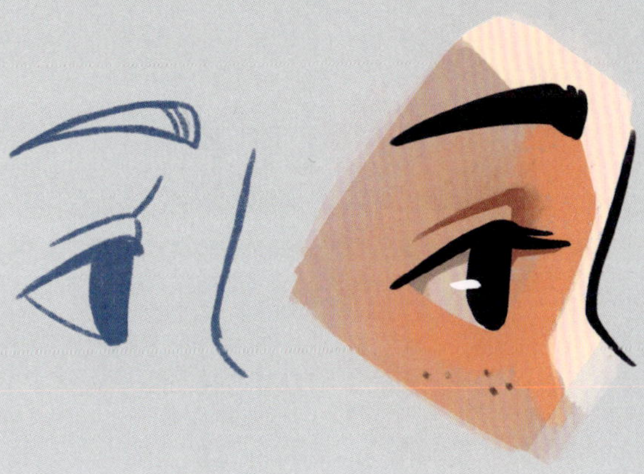

Da die Iris nach innen und die durchsichtige Linse nach außen gewölbt sind, kannst du dir auch überlegen, wie ein Auge in Seitenansicht ausgerichtet ist.

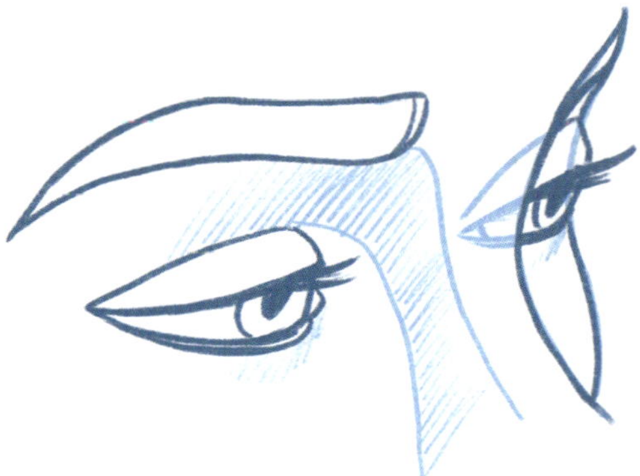

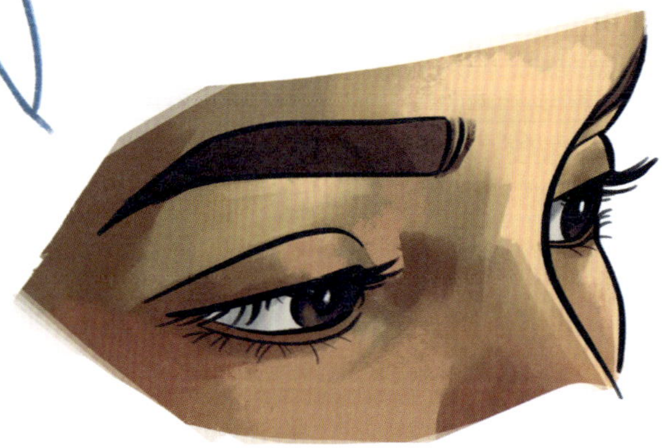

Ist das Gesicht ein wenig zur Seite gedreht, kann es sein, dass der Nasenrücken einen Teil des hinteren Auges verdeckt. Wie stark die Ausprägung ist, ist immer eine Frage des Winkels und der Größe der Nase.

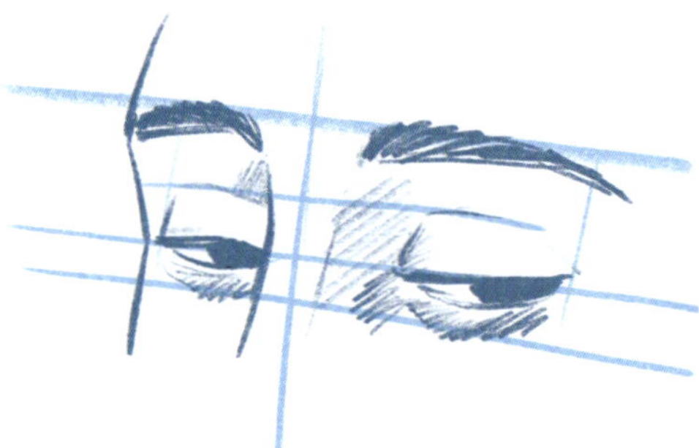

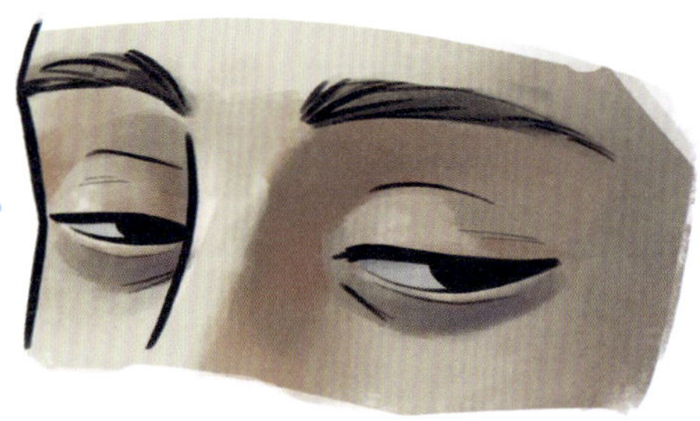

Um die Positionen beider Augen festzulegen, kannst du verschiedenste Hilfslinien nutzen und die Nase vorläufig ignorieren.

Gerade wenn das Gesicht geneigt ist, kann man leichter verrutschen, weshalb mehrere gerade Linien entlang der Augenhöhlen am besten funktionieren. An ihnen kannst du dich auch orientieren, um zu verhindern, dass die Augen zu nah oder weit auseinandersitzen. Auch wenn sie etwas verschoben werden – die Proportionsregeln des Gesichts gelten weiterhin!

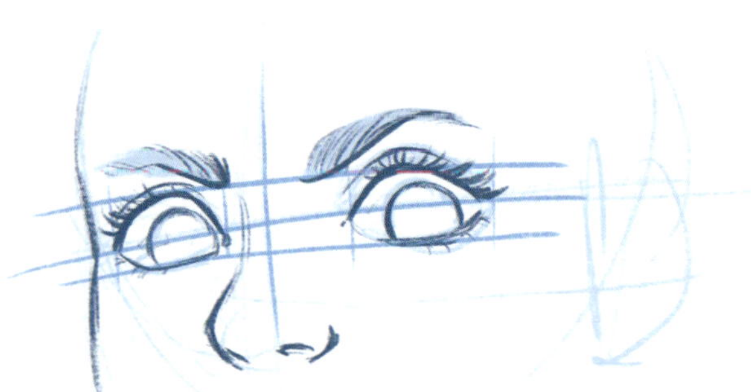

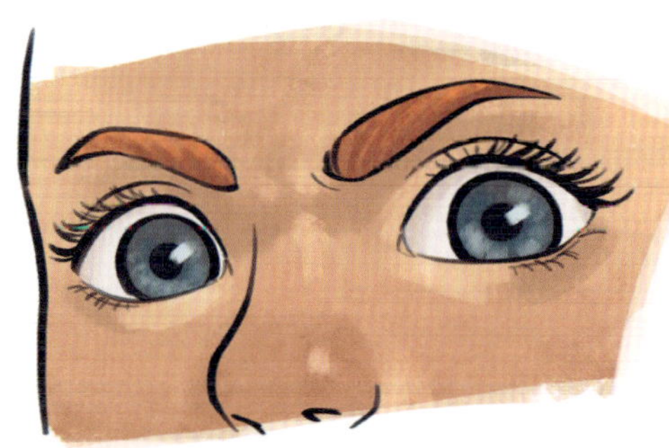

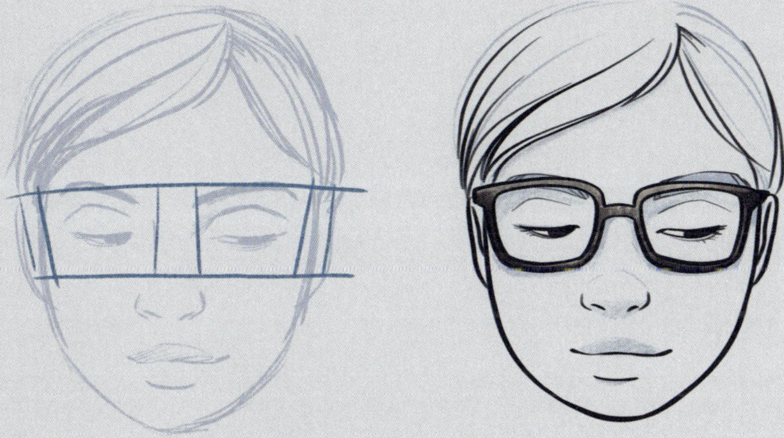

Beim Zeichnen von Brillen kannst du ein ganz ähnliches Konzept nutzen. Schaffe dir erst ein grobes Gerüst, das der ungefähren Form entspricht, und orientiere dich daran.

Danach ist es auch einfacher, das Ganze in Perspektive zu zeichnen. Selbst bei runden Brillengläsern kannst du so einen Kasten nutzen.

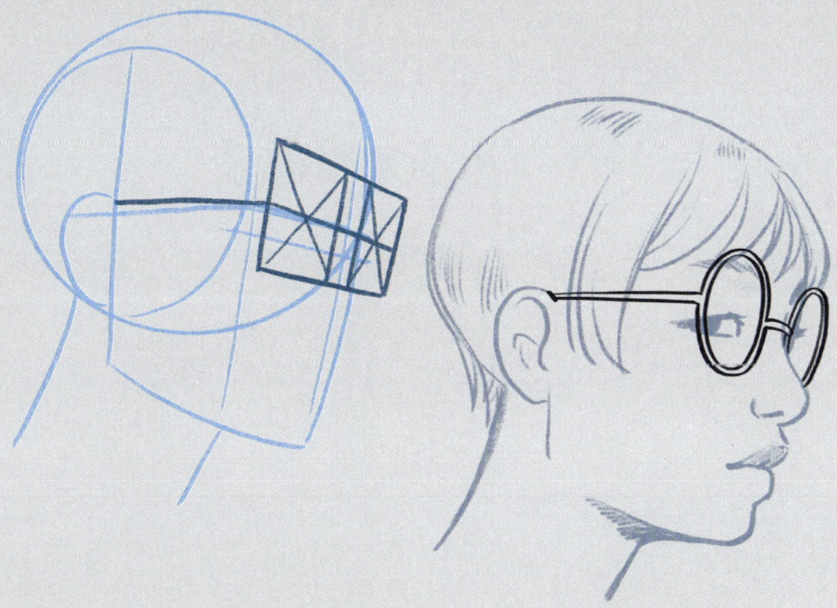

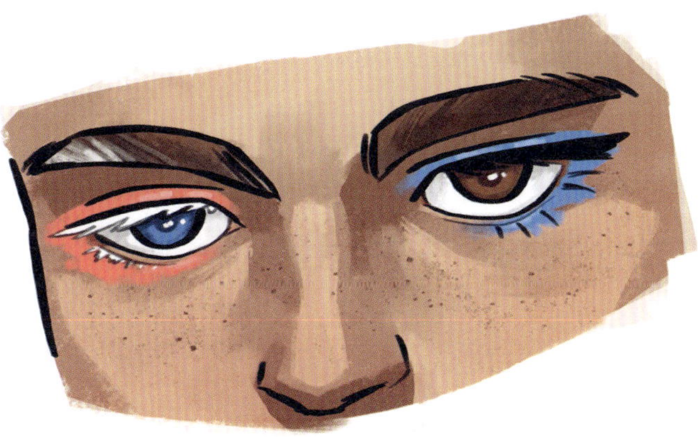

Augen-Make-up ist neben Lippenstift eines der häufigsten »Accessoires« unseres Gesichts. Selbst wenn du dich für gewöhnlich nicht schminkst, solltest du dir mal anschauen, auf wie viele Arten und Weisen Augen hergerichtet und verziert werden.

NASE & MUND

Für die stärksten Schatten im Gesicht sind meistens Mund und Nase (und Augenbrauen) verantwortlich. Es ist dementsprechend wichtig zu verinnerlichen, inwieweit sie vorstehen und das Gesicht formen.

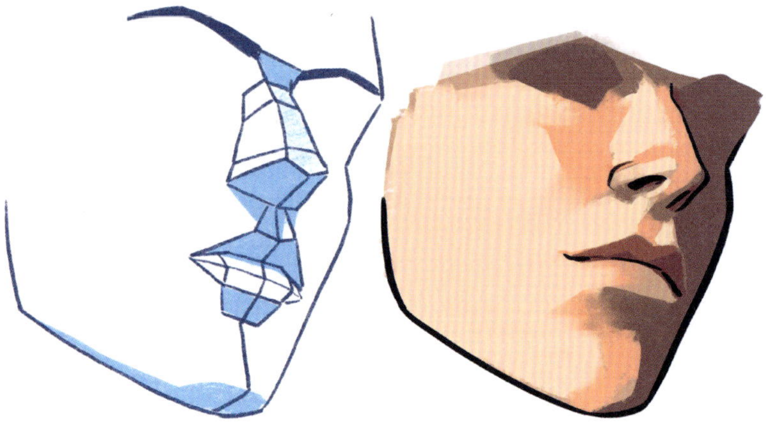

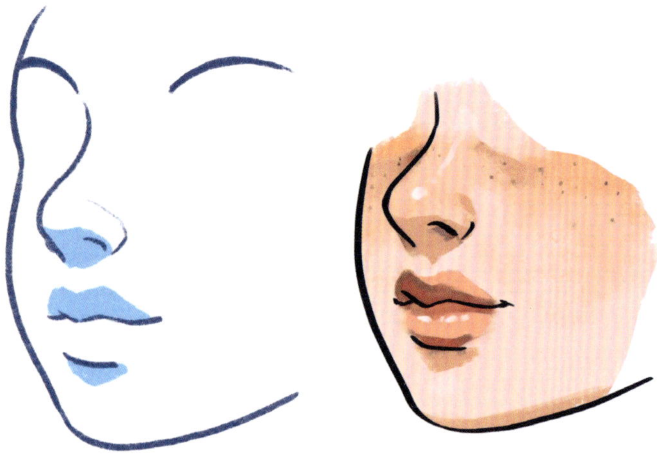

Der Nasenrücken geht in die Brauen über. Auf der Höhe, wo unsere Augen liegen, ist die Nase deswegen etwas flacher als an der Nasenspitze, um unser Blickfeld nicht so sehr einzuschränken.

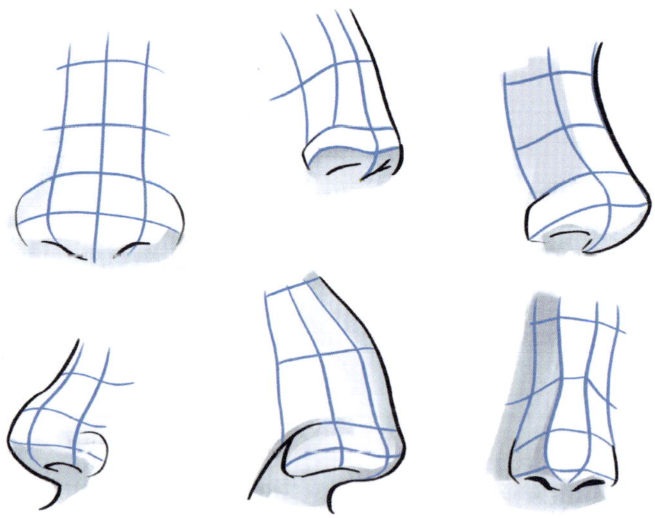

Nasen sind unglaublich unterschiedlich und geben dem Gesicht viel Charakter. Probiere auf jeden Fall verschiedene Größen und Formen aus verschiedenen Blickwinkeln aus und bedenke, welche Schatten dadurch entstehen.

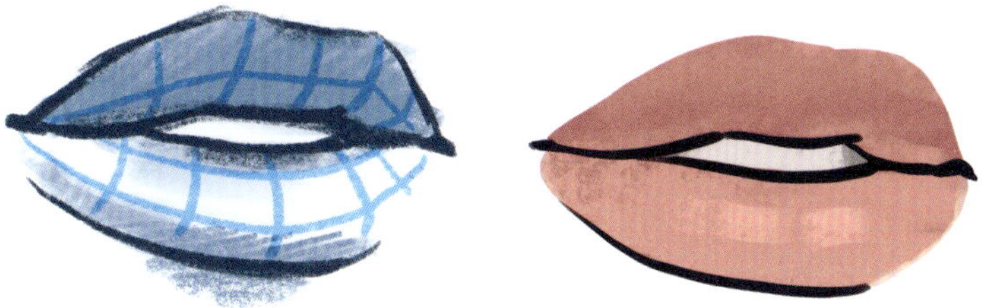

Das schöne an Mündern ist, dass du sie nur als simple Linie zeichnen oder sie sehr detailreich ausarbeiten kannst.

Achte nur darauf, dass du es nicht übertreibst, denn idividuell gezeichnete Zähne können sehr »intensiv« aussehen.

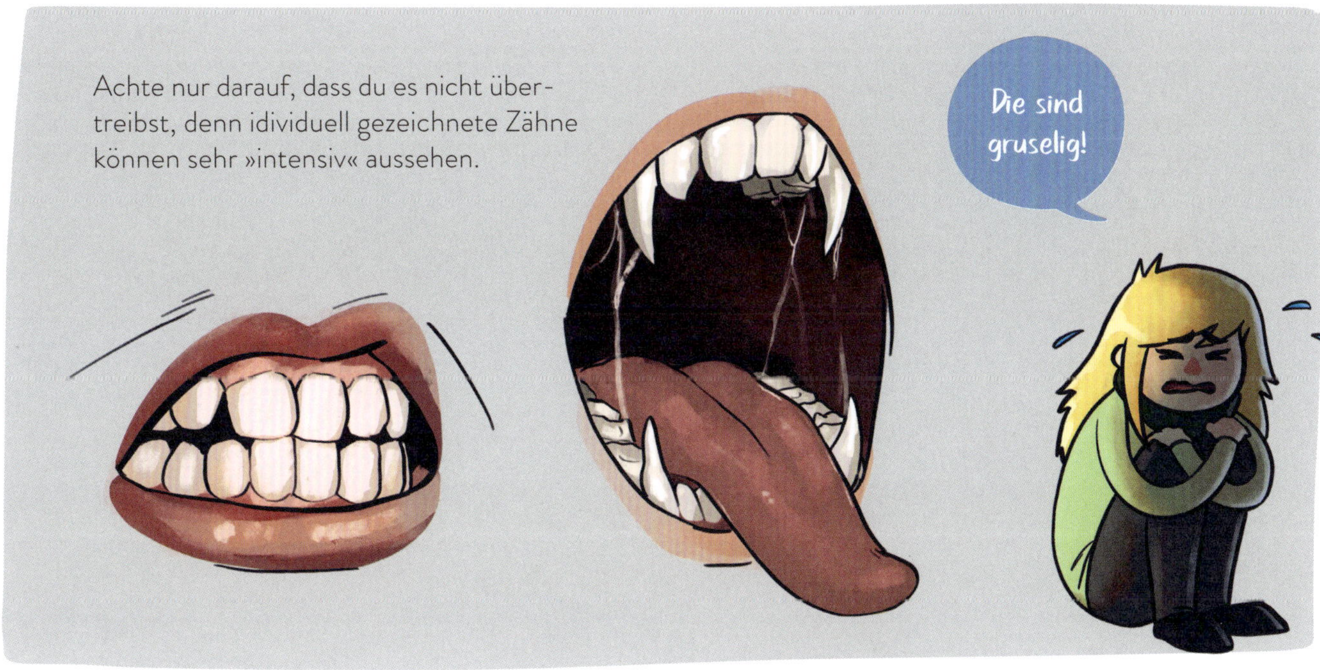

Zähne sehen deswegen häufig besser aus, wenn du sie nur andeutest.

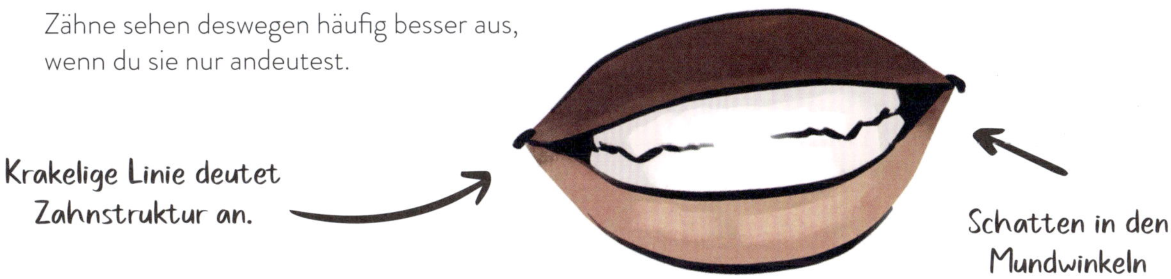

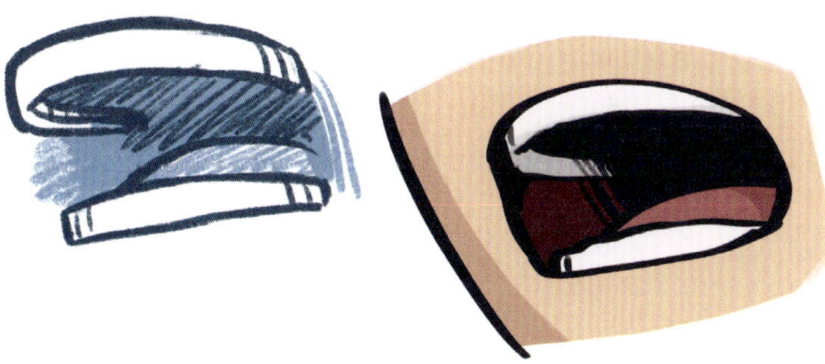

Aber auch bei simpleren Comic-Stilen solltest du die Kieferform beachten.

HAARE

Bevor du überhaupt übers Haarezeichnen nachdenkst, sollte dir bewusst sein, dass lockere Linien das A und O sind. Dafür fängst du am besten mit weichen Linien an, die in etwa der gleichen Richtung folgen.

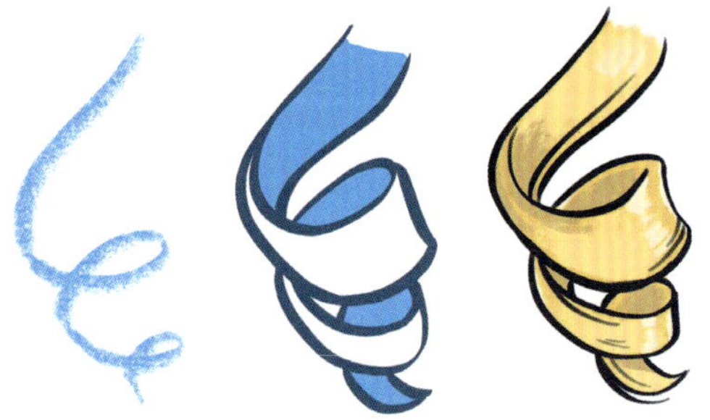

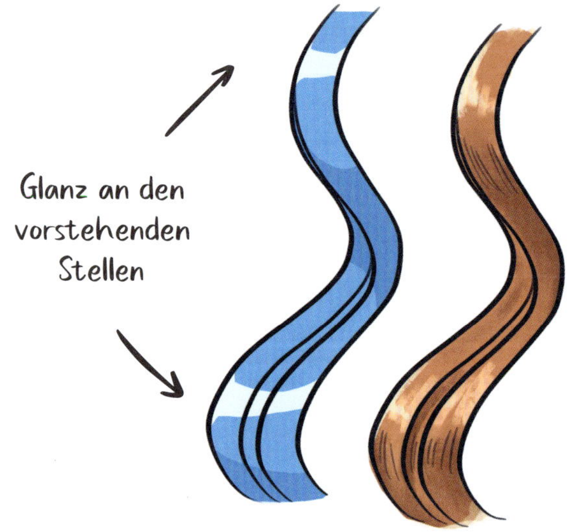

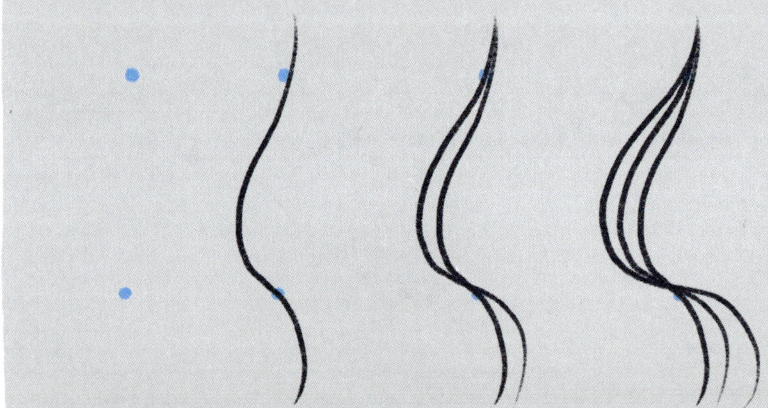

Als kleine Übung setzt du ein oder mehrere Punkte auf ein Blatt Papier und ziehst schwungvoll ein paar Linien darüber, die diese Punkte möglichst alle treffen sollen.

Zackige oder zu stark überkreuzte Haare willst du größtenteils vermeiden.

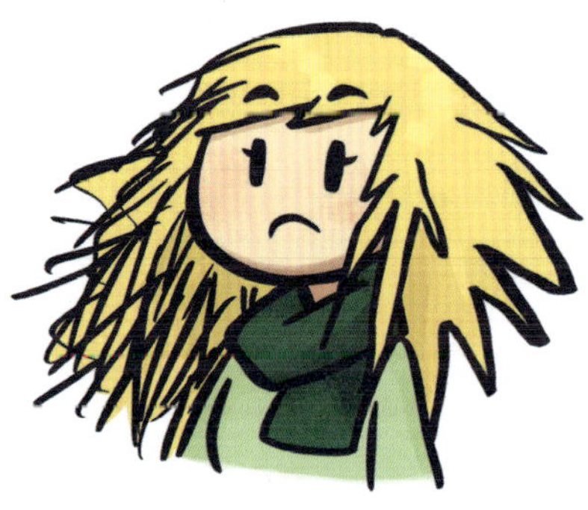

Step by Step

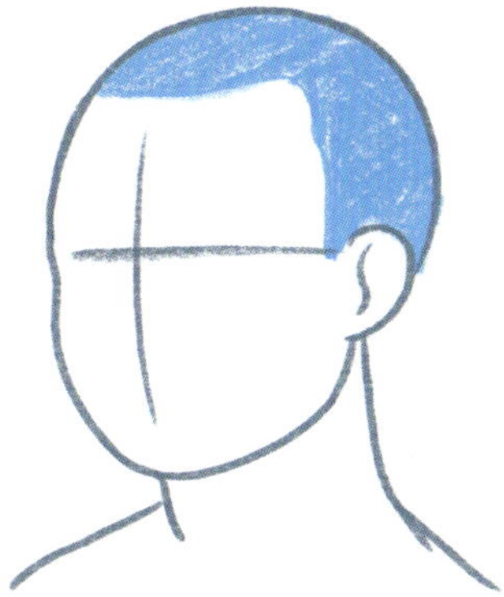

Step 1

Um Haare am Kopf einzuzeichnen, fängst du zuerst mit einem kahlen Schädel an, aber machst dir bewusst, wo die Haare überall liegen würden.

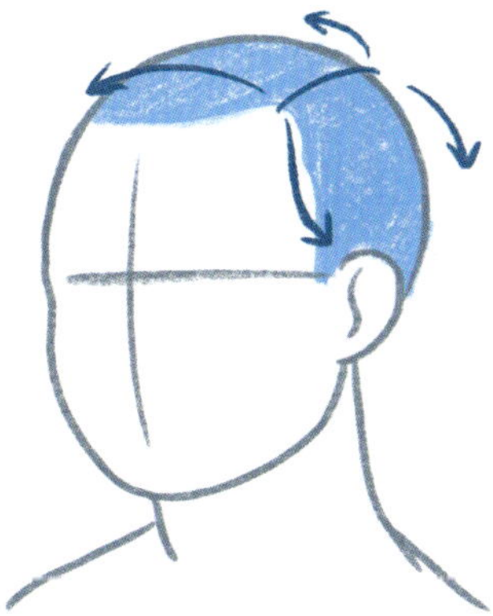

Step 2

Überlege dir, wo der Scheitel liegt (bei manchen Frisuren können es sogar mehrere sein), und finde heraus, in welche Richtungen die Haare von dort aus verlaufen.

Step 3

Ab hier ist es wichtig, dass du nicht in einzelnen Haaren, sondern in Strähnen denkst. Haare bündeln sich nämlich zusammen. Gerade bei lockigen oder gewellten Haaren überschneiden sich diese Strähnen auch oft. Innerhalb der Strähne folgen die Haare aber prinzipiell alle demselben Fluss.

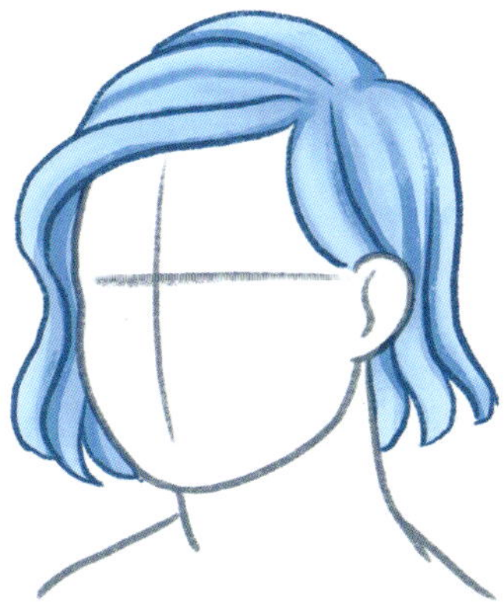

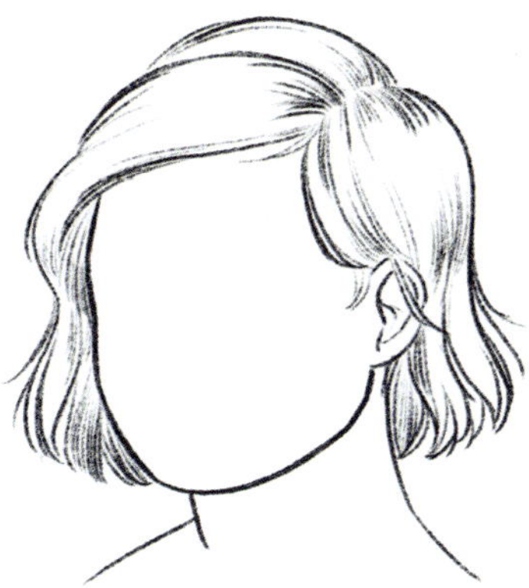

Step 4

Sobald du weißt, wo die Strähnen verlaufen, kannst du dich um die Details kümmern. Übe am besten deinen Schwung aus dem Arm oder Handgelenk zunächst über dem Papier und ziehe danach die Haare nach. Stell dir vor, du müsstest die einzelnen Strähnen schraffieren, aber jede Linie, die du ziehst, folgt der Strähnenausrichtung.

Interessant sind auch immer kleine Ausreißerhaare. Also einzelne Härchen, die ganz unerwartet abstehen und dem Look etwas mehr Leben geben.

FRISUREN

Viele Frisuren zeichnen sich viel besser, wenn man sie mal in echt umgesetzt hat. Es gibt aber für alles auch ein paar Tricks. So kannst du z. B. ganz einfach einen Flechtzopf umsetzen.

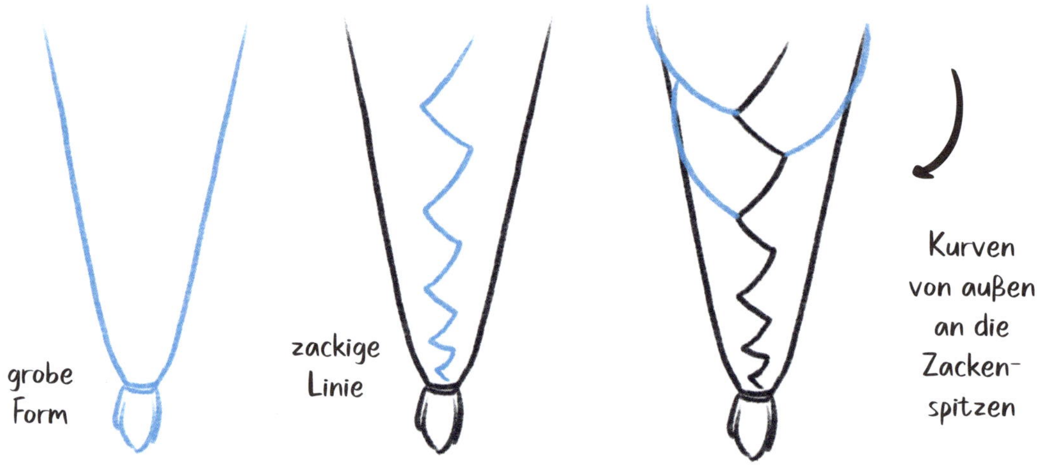

Du beginnst mit der ungefähren Form, die dein Zopf am Ende haben soll, und zeichnest eine Zickzack-Linie durch die Mitte.

Mit der gleichen Ausrichtung wie die Zacken ziehst du nun geschwungene Linien von der Umrandung in die Mitte.

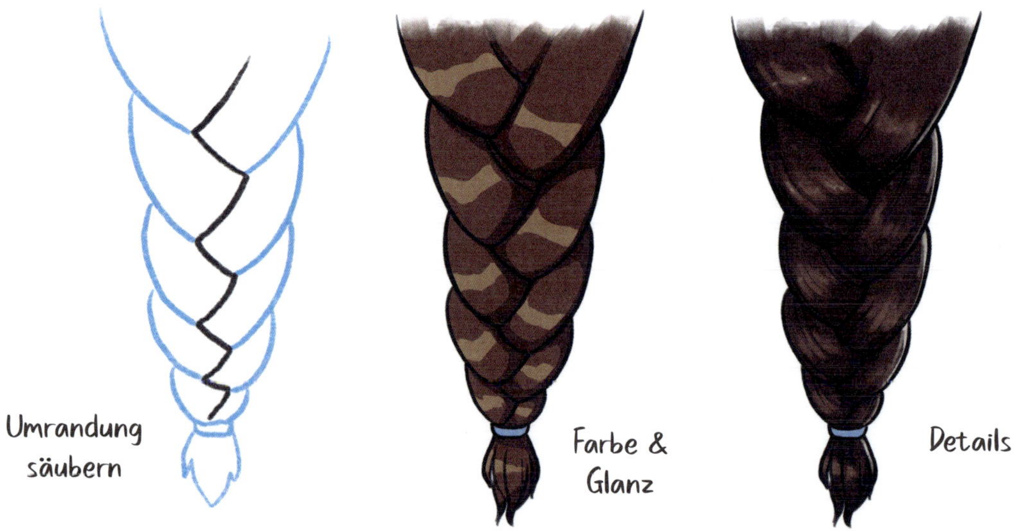

Die Vorzeichnung malst du noch etwas ordentlicher nach, fügst ein paar Haarstrukturen hinzu und fertig ist dein hübscher Zopf!

Bei Frisuren solltest du darauf achten, wie die Haare von der Schwerkraft beeinflusst werden. Allein durch die Haartextur kann dies stark variieren, aber durch Haarspray, Zopfgummis und Spangen werden sie auch noch an bestimmten Stellen gehalten.

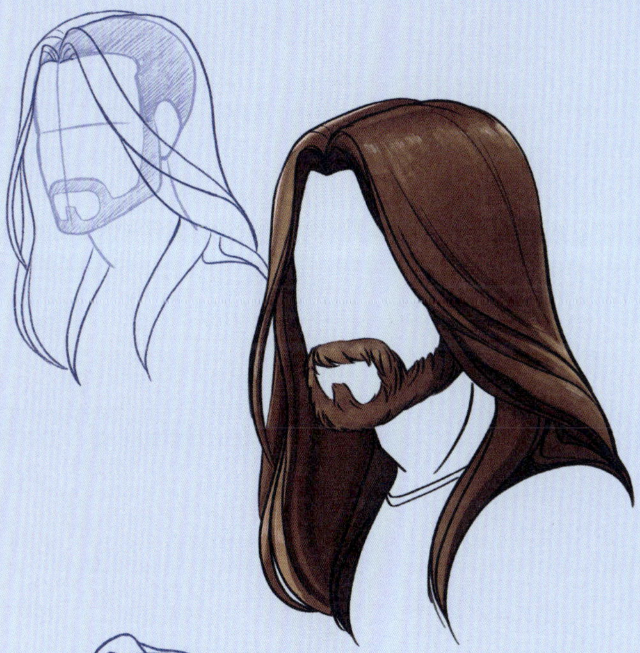

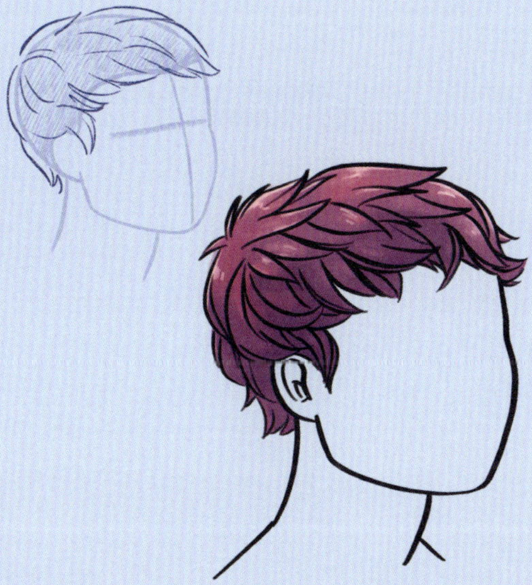

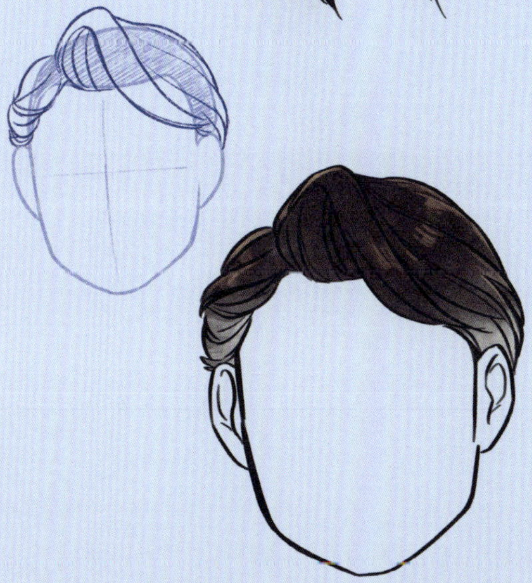

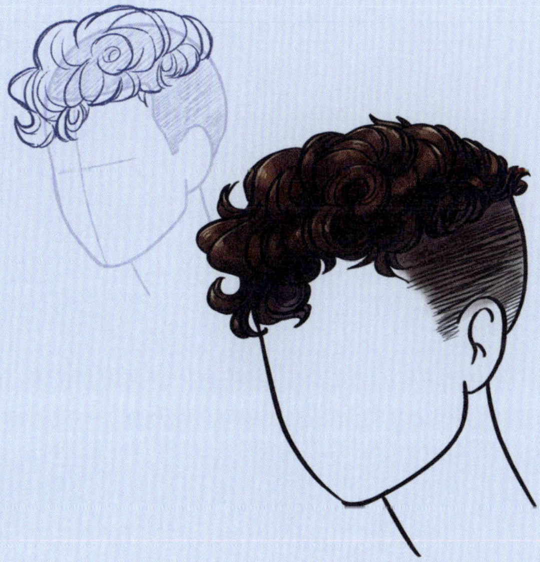

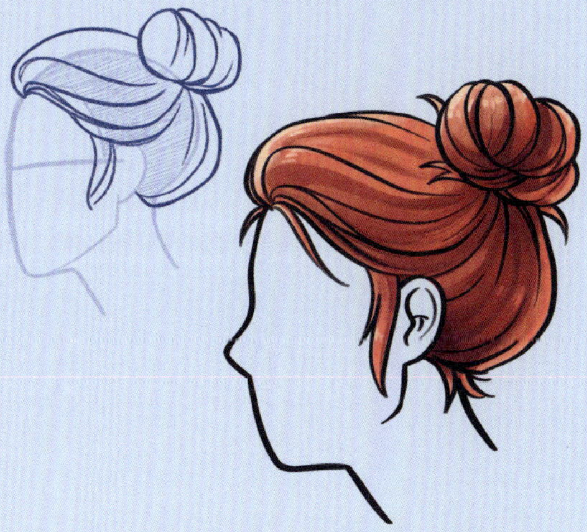

GESICHTER

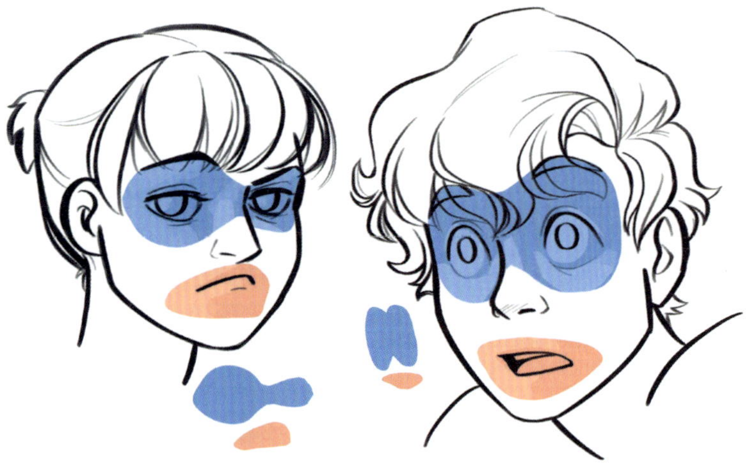

Emotionen sind ein Zusammenspiel aus Augenbrauen und Mund.

Versuch mal deine Augen erschrocken aufzureißen, ohne gleichzeitig deine Augenbrauen zu heben. Die Brauen geben häufig vor, welche Form dein Augenbereich annimmt.

Selbst wenn man nur den blauen und orangefarbenen Bereich betrachtet, erkennt man die Emotion, die vermittelt werden soll. Deshalb kann es hilfreich sein, das Gesicht in diese zwei Bereiche einzuteilen.

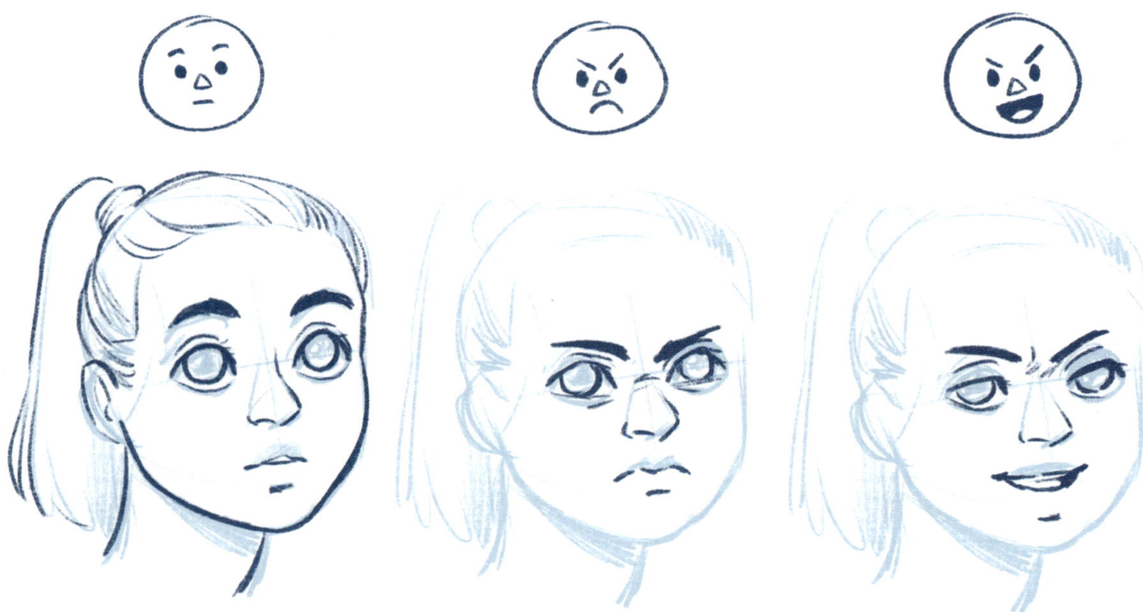

Bei den Augen hilft es dann, je nach gewünschter Emotion einmal auszuprobieren, ob das Lid oben oder unten stärker sichtbar ist oder ob sie komplett zusammenkniffen oder aufgerissen sind. Am besten testet man die gewünschten Emotionen vorher einfach mit einem simplen Smiley.

Probier dich bei Gesichtern auf jeden Fall aus. Es gibt so viele Kombinationen von Nasen, Kopfformen, Lippen und Augen.

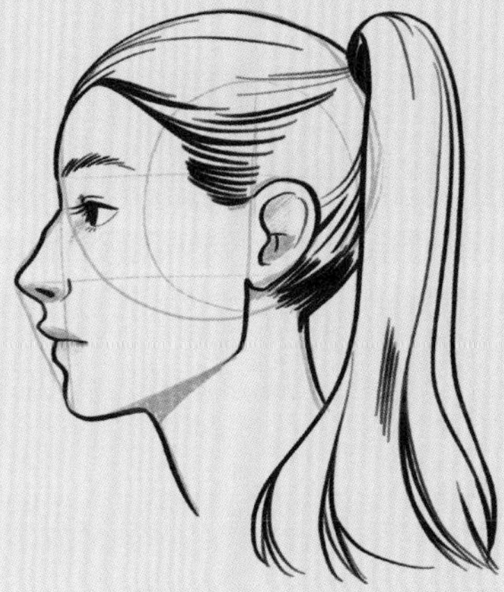

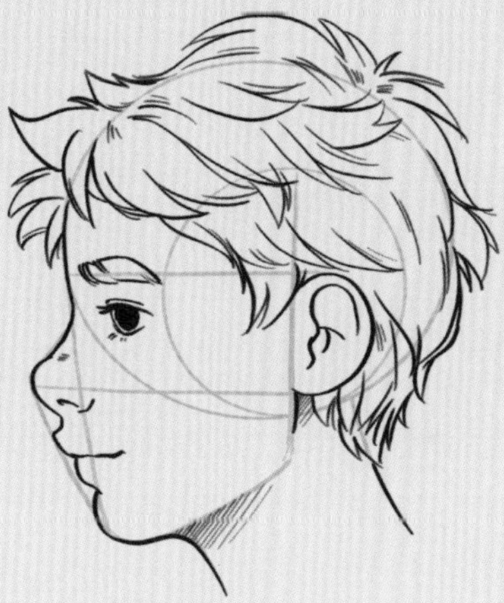

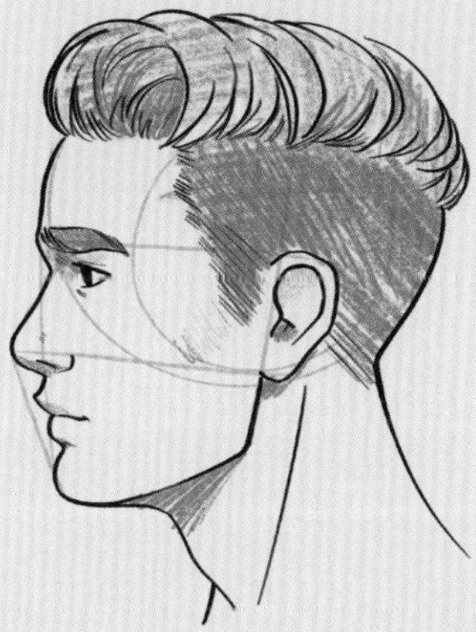

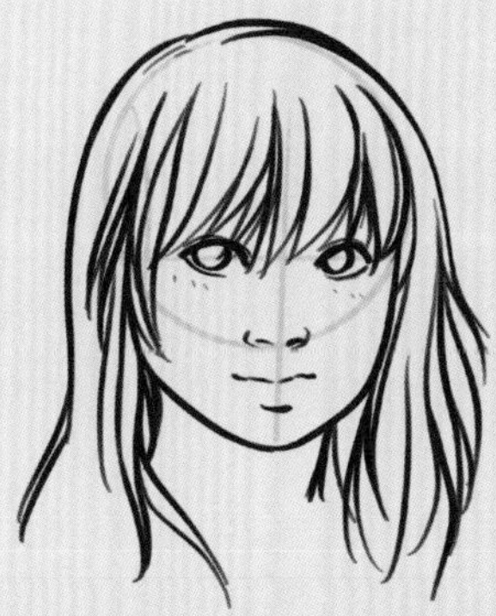

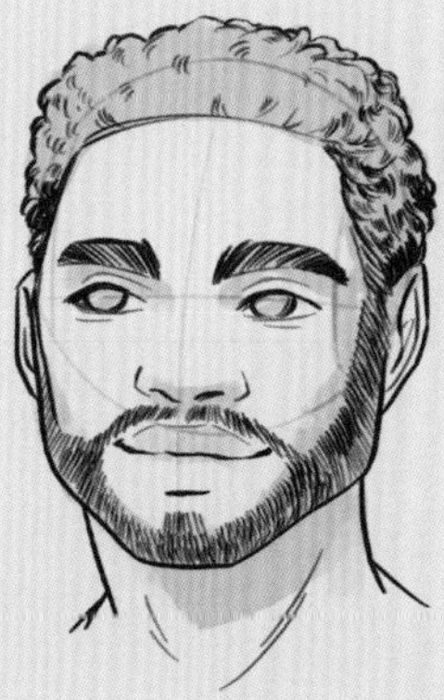

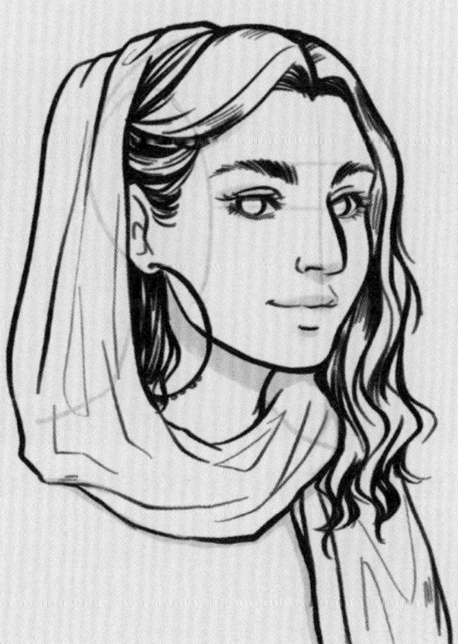

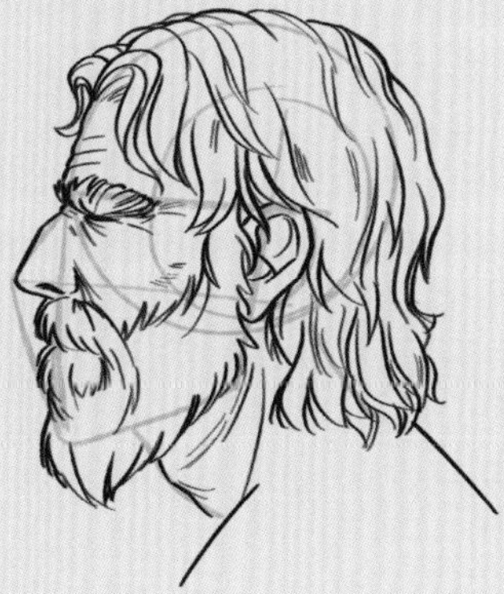

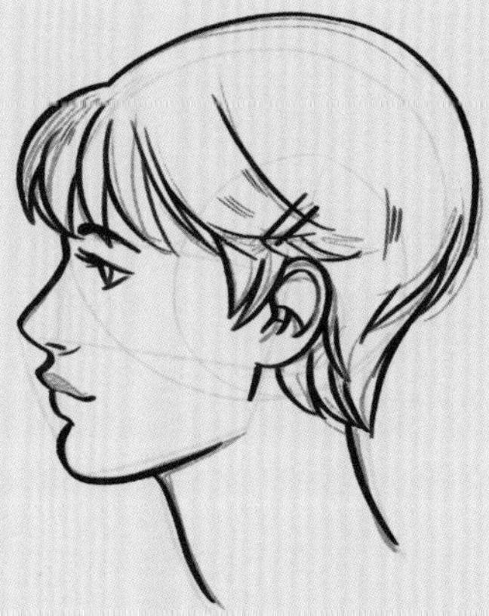

HÄNDE

Hände sind unglaublich komplex, keine Frage. Sie haben aber einen wundervollen Vorteil: Die meisten von uns haben zwei perfekte Vorlagen direkt vor ihren Augen. Du kannst beim Zeichnen also ganz simpel deine freie Hand betrachten, einen Spiegel nutzen oder Fotos machen.

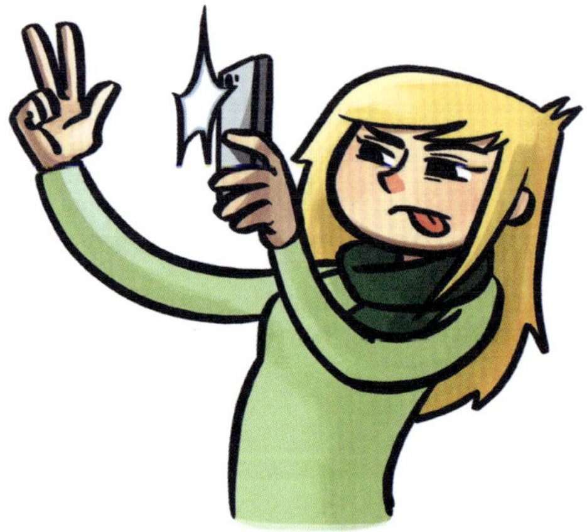

Wenn du Hände ohne ein konkretes Referenzbild zeichnen willst, gibt es ein paar Tipps und Merkregeln, auf die du zurückgreifen kannst.

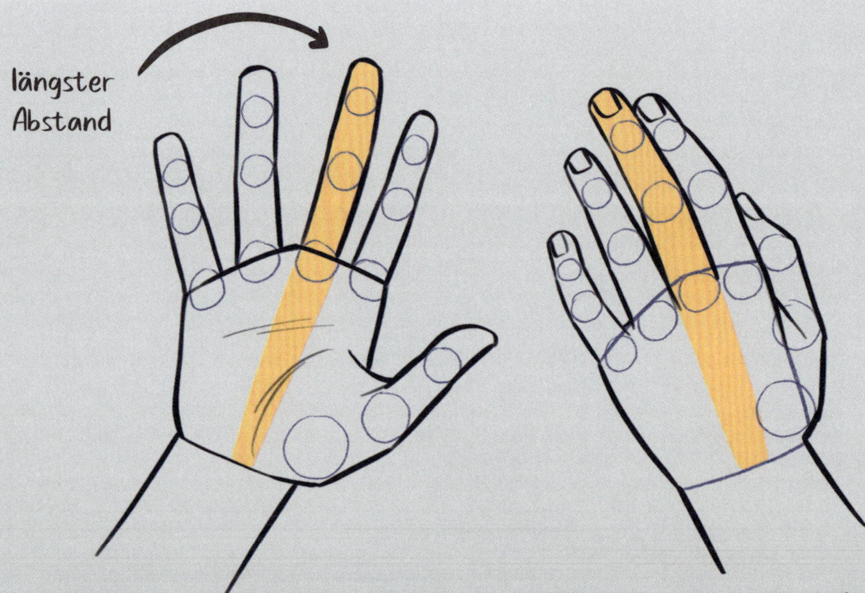

Der Mittelfinger ist immer der höchste Punkt. Nicht nur, wenn man die Hand frontal betrachtet, sondern auch von der Seite. Beachte auch, dass auch die Handfläche dort, wo der Mittelfinger und Zeigefinger verlaufen, am längsten ist.

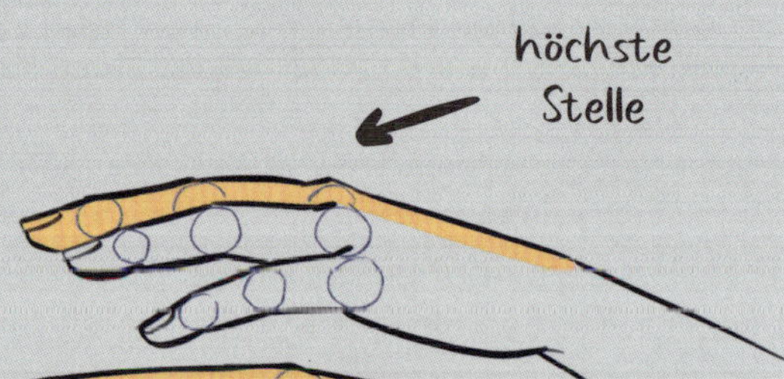

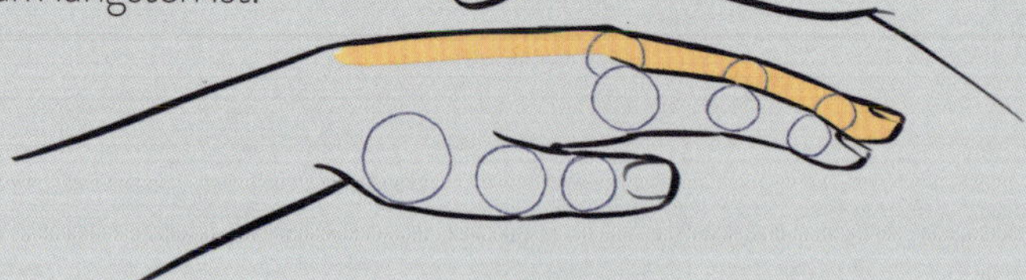

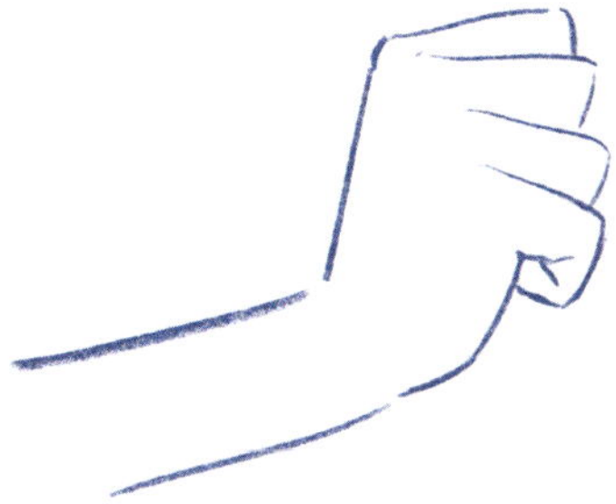

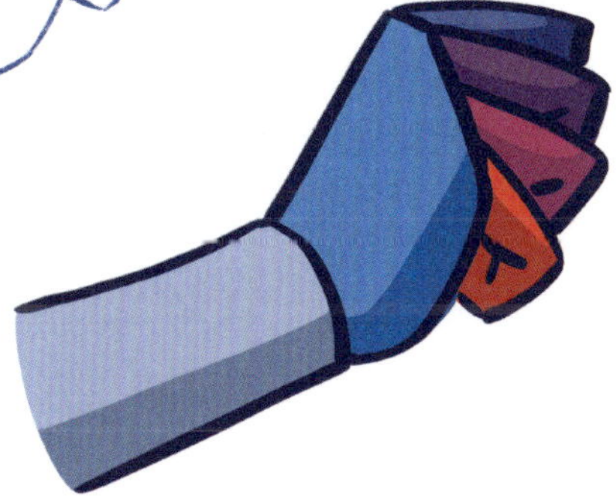

Aufbauen und Vorzeichnen kannst du Hände auf die unterschiedlichsten Arten.

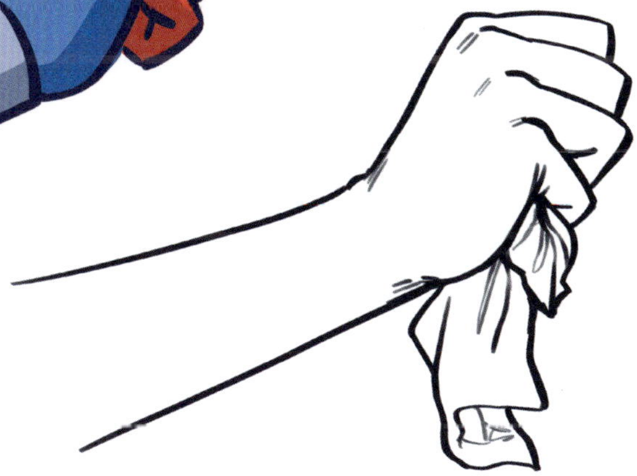

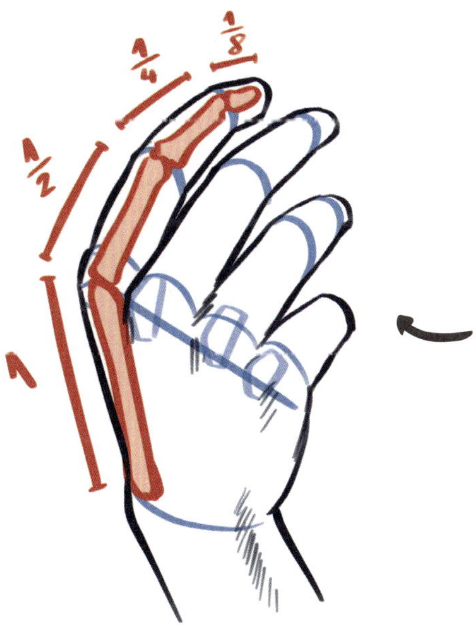

Fingerknochen sind sehr interessant, denn jeder Knochen am Finger ist nur halb so lang wie der vorherige. Durch die Haut ist das nicht sofort erkennbar, aber miss doch mal deine eigenen Finger nach.

Beim Ausmalen und Schattieren von Händen musst du viele kleine Strukturen beachten.

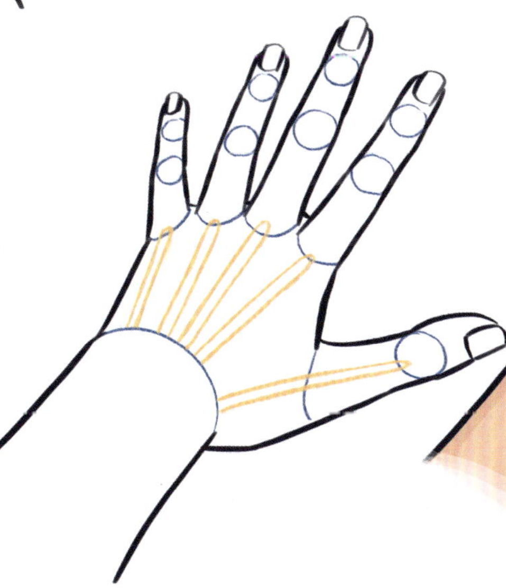

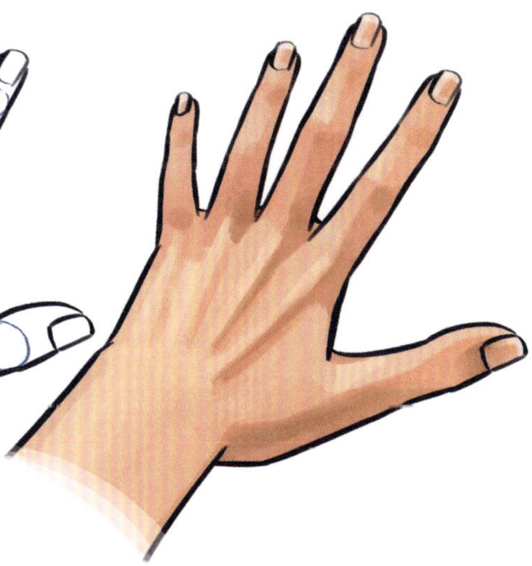

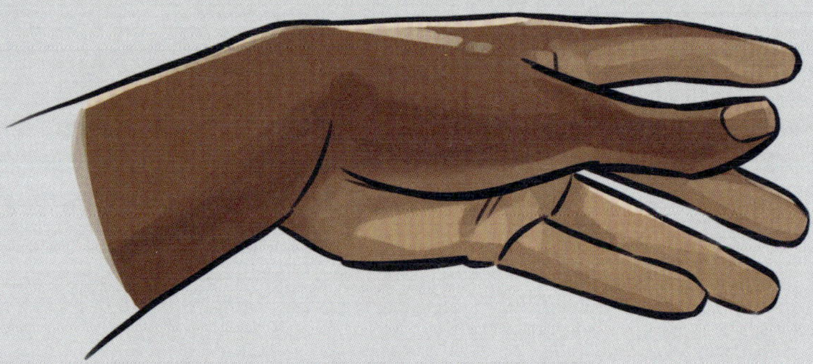

Da Handinnenflächen und z. B. auch Fußsohlen weniger Melanin enthalten, der Stoff, der menschliche Haut dunkel aussehen lässt, bleiben diese auch bei dunkleren Hauttönen meistens heller.

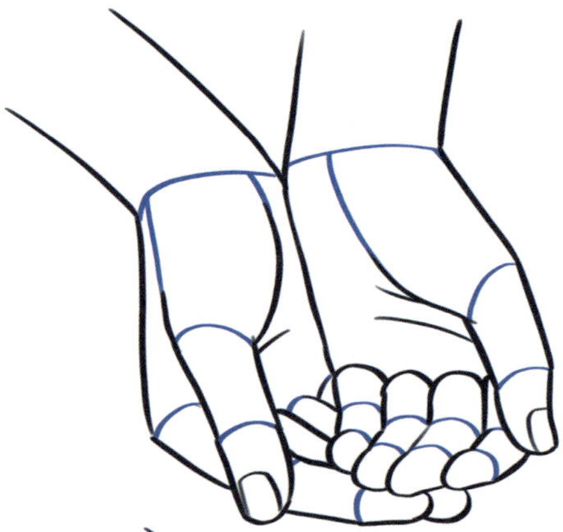

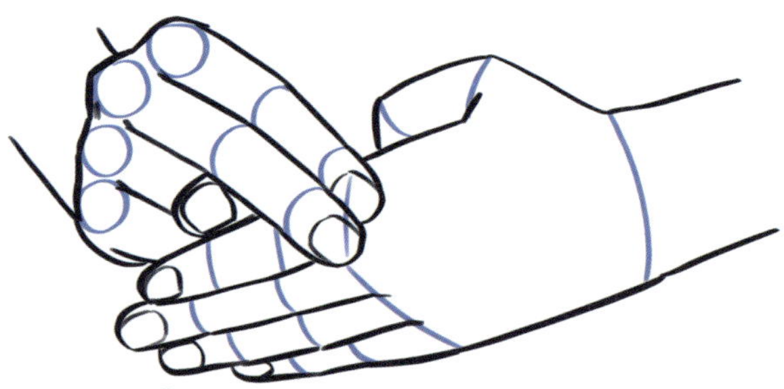

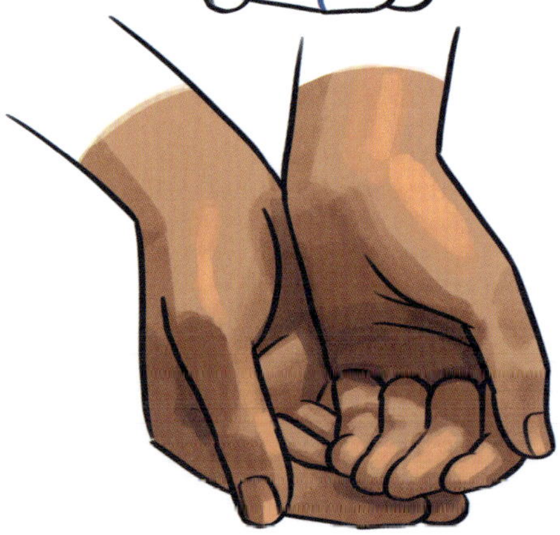

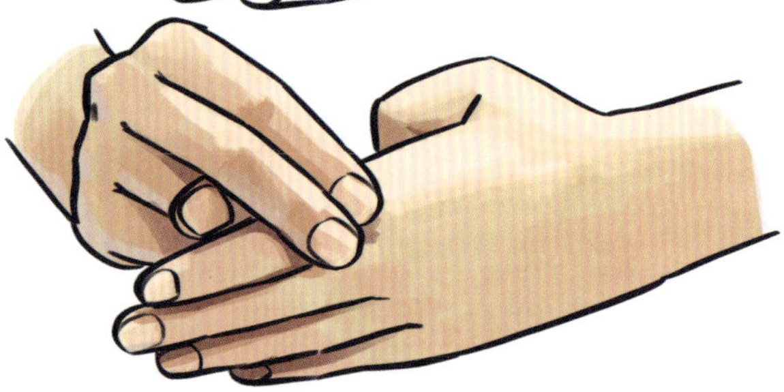

Hände sind auch deswegen so komplex, weil sie oft mit Gegenständen – oder eben anderen Händen – interagieren. Da kommt man nicht drum herum, sie von vielen Fotos abzumalen, um ein Gefühl für sie zu bekommen.

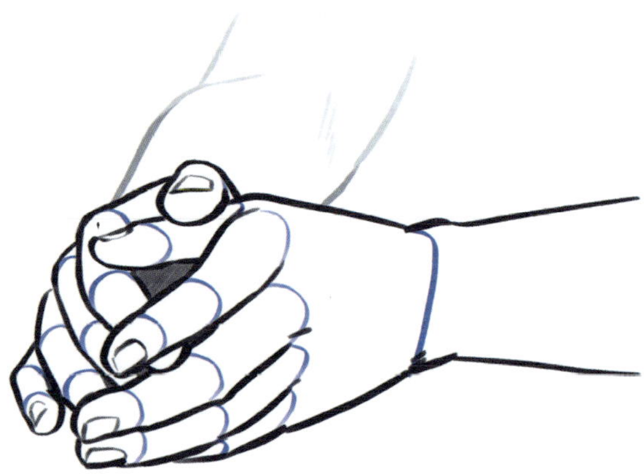

Bei vielen Comicstilen werden die Hände auf verschiedene Arten vereinfacht, denn es kostet unglaublich viel Zeit, sie Bild für Bild zu animieren oder auf Hunderten Comicseiten neu zu zeichnen.

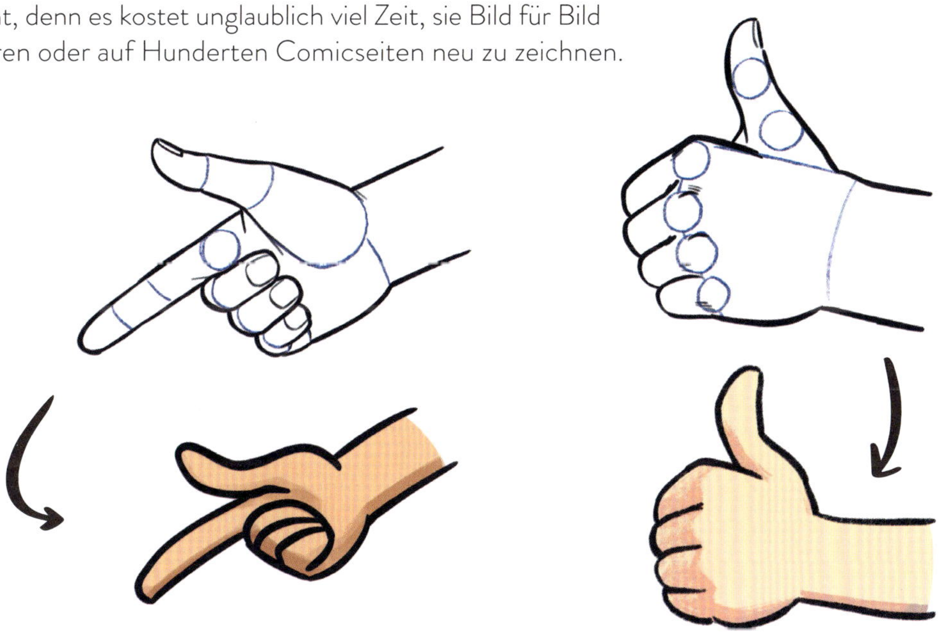

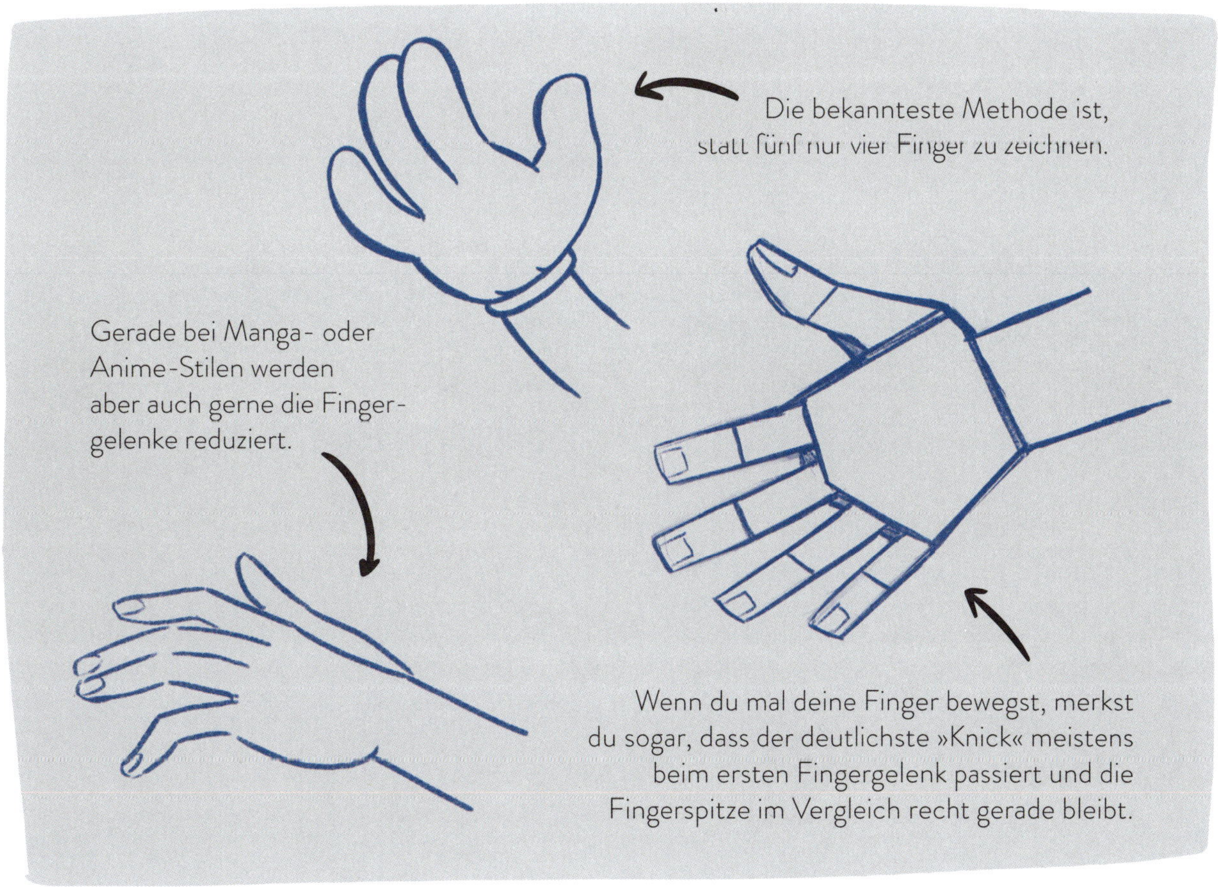

FÜSSE

Füße haben einen großen Nachteil und der ist, dass sie fast genauso komplex sind wie Hände, aber wir sie nicht mal ansatzweise so oft zu sehen bekommen. Der Vorteil ist: Wenn du sie komisch zeichnest, fällt es weniger Leuten auf.

Wichtig ist es aber einfach nur, den Fuß in mehrere Segmente einzuteilen und zu lernen, diese Blöcke in Perspektive zu zeichnen.

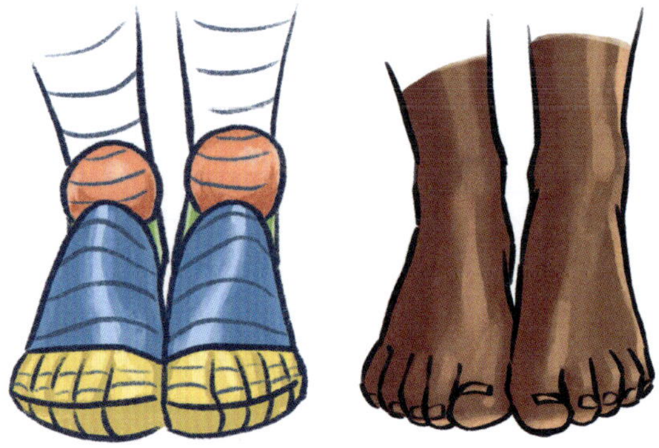

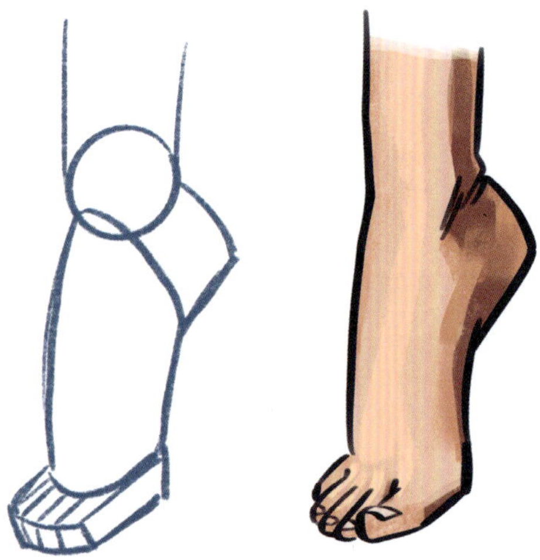

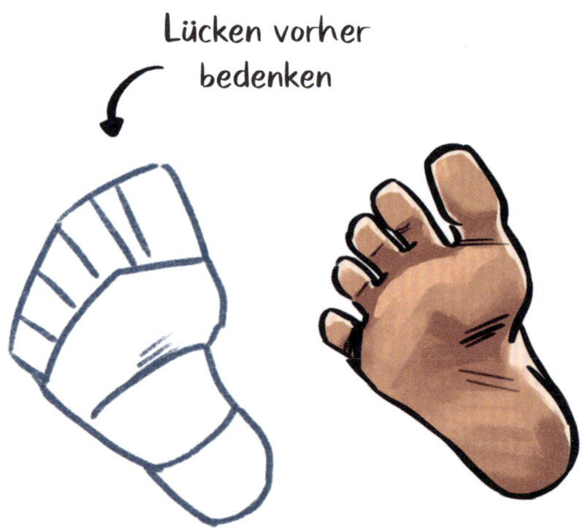

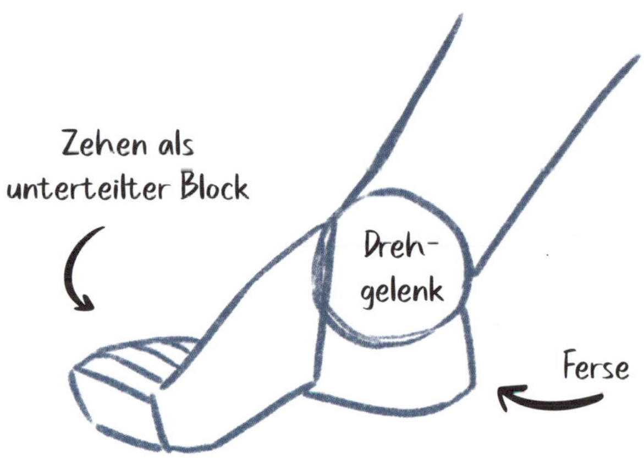

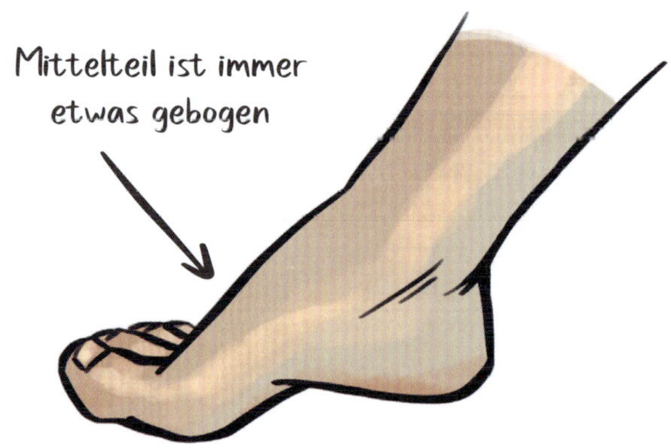

Wir laufen für gewöhnlich aber eher selten barfuß herum, weshalb ich immer nur sagen kann: Lern Schuhe zu zeichnen!

Achte darauf, was deine Charaktere an den Füßen tragen würden, und klappere ein paar Shops und Magazine für Schuhe ab oder schaue online, was es so für Modelle gibt.

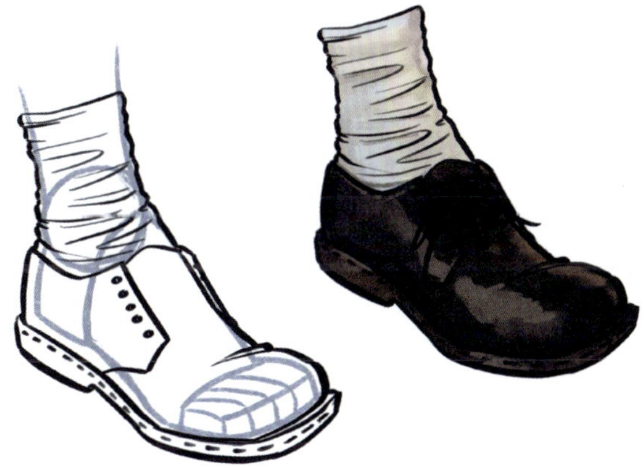

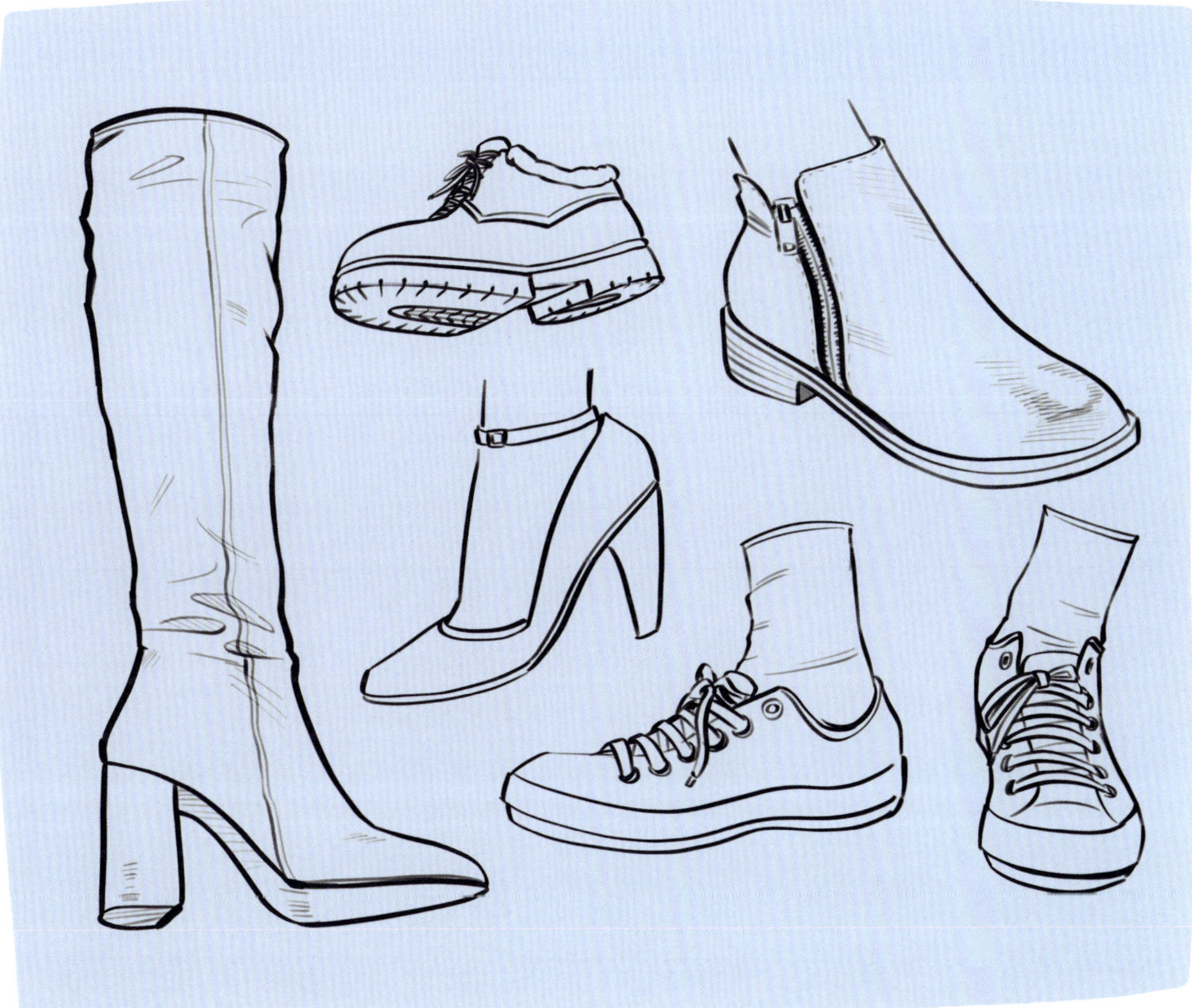

ARME

Sieh dir deinen Arm einmal genau an. Das Erste, das dir auffallen sollte, ist, dass er nicht komplett gerade verläuft, sondern um deinen Ellenbogen herum etwas dicker wird.

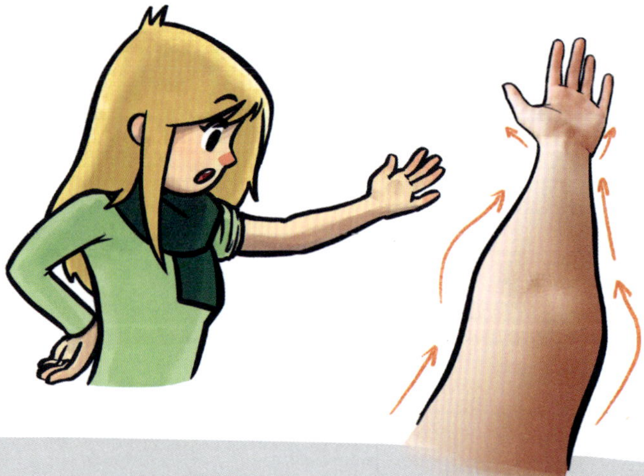

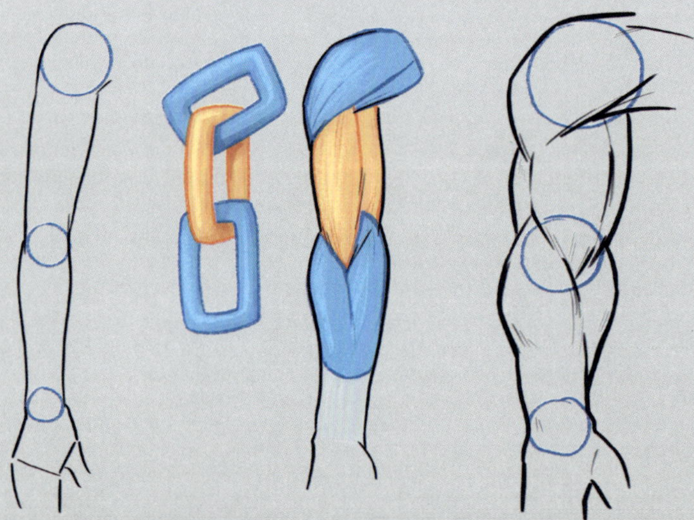

Je nach Muskelausprägung können Arme anstatt einer kleinen Wölbung auch ausgeprägte Formen annehmen. Dir zu merken, welche Muskeln dort verlaufen, hilft auf jeden Fall sehr.

Es gibt aber auch eine kleine Denkhilfe für die Muskelausrichtung, denn diese scheinen wie Kettenglieder ineinanderzugreifen.

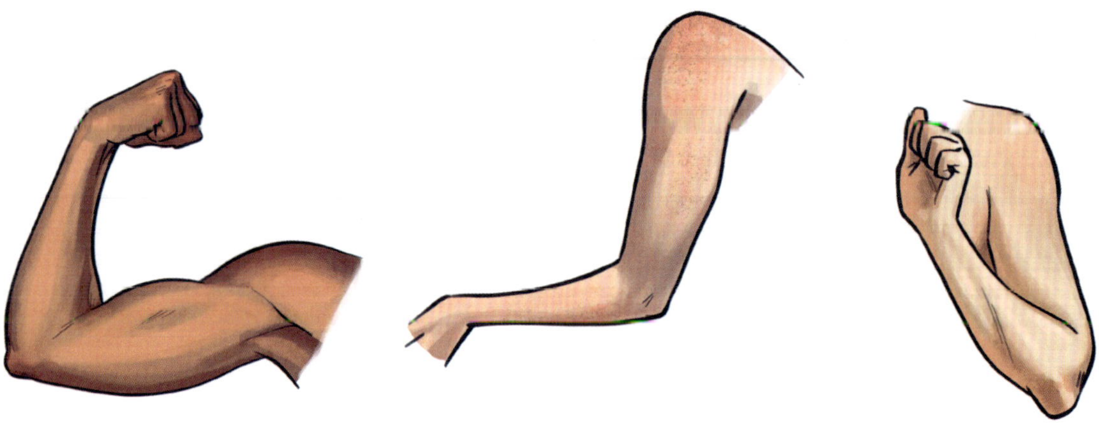

Wie wir bei den Proportionen gelernt haben, sind Ober- und Unterarm in etwa gleich lang. Das kannst du dir zunutze machen, indem du einen kleinen Geometrietrick anwendest.

Bei der Bewegung deines Arms denkst du meistens nur daran, wo deine Hand landen soll. Genau das Gleiche machen wir hier beim Zeichnen.

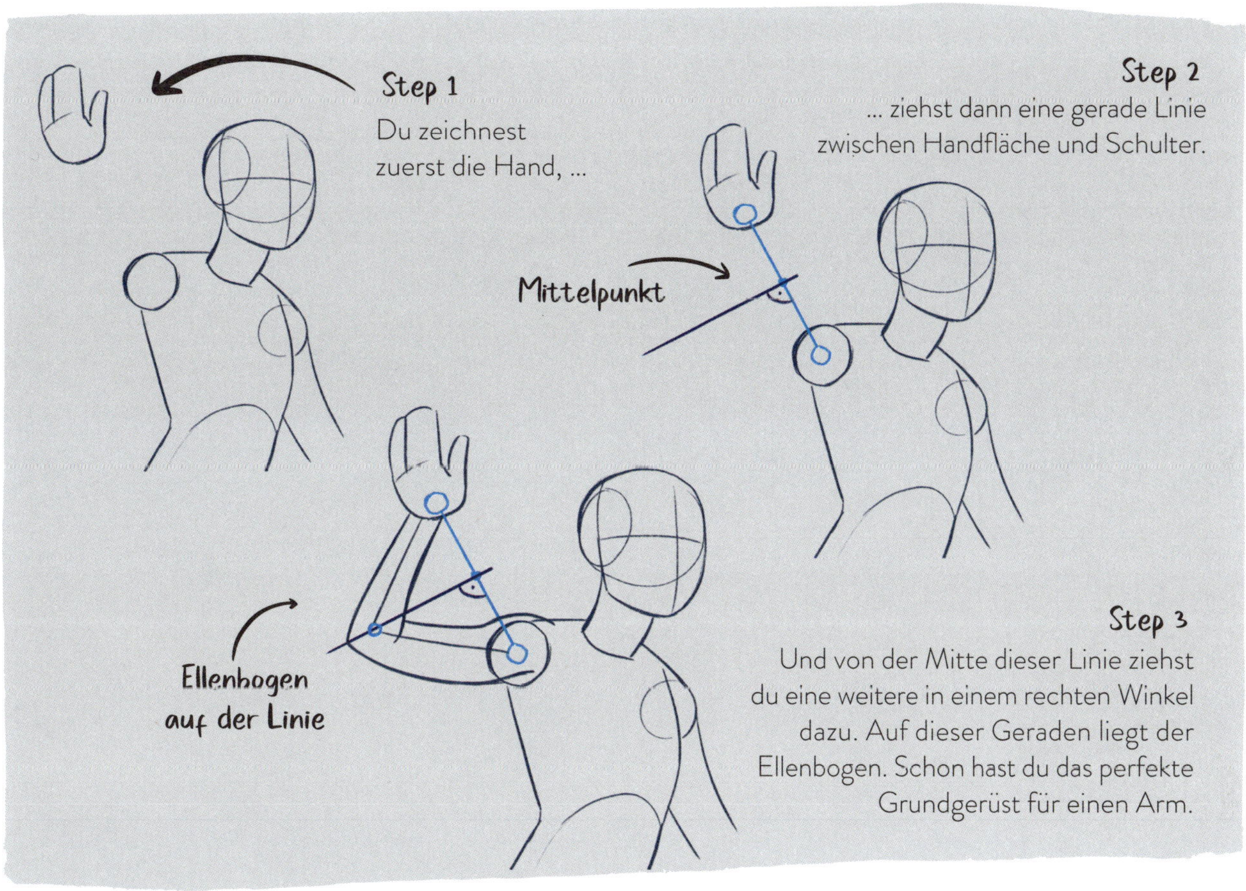

Step 1
Du zeichnest zuerst die Hand, ...

Step 2
... ziehst dann eine gerade Linie zwischen Handfläche und Schulter.

Step 3
Und von der Mitte dieser Linie ziehst du eine weitere in einem rechten Winkel dazu. Auf dieser Geraden liegt der Ellenbogen. Schon hast du das perfekte Grundgerüst für einen Arm.

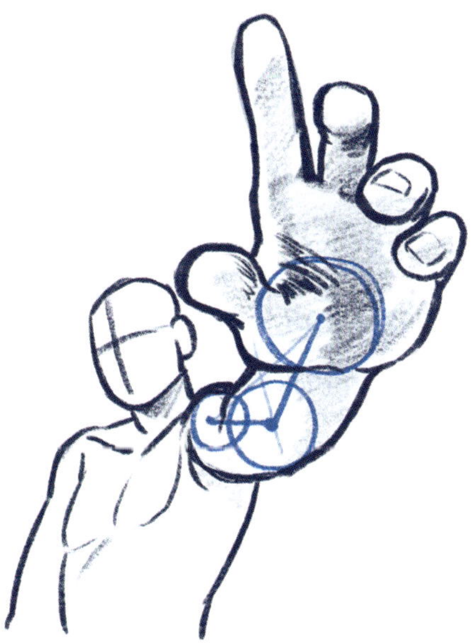

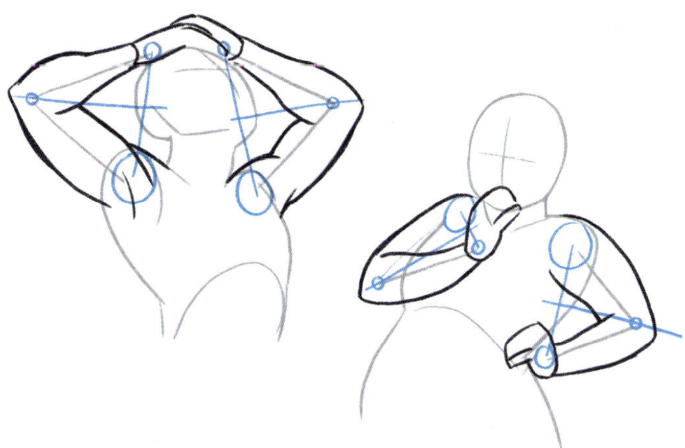

Wenn man diese Methode ein paarmal ausprobiert hat, merkt man, wie intuitiv man damit Gesten zeichnen kann.

BEINE & RUMPF

Der Grundaufbau von Beinen ist relativ simpel. Am wichtigsten ist es zu wissen, an welchen Stellen das Bein breiter und wo es schmaler wird.

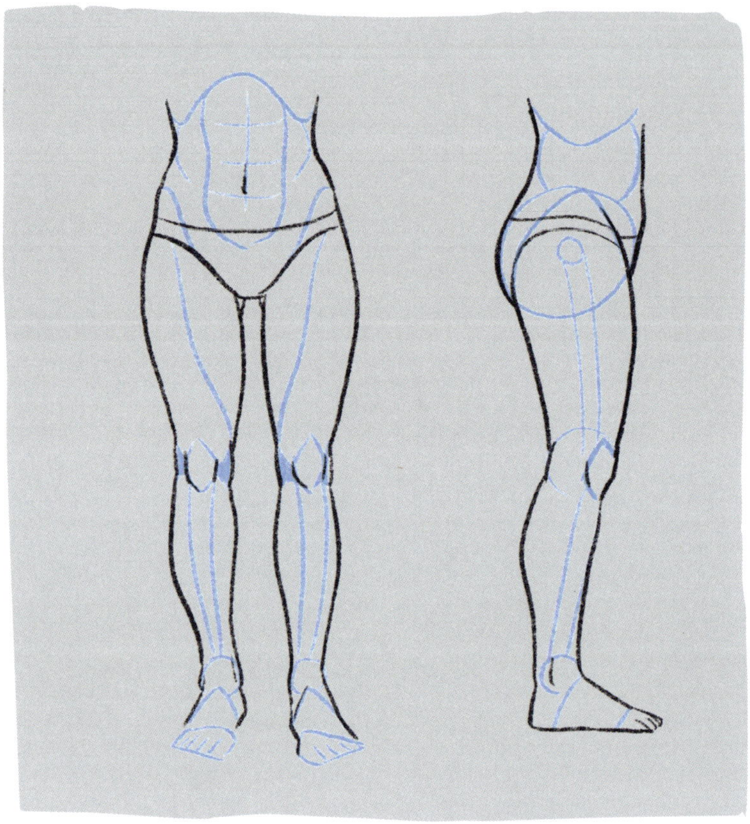

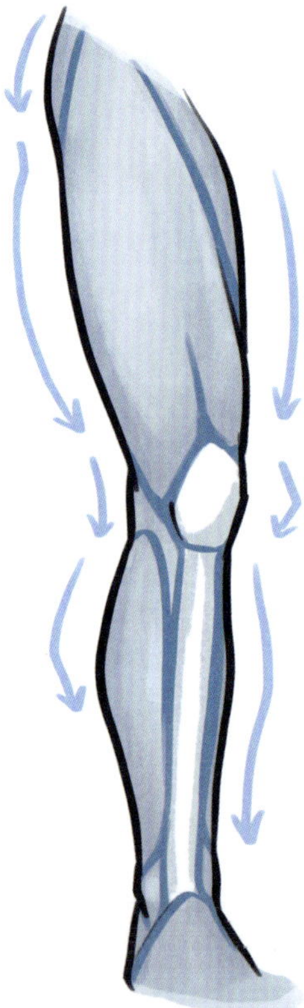

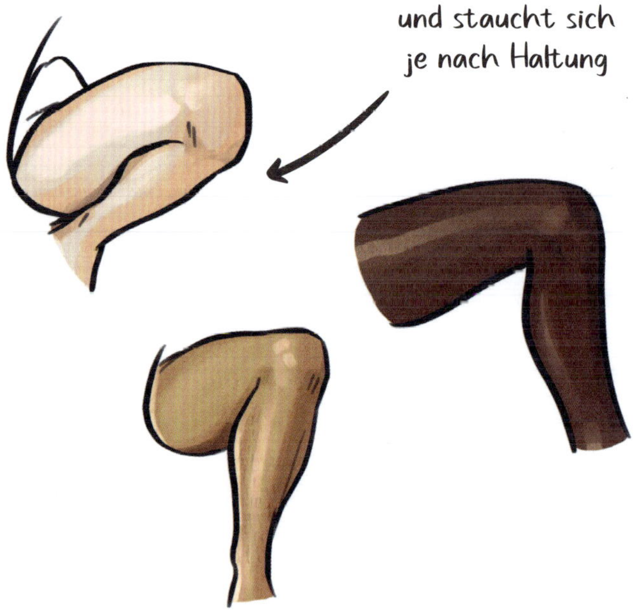

Gerade an den Oberschenkeln werden Beine meistens etwas breiter wegen der Muskeln oder dem Fett. Wohingegen die Haut am Knie und Schienbein ziemlich flach auf dem Knochen liegen kann.

Den Rumpf stellst du dir am besten als drei Teile vor: Brustkorb, Hüfte und Bauch. Der Brustkorb ist relativ steif, da dort die Rippenknochen liegen. Genauso verhält es sich mit der Hüfte, weshalb es von Vorteil ist, sie eher kastenförmig vorzuzeichnen. Gelenke am Körper zeichne ich immer als Kreise oder Kugel ein.

Also auch wenn der Bauchbereich natürlich kein einzelnes Gelenk ist, bildet er dadurch, dass die einzigen Knochen dort zur Wirbelsäule gehören und der Rest nur von beweglichen Muskeln gehalten wird, den wirklich biegsamen Teil des Rumpfes.

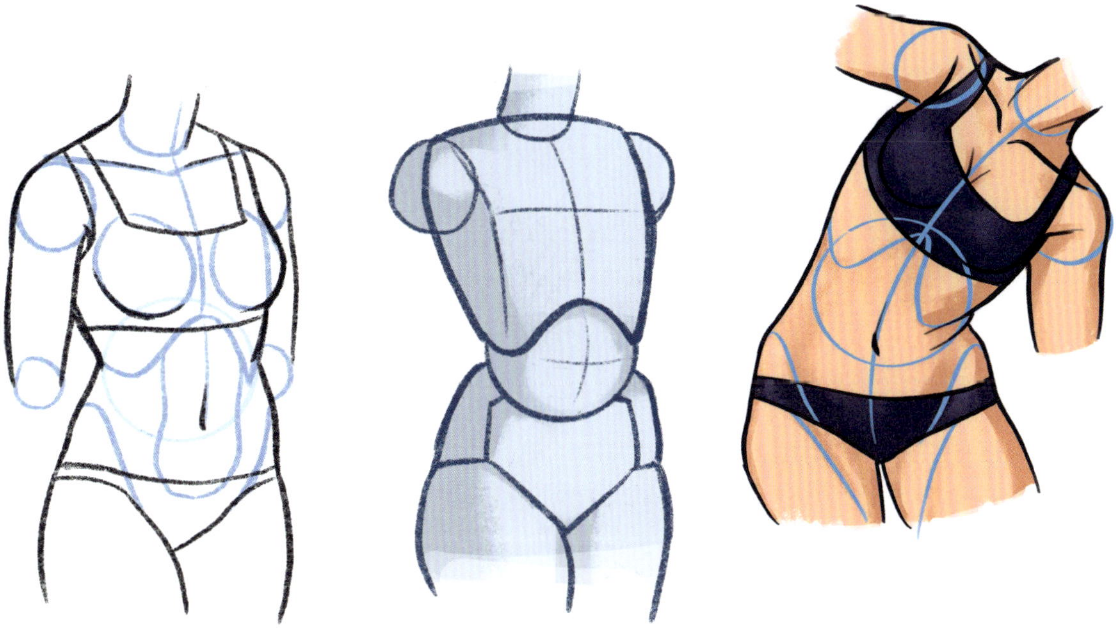

Um für unsere Arme eine Menge Mobilität zu gewährleisten, haben wir rund um die Schultern viele Muskeln und Knochen, wie das Schlüsselbein oder die Schulterblätter. Diese bewegen sich immer mit, also denk dran, sie auch mit anzuheben, wenn die Arme nach oben bewegt werden.

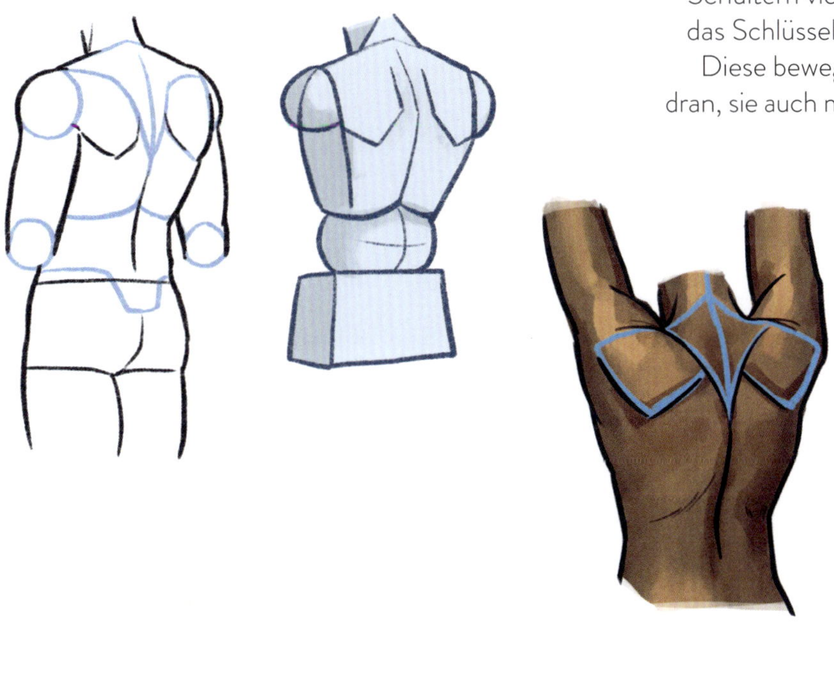

KLAMOTTEN & FALTEN

Stoffe und Haare haben viel gemeinsam, denn bei beiden musst du bedenken, wie sie verlaufen und wie Licht und Schatten sich darauf verhalten.

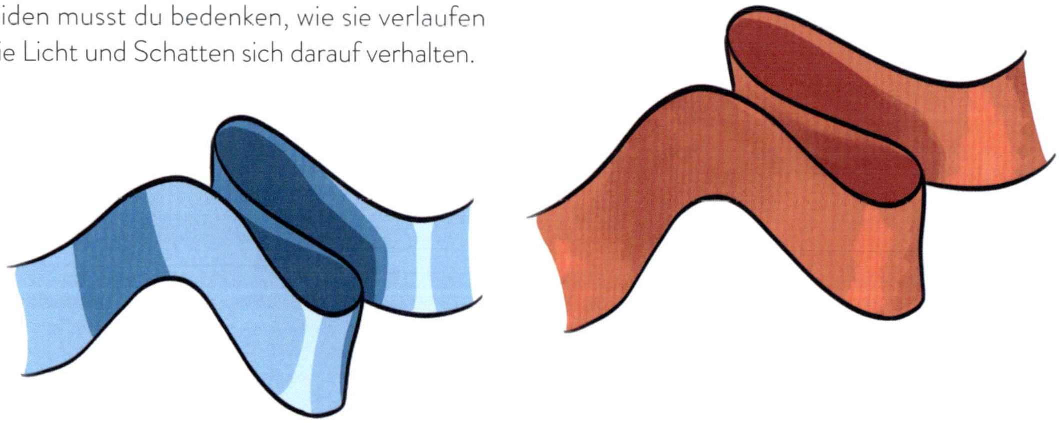

Eine spaßige Übung dafür ist es, solche wilden Linien zu zeichnen und daraus Kanten z. B. für Gardinen oder Röcke zu machen.

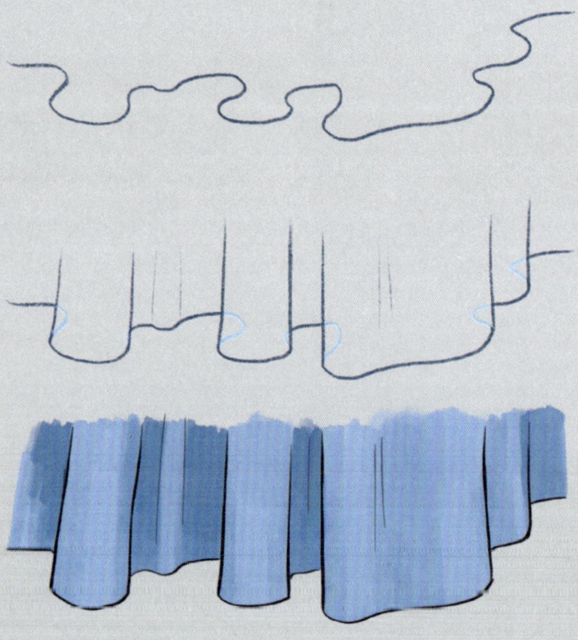

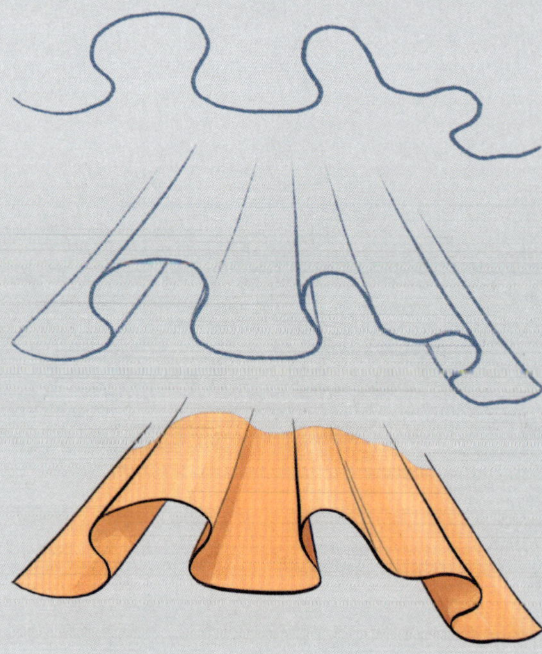

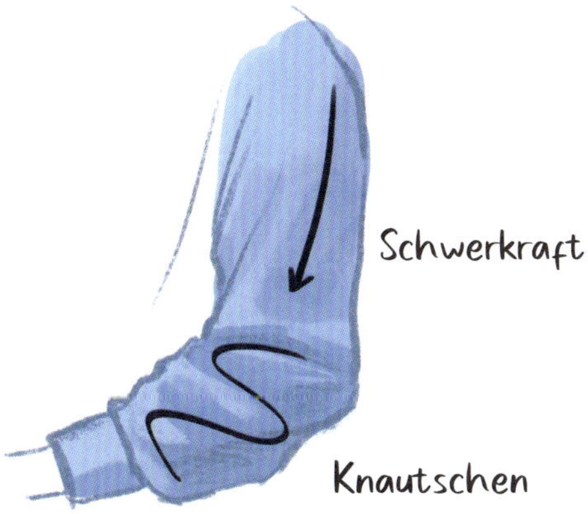

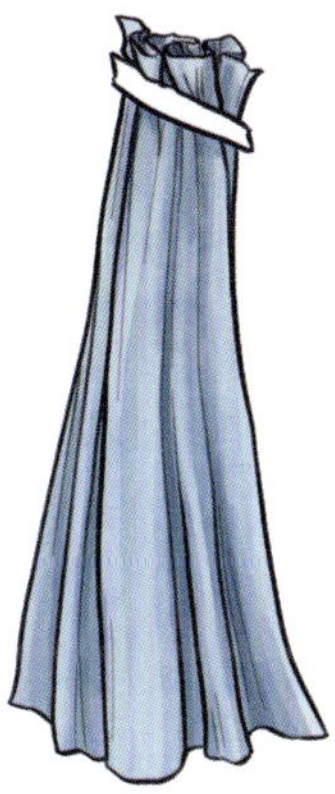

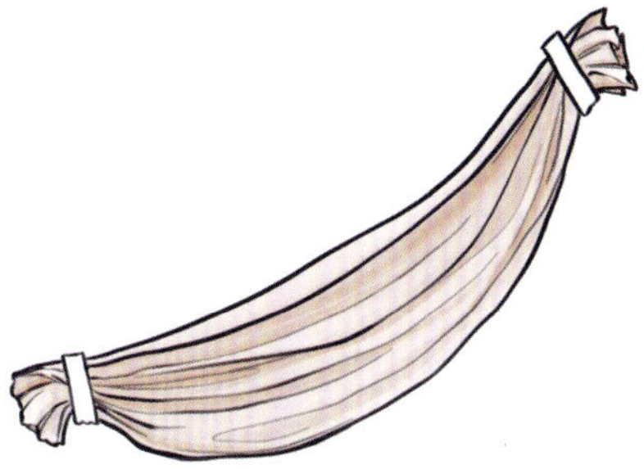

Mach dir bewusst, wie Stoffe Falten werfen und welche Formen dabei entstehen.

Häufig sehen diese Falten aus, wie verschieden große Dreiecke, die ineinandergreifen.

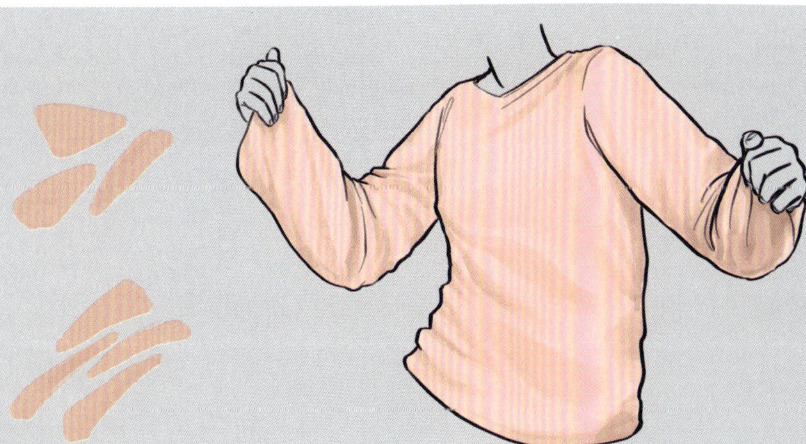

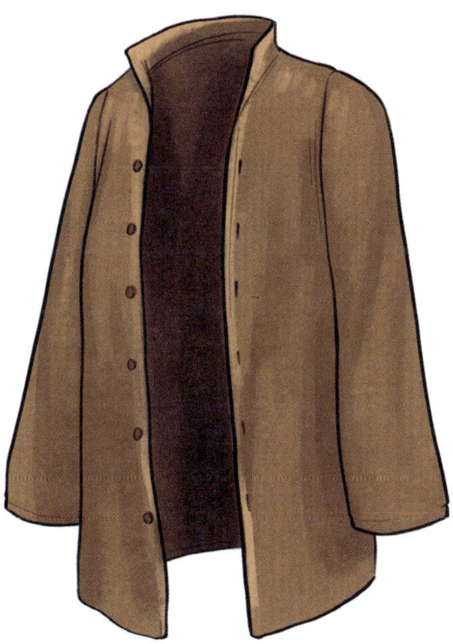

Denke aber auch darüber nach, in welchen Situationen überhaupt Falten entstehen. Denn eine gerade herunterhängende Jacke braucht nicht unbedingt Unmengen an geknautschten Stellen, um glaubhaft und ansprechend auszusehen.

KÖRPER

Step by Step

Sobald du all das Wissen über den menschlichen Körper gesammelt hast, kannst du in aller Ruhe damit beginnen, all die kleinen Merkregeln umzusetzen.

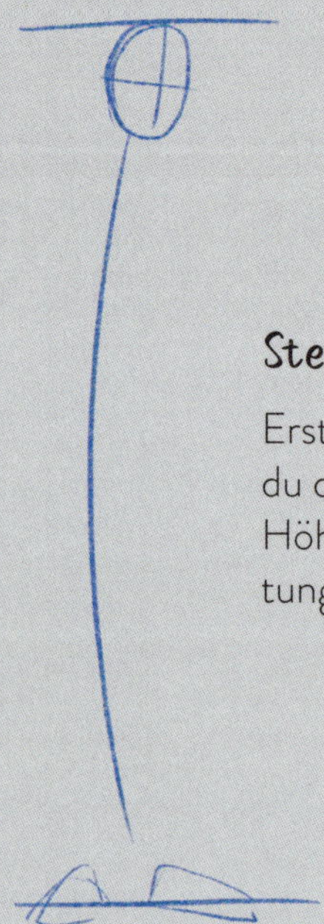

Step 1

Erst mal bestimmst du die ungefähre Höhe und Ausrichtung deiner Figur.

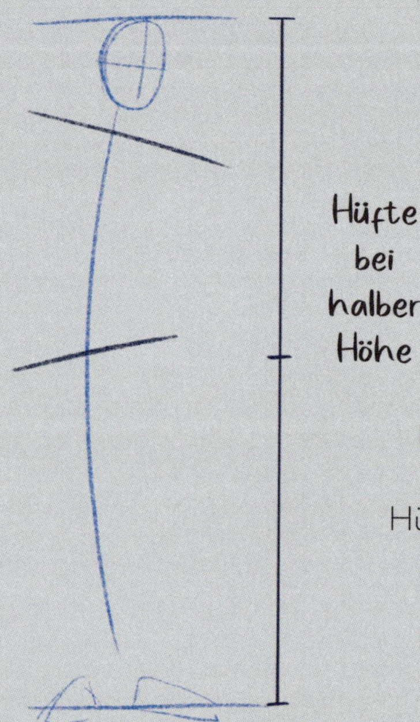

Step 2

Danach kannst du die Schulter- und Hüftlinien zeichnen. Die neigen sich bei entspannten Posen meistens in unterschiedliche Richtungen.

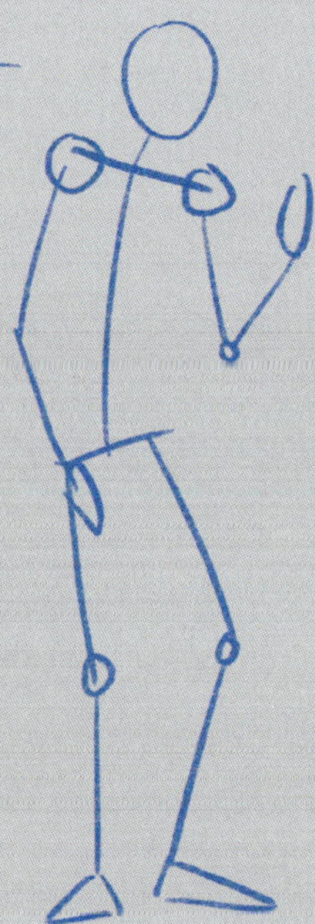

Step 3

Dank der Proportionsregeln weißt du auch, wie lang die Arme und Beine sein müssen, und kannst dir überlegen, wie die Pose genau aussehen soll. Probier hier ruhig zuerst mit einem simplen Strichmännchen ein paar Haltungen aus.

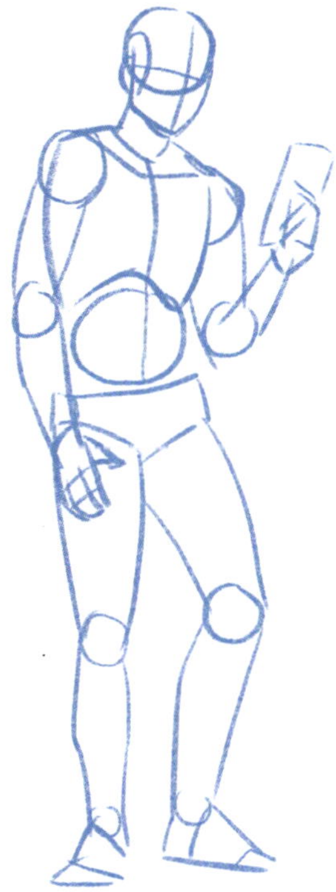

Step 4

Im nächsten Schritt kannst du dich um das Volumen kümmern und die Anatomie genauer vorzeichnen.

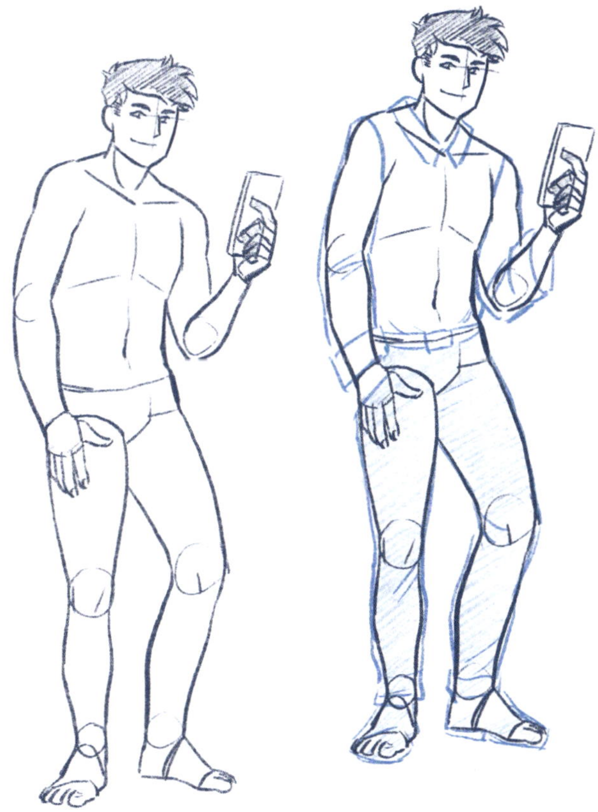

Step 5

Jetzt erst folgen die Details wie das Gesicht, Finger und Haare. Du solltest dir zuerst sicher sein, dass die Pose gut passt, bevor du dich zu sehr auf einen kleinen Aspekt konzentrierst.

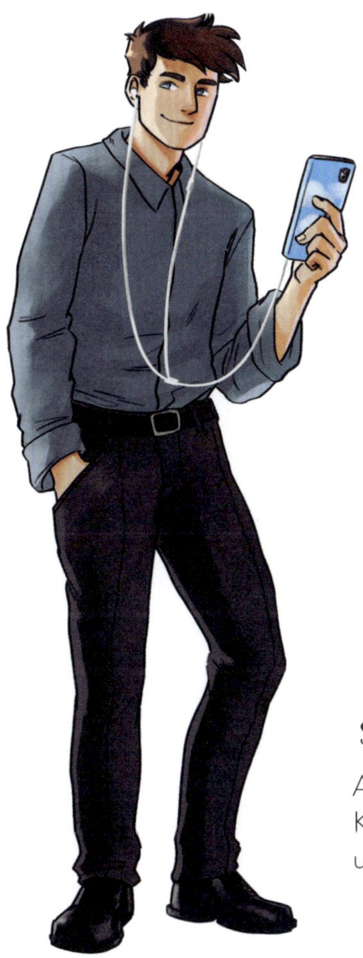

Step 6

Am Ende fehlt nur noch die Kleidung und ein bisschen Farbe und deine Figur ist fertig!

1-PUNKT-PERSPEKTIVE

Perspektive zeichnerisch umsetzen können, ist eine der wichtigsten Fähigkeiten, um glaubwürdige Illustrationen zu erstellen. Sobald man das Prinzip verstanden hat, macht es auch unglaublich Spaß, damit Hintergründe zu konzipieren.

Egal welche Perspektive, wir beginnen stets mit der Horizontlinie. Die kannst du so hoch oder niedrig setzen, wie du möchtest, Hauptsache, sie verläuft »horizontal«. Auf den Horizont setzt du nun einen Punkt und lässt alle Kanten, die in die Tiefe gehen, darauf zulaufen.

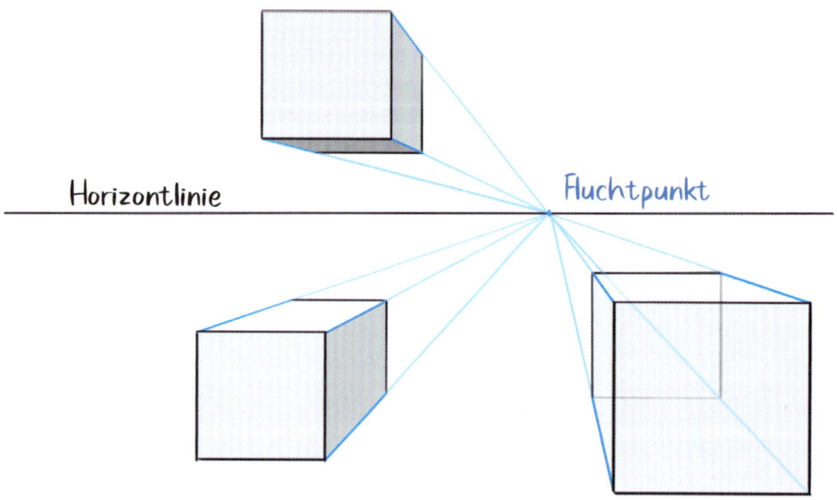

Die 1-Punkt-Perspektive wird meistens bei simplen Ansichten genutzt, bei denen du frontal auf ein Objekt oder so etwas wie einen Gang oder eine Gasse schaust. Es gibt hierbei sozusagen nur eine Tiefe.

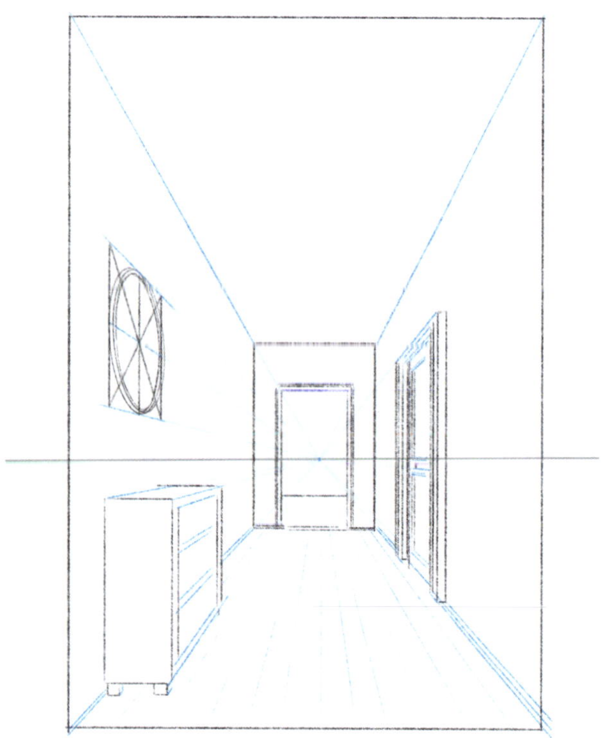

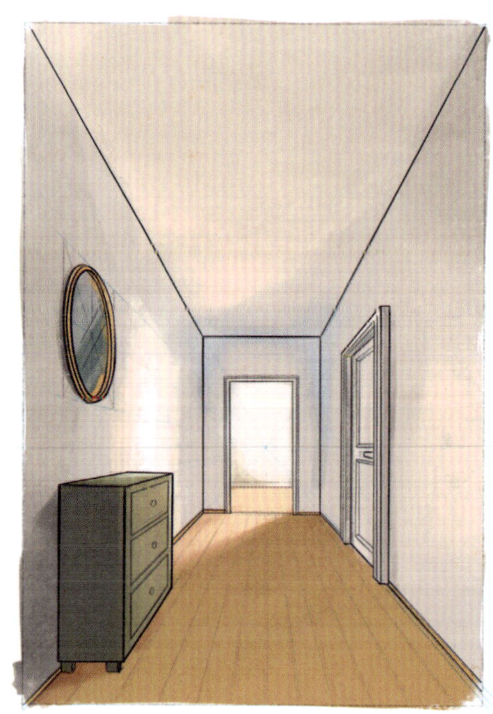

Du kannst dir deine Szenerie auch einmal komplett flach vorstellen und überlegen, welche Linien alle parallel zum Boden verlaufen. Diese sind hier blau eingezeichnet. Genau diese Linien beziehen sich auf den einen Fluchtpunkt und alle anderen nicht eingefärbten verlaufen senkrecht oder bleiben waagerecht.

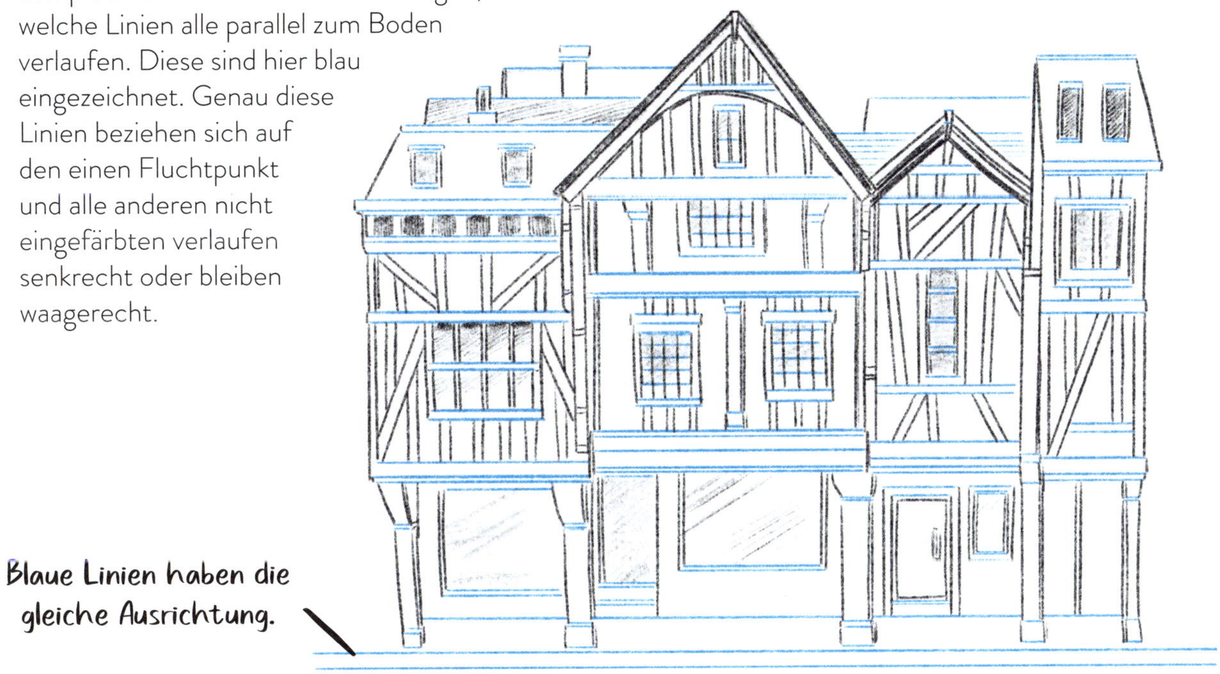

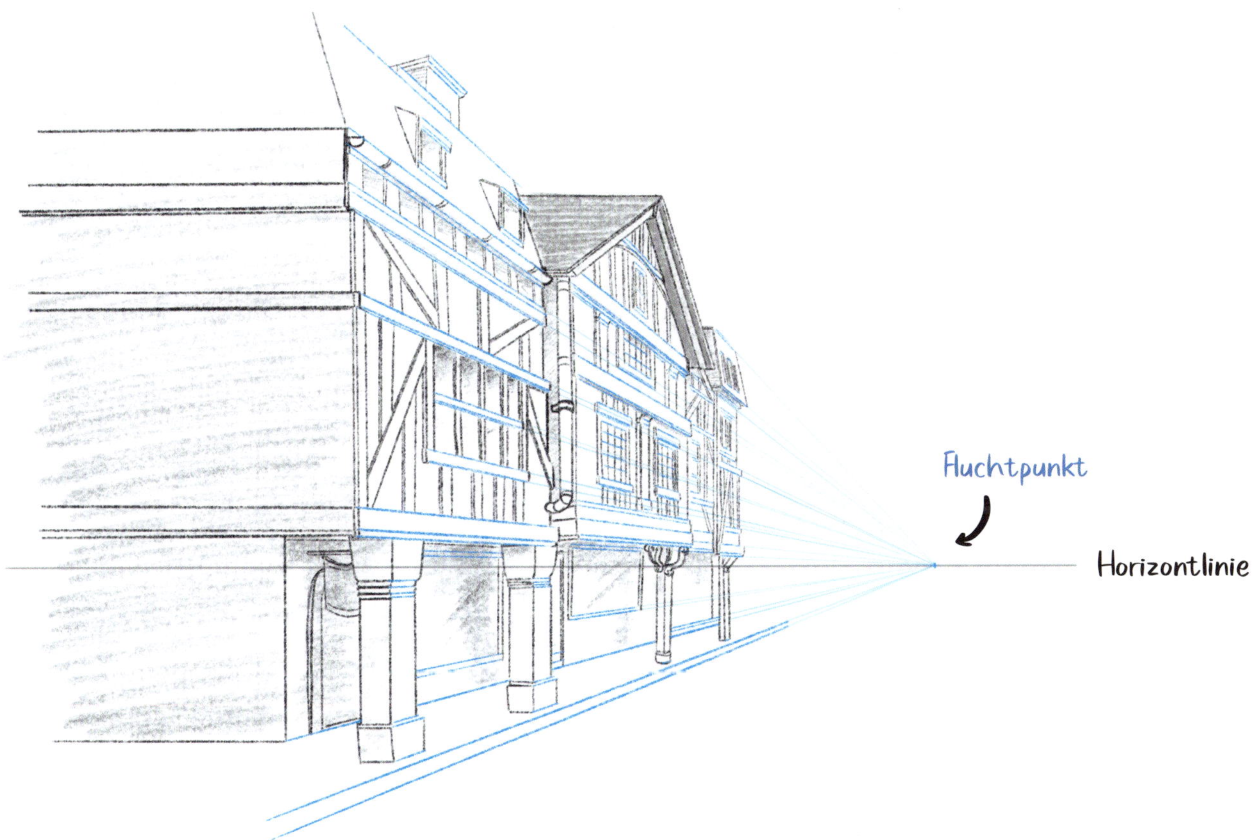

2-PUNKT-PERSPEKTIVE

Jetzt kommt ein zweiter Fluchtpunkt hinzu, auf den sich deine Objekte beziehen können. Behalte immer im Kopf, dass Fluchtpunkte von dir festgelegt werden und sie so weit voneinander entfernt liegen können, wie du möchtest. Liegen sie näher beieinander, wirkt die Perspektive häufig extremer. So als würdest du näher an dem jeweiligen Objekt stehen.

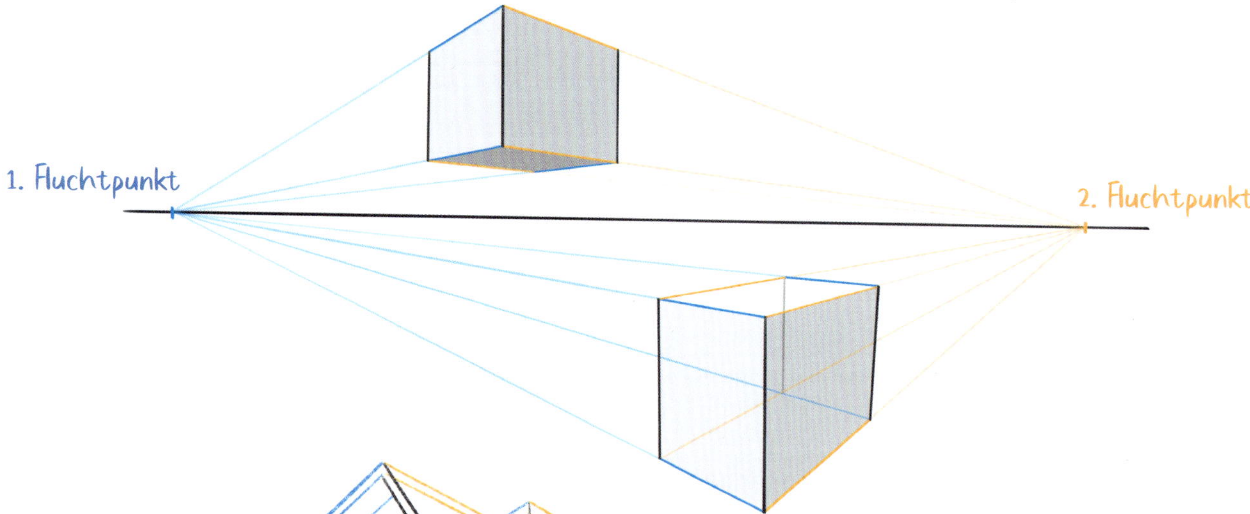

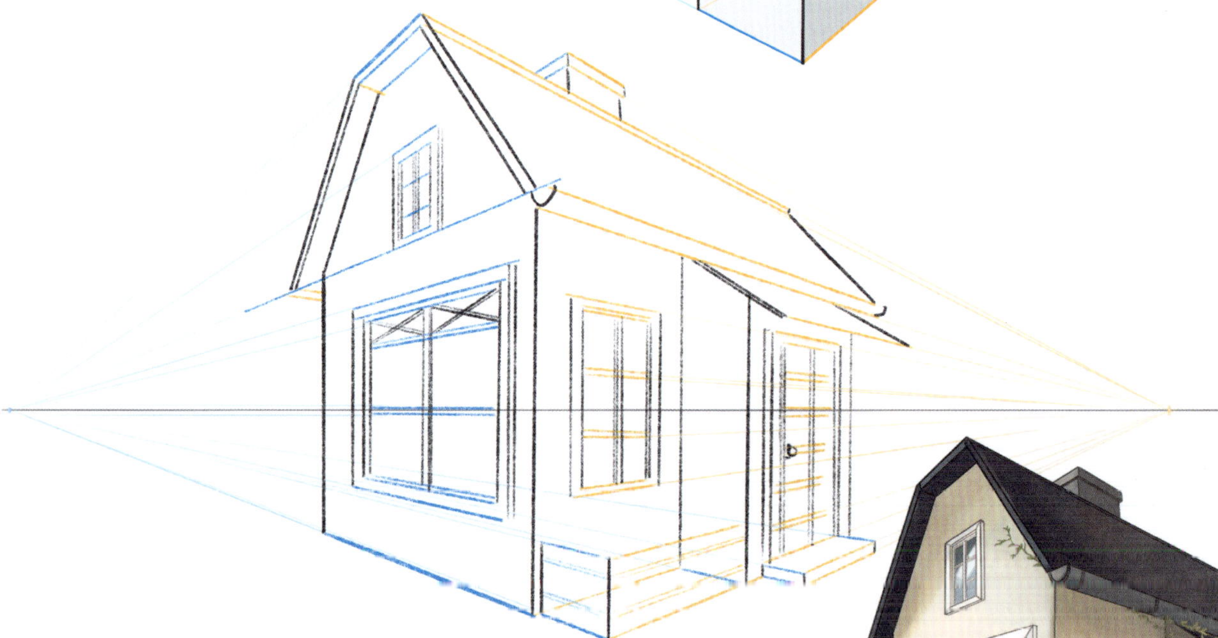

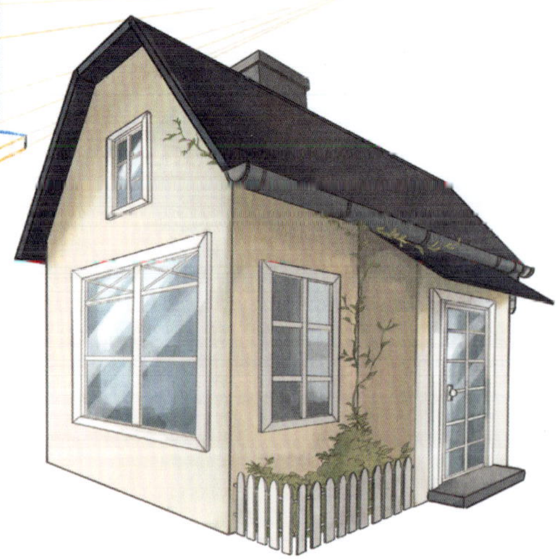

Zwei Punkte nutzt man meistens bei Objekten, bei denen man auf eine Ecke oder Kante blickt, sodass beide Seiten sichtbar sind und in die Tiefe verlaufen.

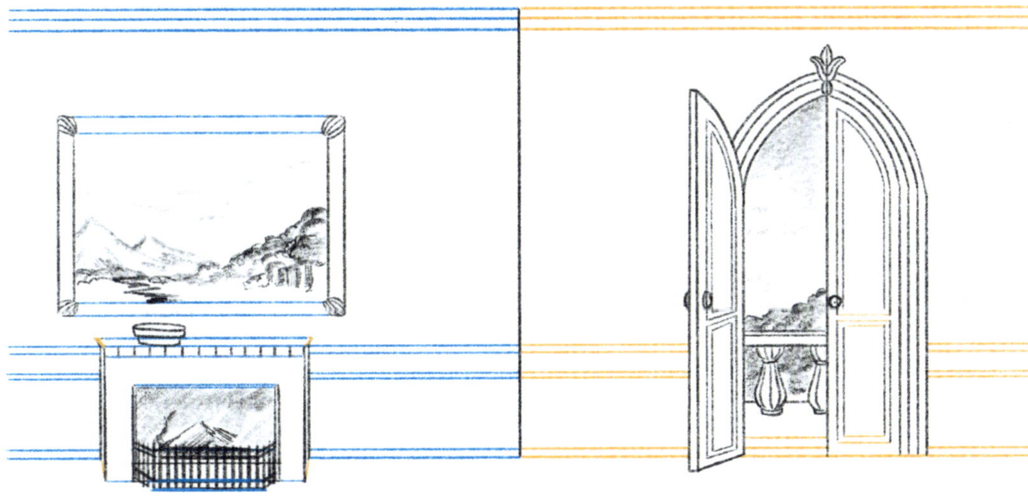

Auch hier können wir unsere Objekte zuerst »flach« betrachten und merken, dass wieder all die Linien betroffen sind, die die gleiche Ausrichtung haben wie der Boden.

Da es jedoch zwei Seiten einer Ecke sind, folgen die beiden Wände jeweils dem gegenüberliegenden Fluchtpunkt.

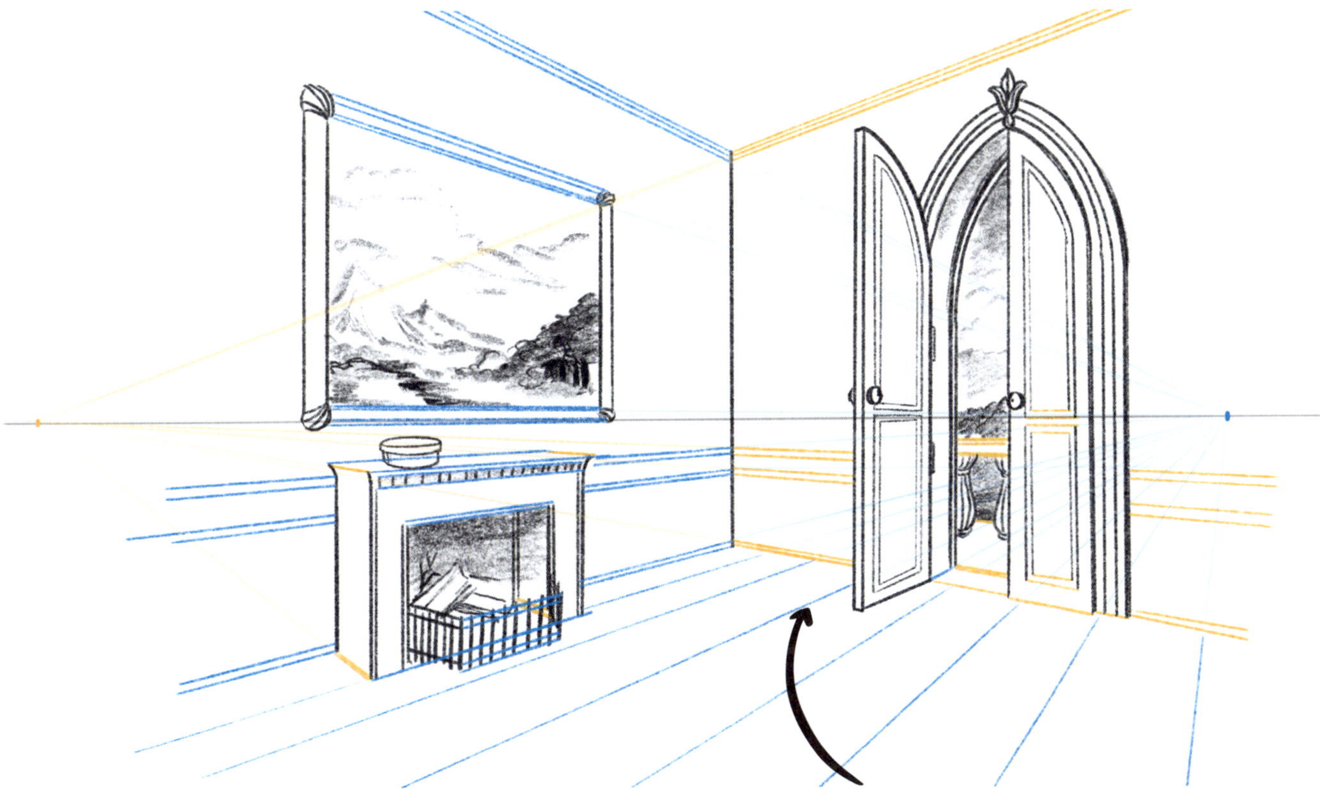

Diese Tür hat keine blauen Linien, da sie durch ihre Neigung automatisch einen eigenen Fluchtpunkt hat. Nur Objekte mit der gleichen Ausrichtung folgen demselbem Punkt.

3-PUNKT-PERSPEKTIVE

Die 3-Punkt-Perspektive wird meistens für extreme Ansichten von oben oder unten genutzt. Ausschlaggebend für diese Perspektive ist, dass der dritte Punkt eben nicht auf der Horizontlinie, sondern darüber oder darunter liegt und somit ein Punkt im Himmel oder am Boden besonders weit entfernt erscheint.

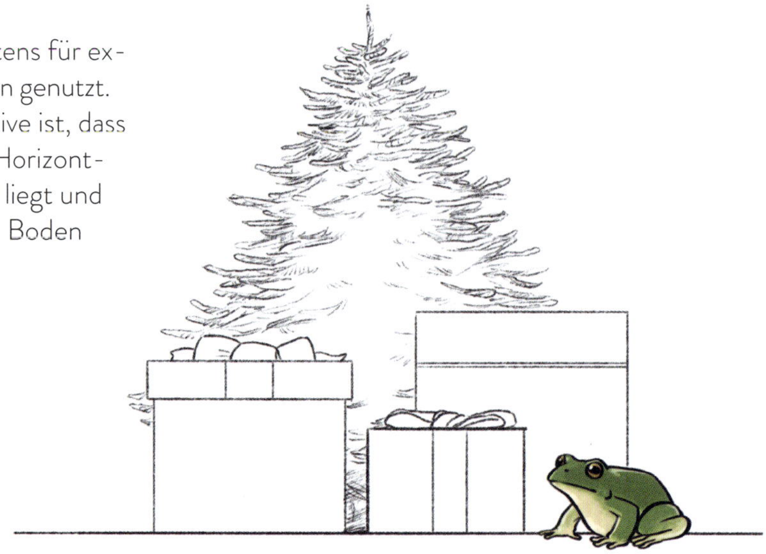

Bei der Froschperspektive liegt der dritte Fluchtpunkt über dem Horizont. Denke daran, dass die Punkte immer in der Ferne liegen. Dementsprechend befindet sich der dritte Fluchtpunkt hierbei auch hoch am Himmel und über dem Horizont.

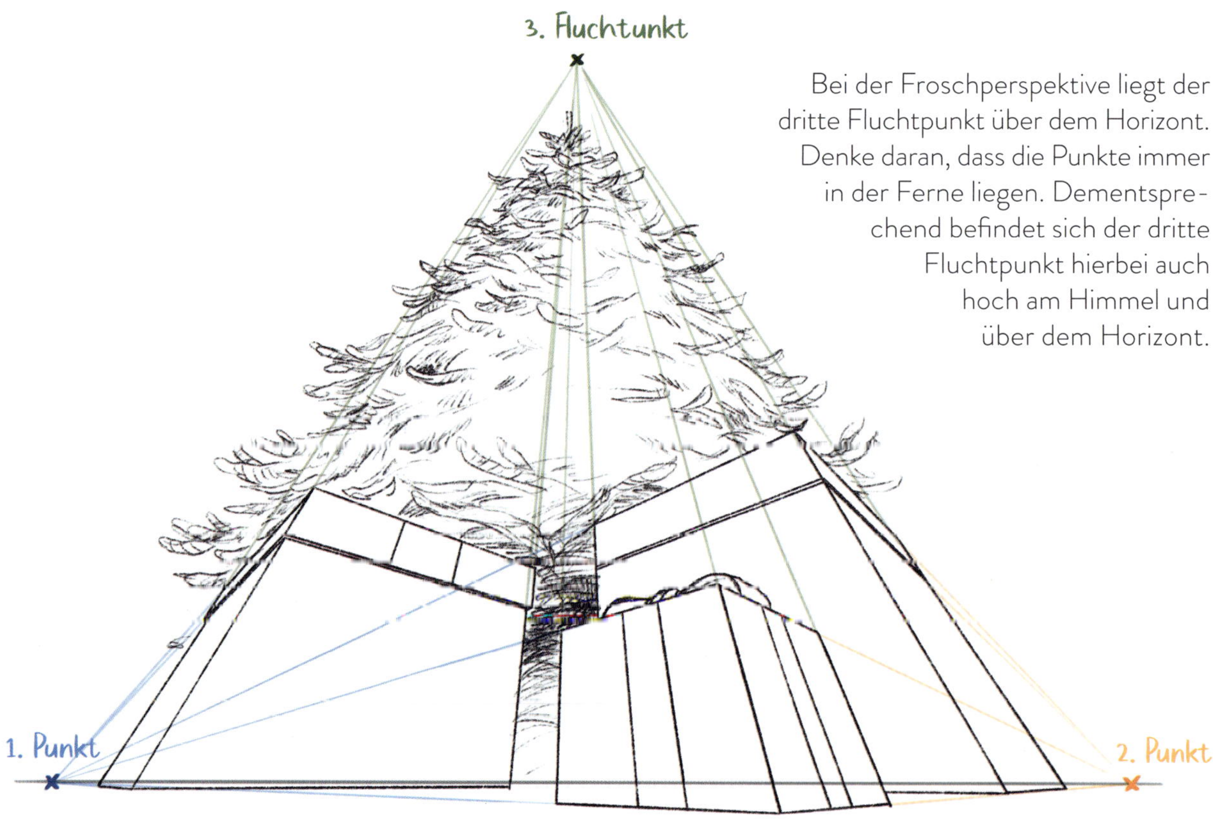

Bei der Vogelperspektive befinden wir uns über unserer Szenerie und blicken auf sie herab. Der dritte Fluchtpunkt liegt deshalb unter der Horizontlinie.

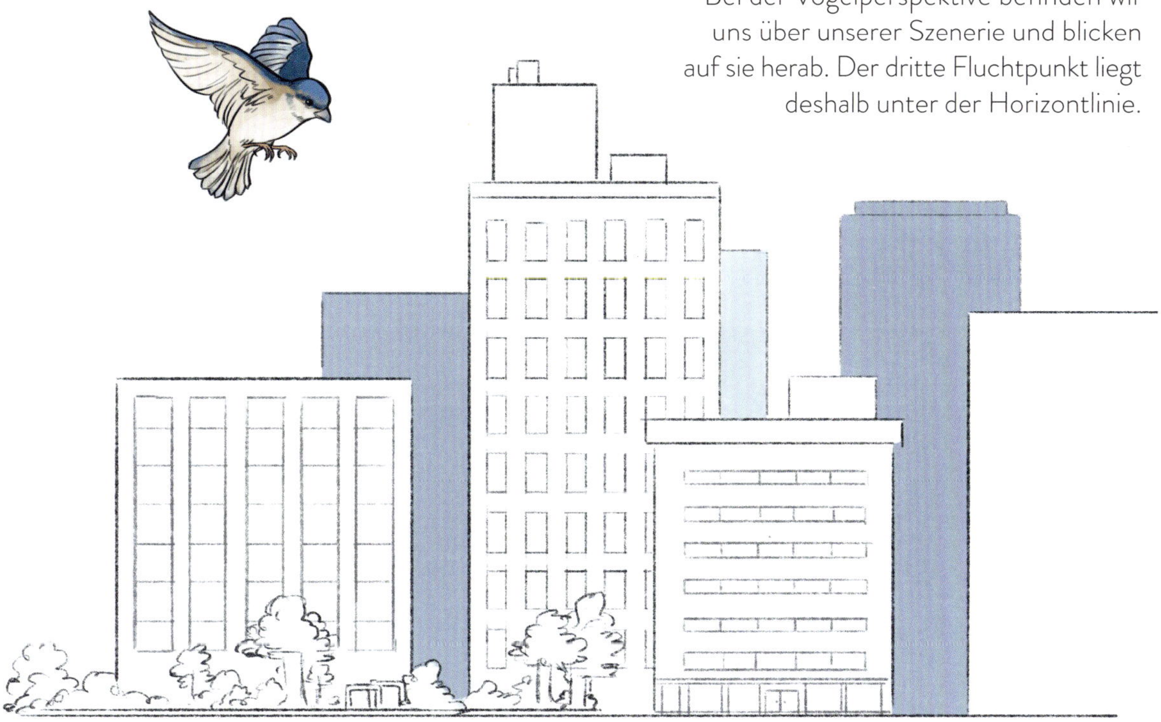

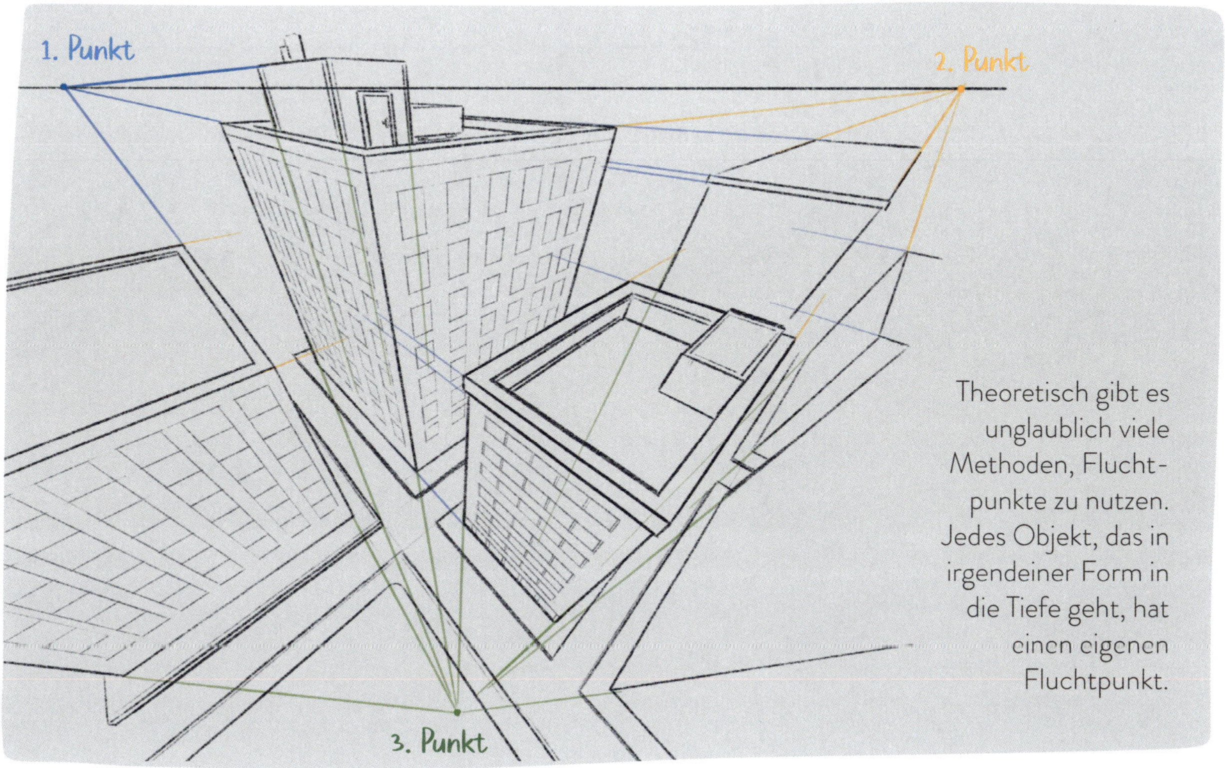

Theoretisch gibt es unglaublich viele Methoden, Fluchtpunkte zu nutzen. Jedes Objekt, das in irgendeiner Form in die Tiefe geht, hat einen eigenen Fluchtpunkt.

PERSPEKTIVE GESICHT

Ein Gesicht ist nun wirklich kein simpler 3D-Körper. Überall gibt es Stellen, die höher oder tiefer liegen und dementsprechend aus verschiedenen Blickwinkeln ganz unterschiedlich aussehen.

Es kann trotzdem helfen, wenn du dir das Gesicht als relativ flaches Objekt vorstellst. So kannst du dich an dieser Fläche orientieren und einzelne Aspekte wie die Nase entsprechend anpassen.

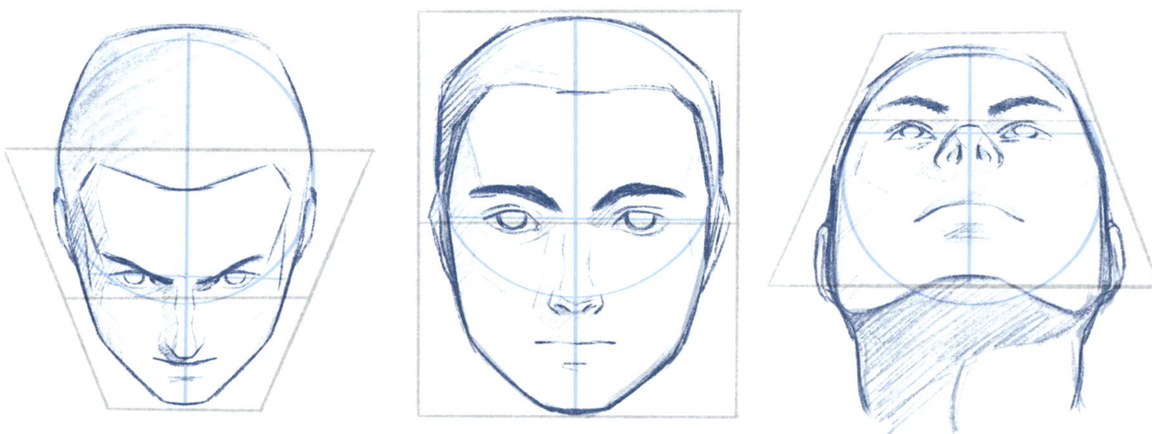

Gerade die Nase kann, je nach Perspektive, komplett andere Formen annehmen.

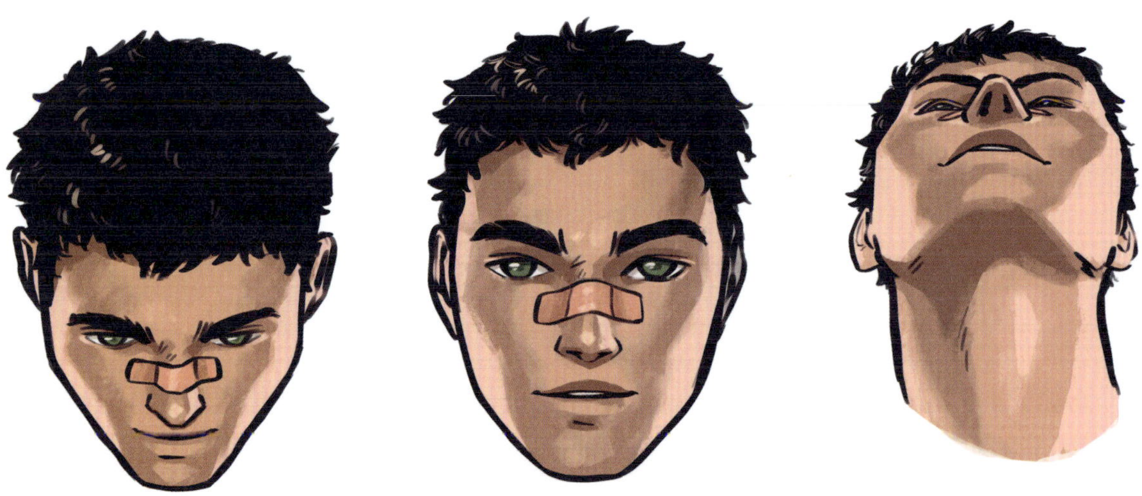

Am Ende kannst du nicht nur das Gesicht, sondern den ganzen Kopf in allen möglichen Perspektiven darstellen.

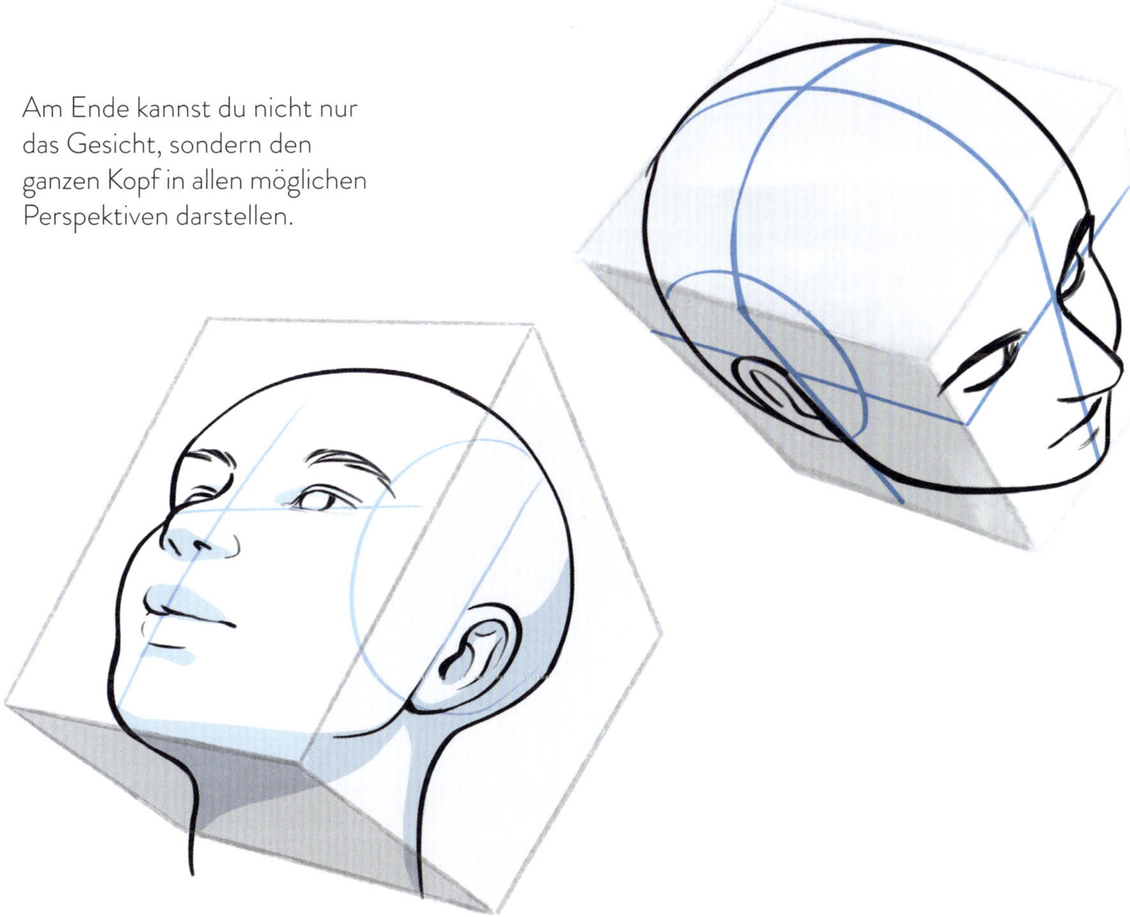

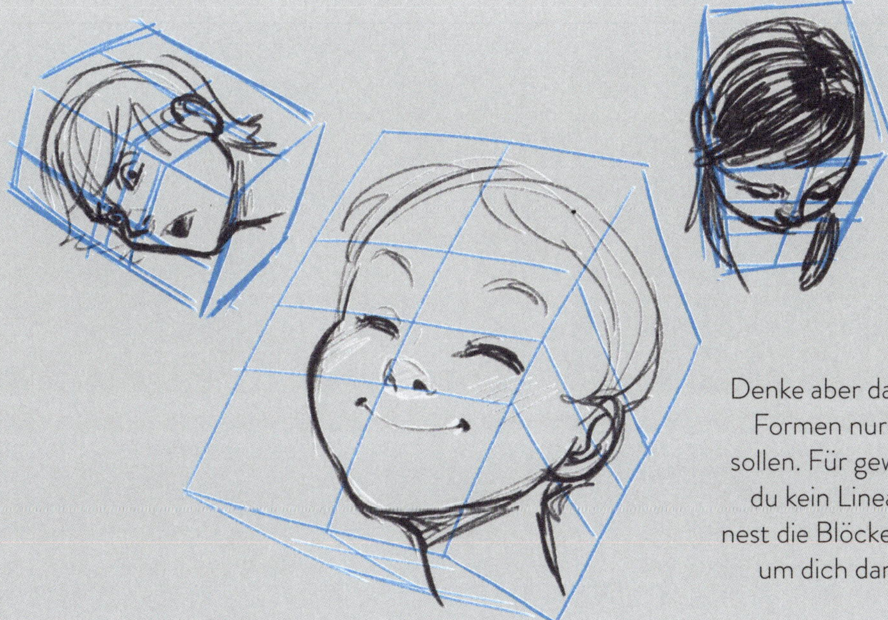

Denke aber daran, dass all diese Formen nur grobe Hilfen sein sollen. Für gewöhnlich brauchst du kein Lineal, sondern zeichnest die Blöcke nach Gefühl ein, um dich daran zu orientieren.

PERSPEKTIVE KÖRPER

Körper als zusammengesetze Figuren aus Kugeln, Zylinder und sonstige dreidimensionale Objekte zu zeichnen, kann schnell dazu führen, dass sie sehr roboterartig aussehen.

Deshalb empfehle ich meistens Vorzeichenarten, die Haut und Muskeln früh mit einbeziehen. In manchen Situationen kann es aber unglaublich hilfreich sein, sich auf simple dreidimensionale Formen zu verlassen: nämlich bei ungewohnten oder extremen Perspektiven.

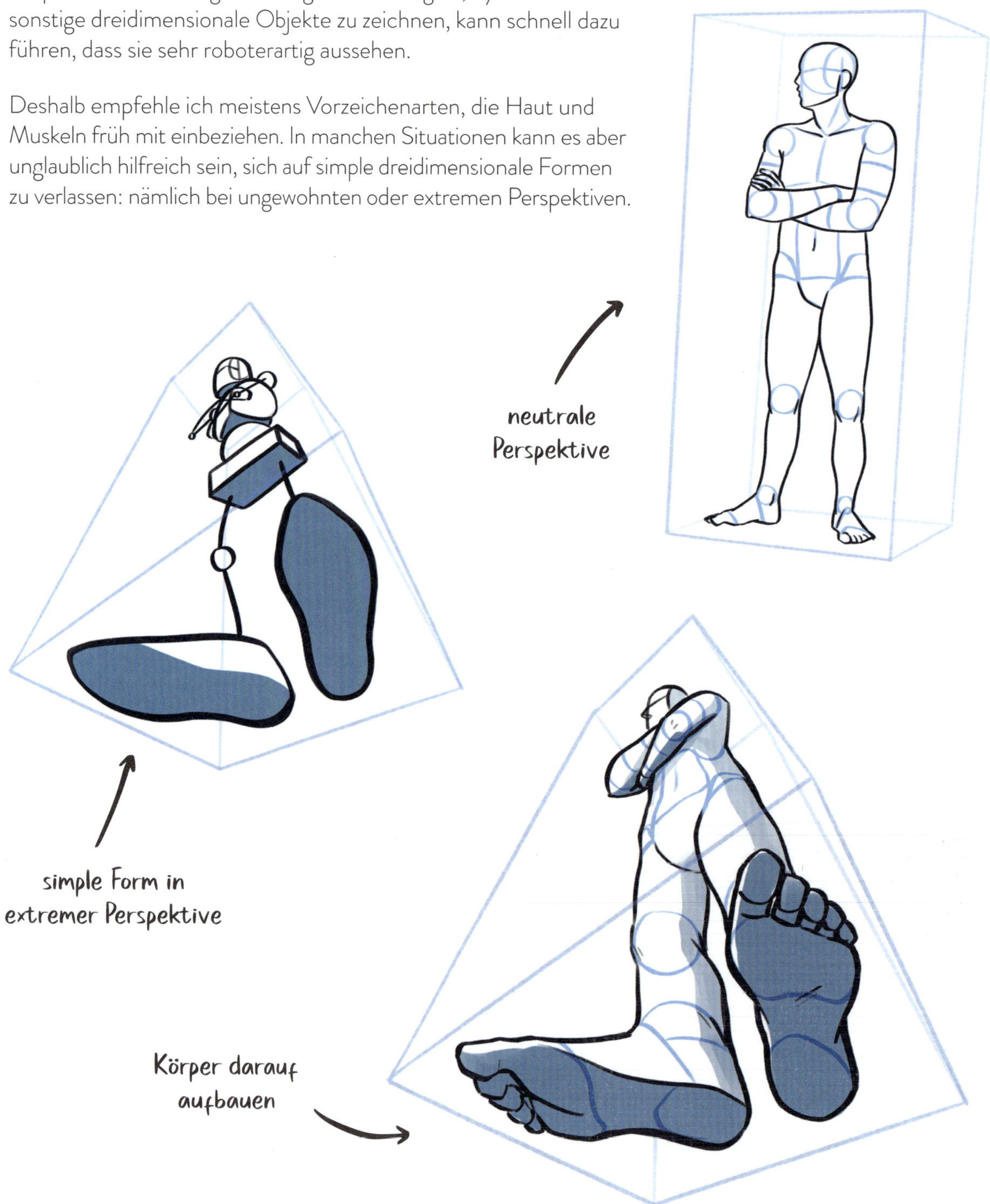

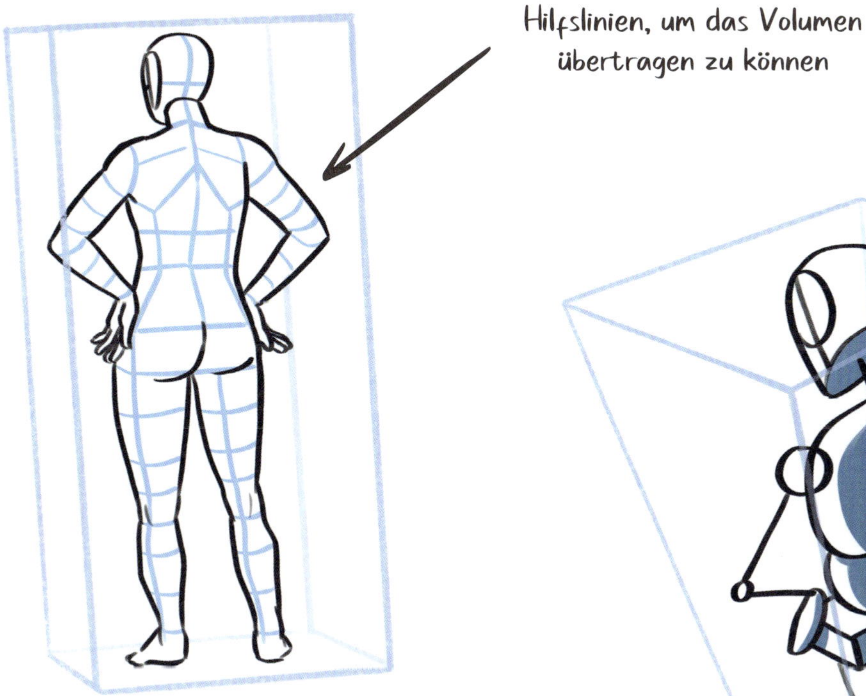

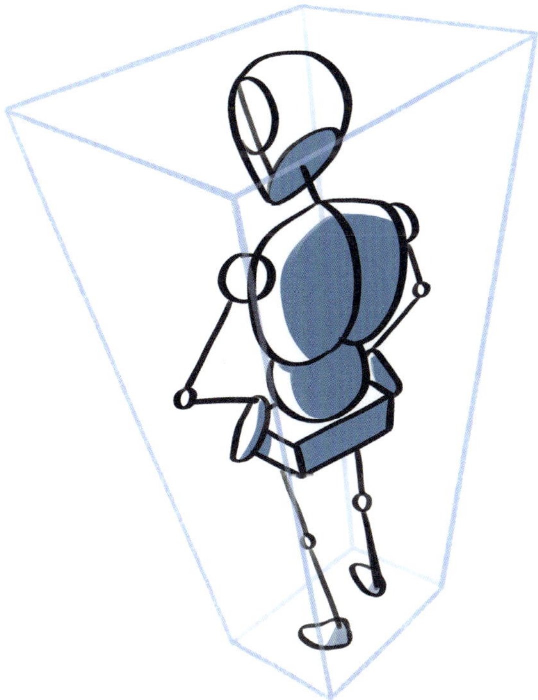

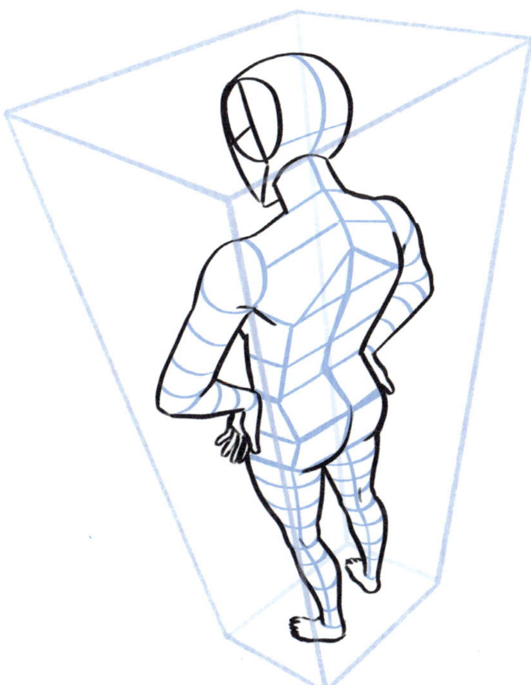

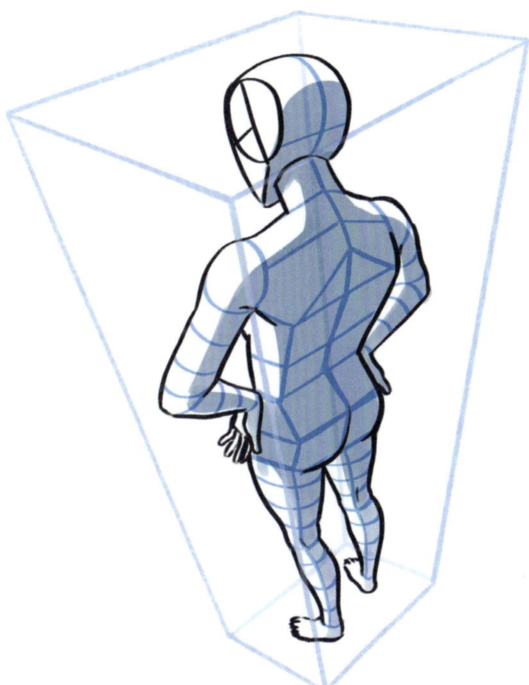

Mithilfe der Kästen behälst du die grundlegende Ausrichtung deiner Figur im Kopf und weichst nicht so schnell davon ab.

VERSCHIEDENE POSEN

Zu guter Letzt habe ich noch ein paar Beipiele für interessante Posen, zum Veranschaulichen und Abzeichnen.

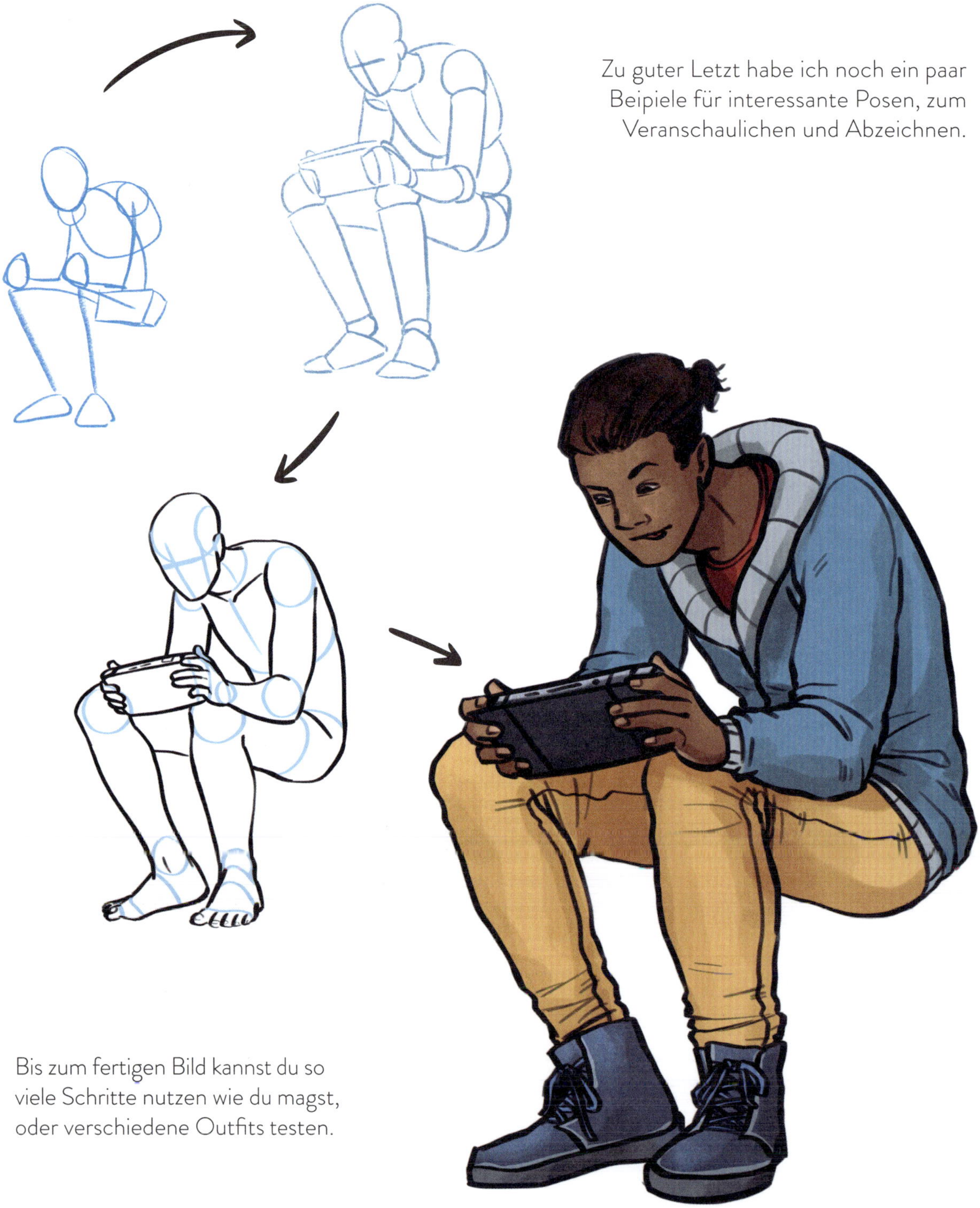

Bis zum fertigen Bild kannst du so viele Schritte nutzen wie du magst, oder verschiedene Outfits testen.

Es ist wichtig, viele Körperhaltungen einmal gezeichnet zu haben. So wie all die verschiedenen gemütlichen Sitzpositionen, die wir einnehmen können.

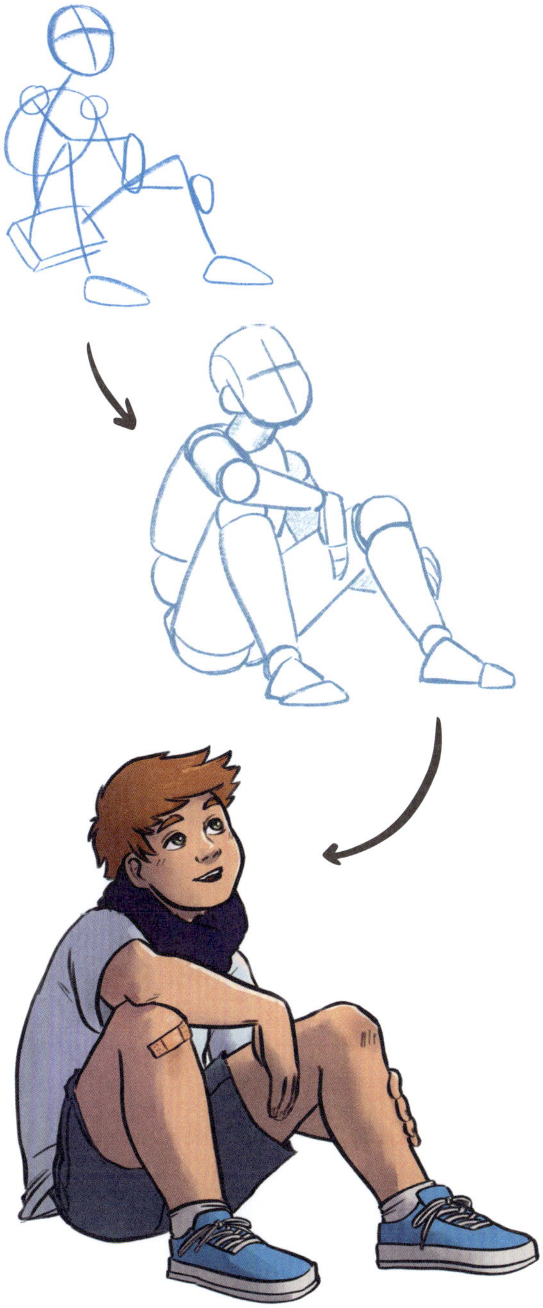

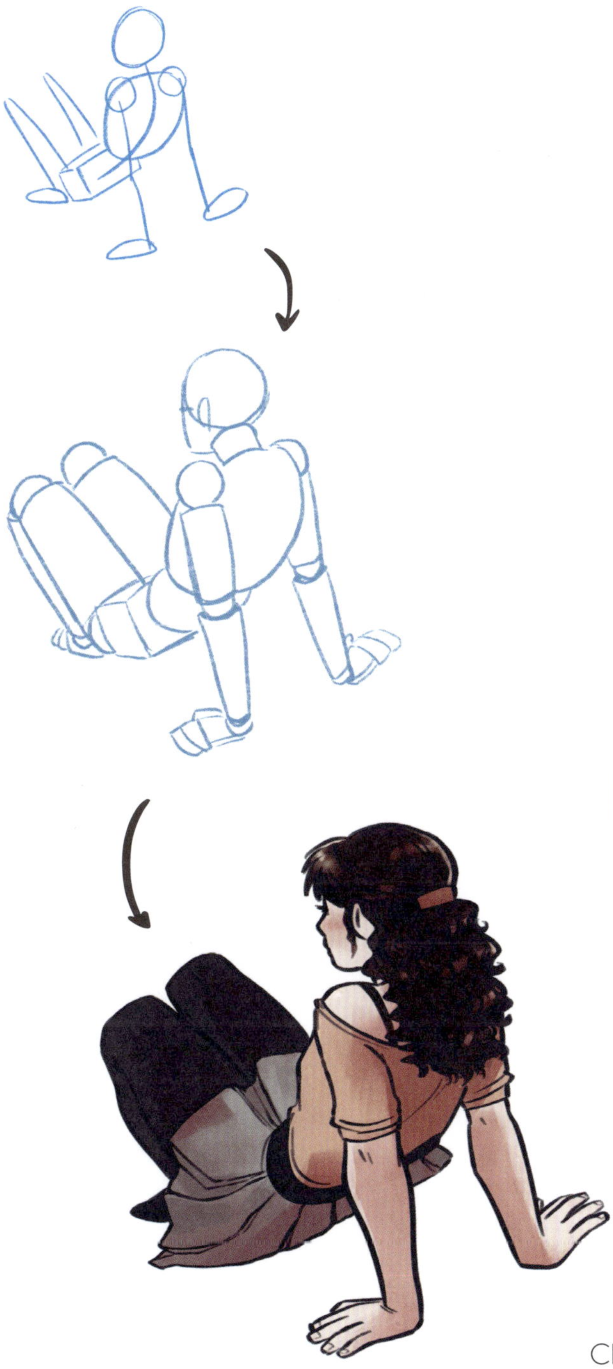

Überlege dir bei deinen Posen, wo die Hände positioniert sind, denn sie geben deinen Charakteren Halt und sind interessant anzusehen.

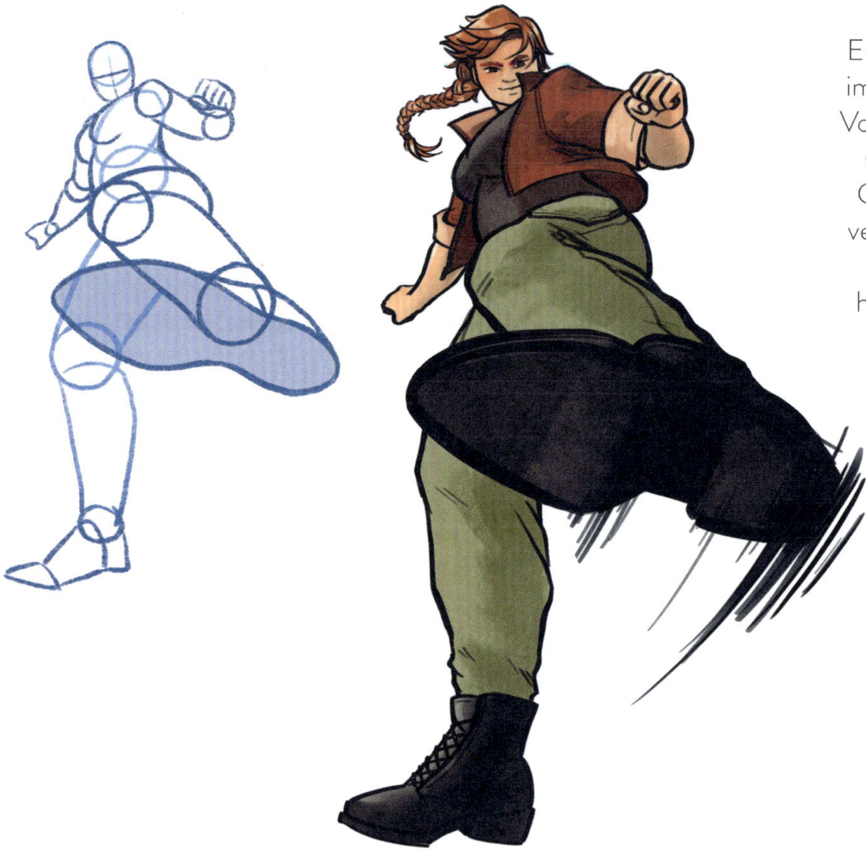

Energiegeladene Posen sind immer besonders spannend. Vor allem, weil du mit unterschiedlichen Perspektiven, Geschwindigkeitslinien und verschieden dicken Umrisslinien arbeiten kannst, wie hier am Fuß gut erkennbar.

Gerade bei Cartoon-Stilen sollte hinter solchen Aktionen noch deutlich mehr Power stecken. Versuch den ganzen Körper nach der Trittbewegung auszurichten.

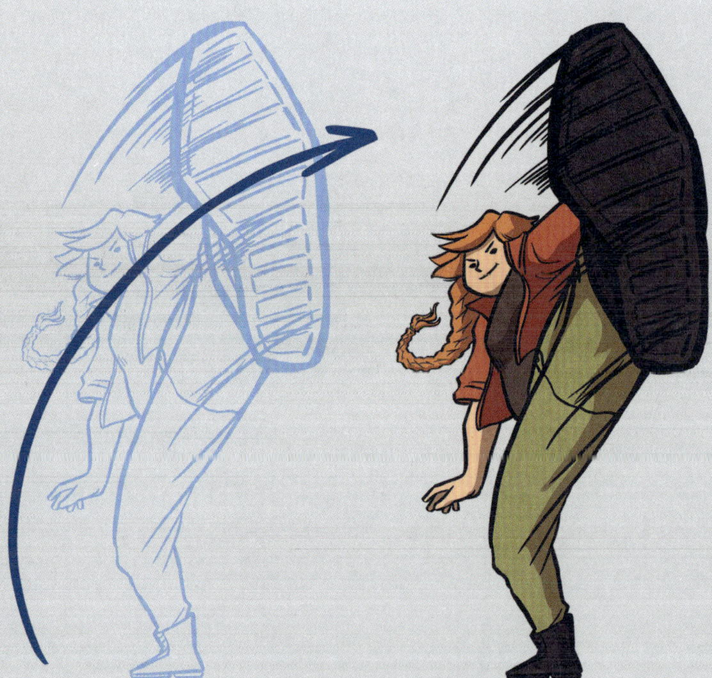

Bei mehr als einer Person kann es manchmal schwierig werden, den Überblick zu behalten, wenn sich mehrere Körperteile überlappen. Nach Möglichkeit färbst du deine Skizze vorher ein, damit du genau weißt, welcher Arm im Hintergrund zu wem gehört und ob auch die Proportionen der verdeckten Stellen einigermaßen korrekt sind.

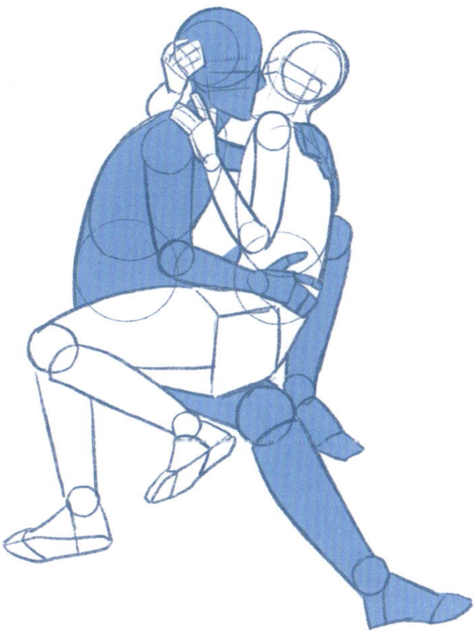

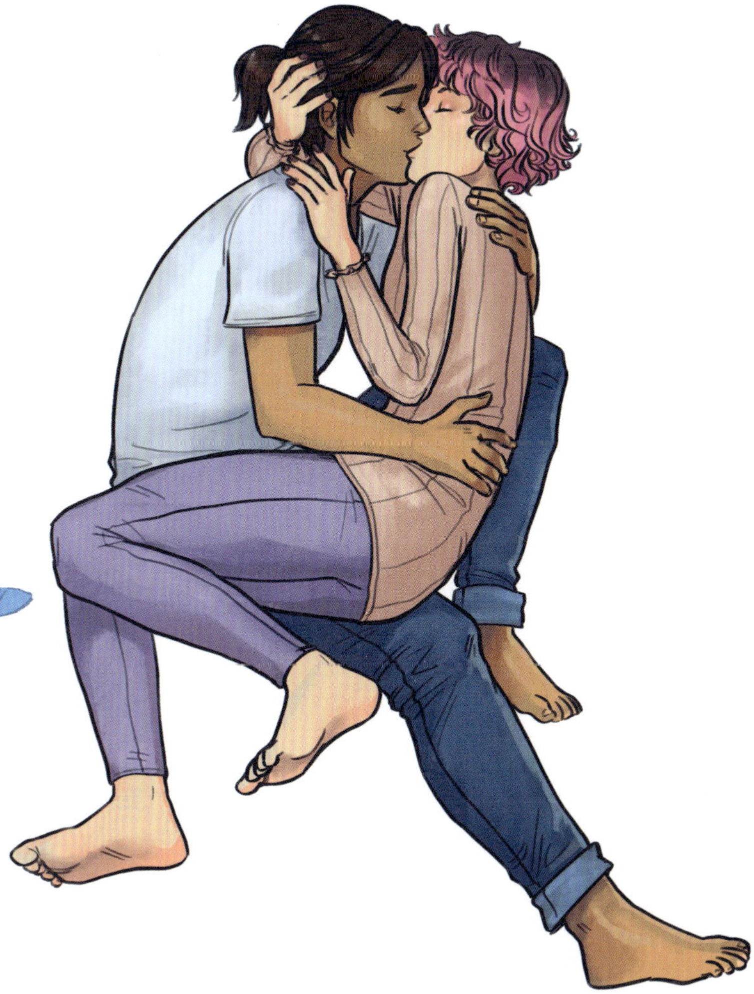

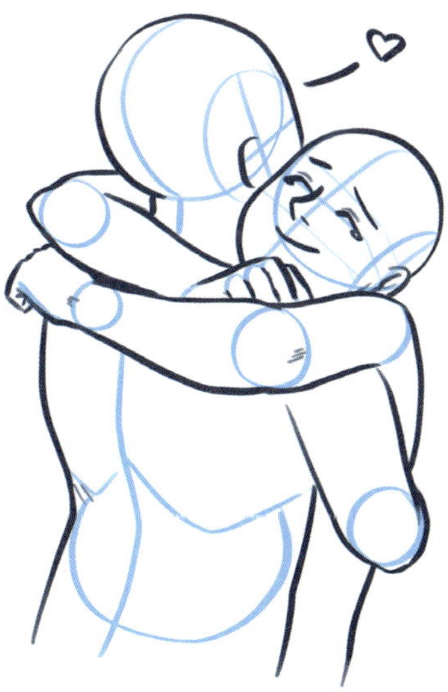

Gerade sehr enge Posen sind wichtig, um zu lernen wie weich und biegsam unser Körper doch sein kann. Du kannst einen menschlichen Körper zwar in viele feste geometrische Formen einteilen und deine Zeichnungen perfekt daran orientieren, aber wichtig ist am Ende nur, dass erkennbar ist, was du zeigen möchtest.

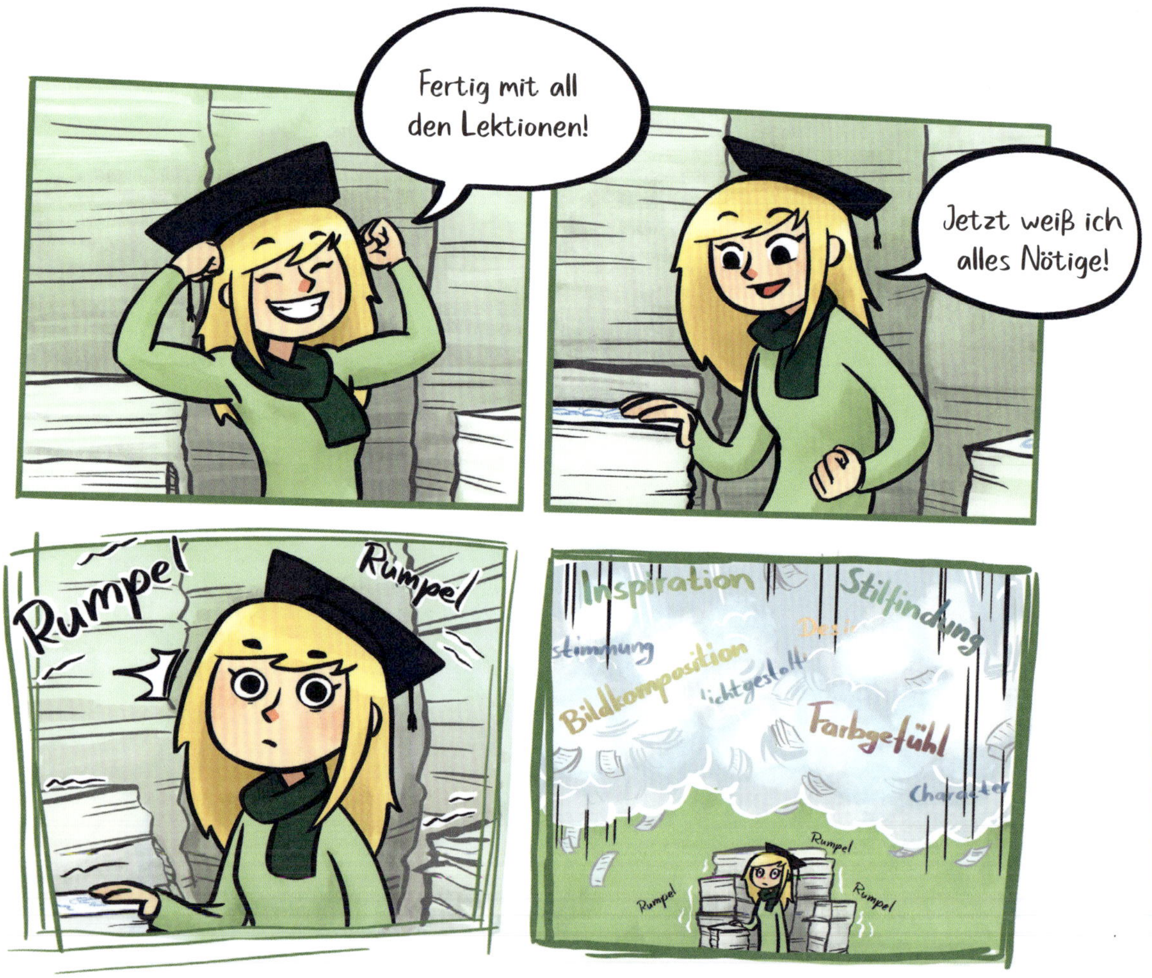
Fertig mit all den Lektionen!
Jetzt weiß ich alles Nötige!
Rumpel
Rumpel
Inspiration
Stilfindung
Bildkomposition
Farbgefühl
Character
Rumpel
Rumpel
Rumpel

GESPÜR

Nach richtigigem Abmalen und Regeln Lernen
ist nun die kreative Umsetzung dran!

Der Übergang vom Gedächtnis- zum Gespür-Kapitel ist eigentlich fließend. Auch hier gibt es viele Regeln, die man verinnerlichen sollte. Es geht aber vorrangig darum, zu erkennen, wann man welche Regel nutzen und wann man sie sogar brechen sollte. Eben darum, ein Gespür dafür zu entwickeln, was deine Bilder brauchen, um sie aufs nächste Level zu bringen. Es folgen mehrere Methoden und Denkanstöße für deine Werke, aber ich zeige dir auch wie ich bei meinen Bilder vorgehe.

Kreatives Denken ist ein bisschen schwerer zu greifen, aber trotzdem trainierbar.

CHARACTER DESIGN

Einer der besten Wege, um interessante Bilder zu erschaffen ist es, dir Gedanken über die Figuren darin zu machen. Je nachdem, wie du am besten auf deine Ideen kommst, kannst du die Reihenfolge deiner Überlegungen auch bewusst festlegen. Wenn du z. B. schon weißt, was dein Charakter für eine Geschichte erleben wird, kannst du darauf basierend überlegen, wie diese Figur wohl aussehen wird. Jemand, der viel Action erlebt, wird wahrscheinlich seine Kleidung und Frisur daran anpassen. In dem Fall solltest du mal kurze Haare oder einen praktischen Zopf an deiner Figur testen.

Steckbriefe sind für Charaktererstellungen auch sehr praktisch

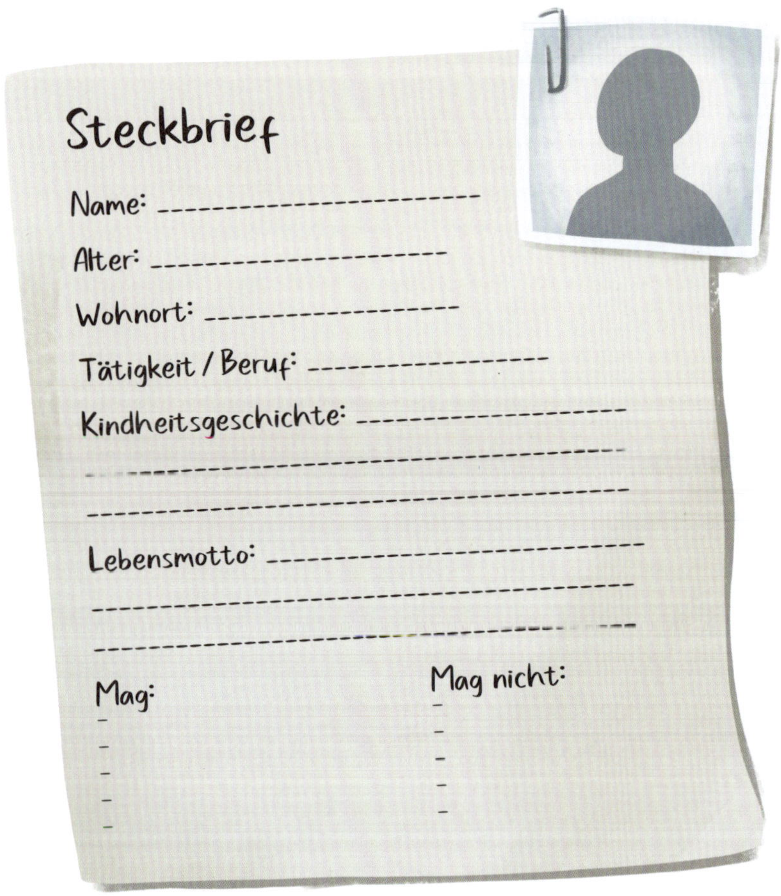

Am besten formst du einen Charakter, indem du dich Dinge fragst, die einen Menschen nachvollziehbar erscheinen lassen. Denk darüber nach, was für Musik die Figur vielleicht hören würde, stell dir vor, du triffst sie in der Bahn, wie würde sie reagieren?

Durch die vorgefertigten Stichpunkte kannst du dir ein besseres Bild machen und genauer bestimmen, wie dieser Mensch aussehen würde.

So könnte eine freundliche aber kecke Helferin in einem Fantasysetting als eine herausgeputzte Magierin auftreten, ...

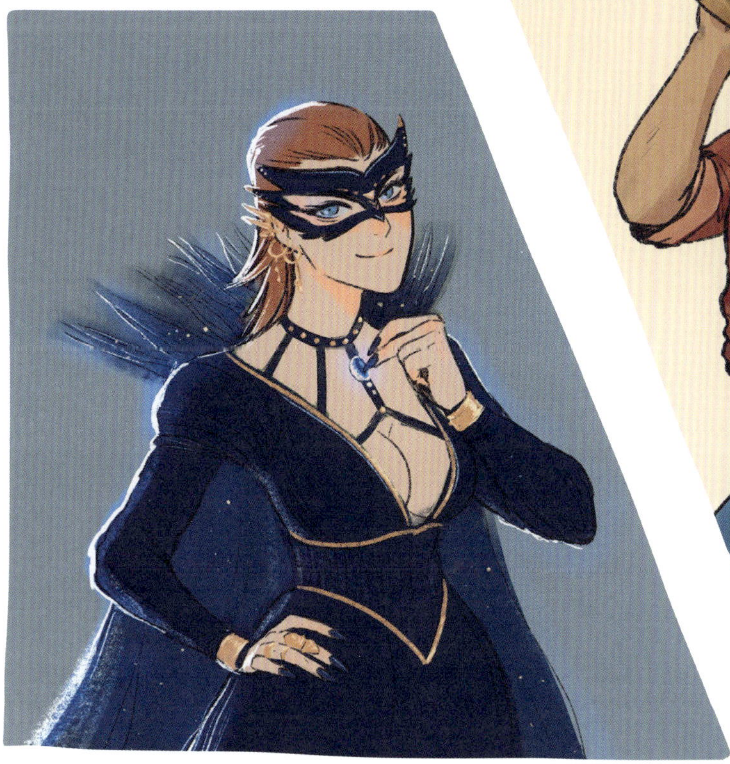

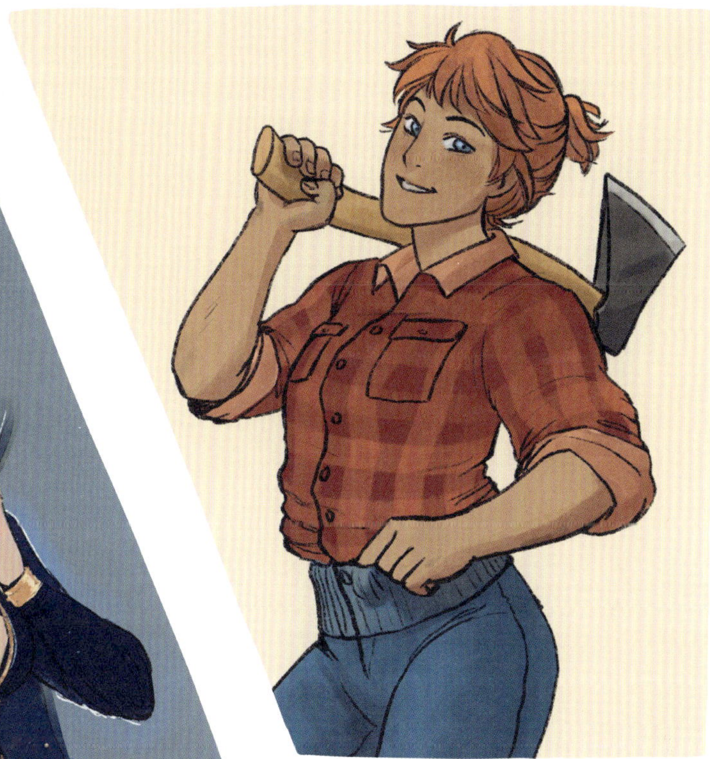

... aber in einem anderen Kontext als kräftige Holzfällerin designt werden.

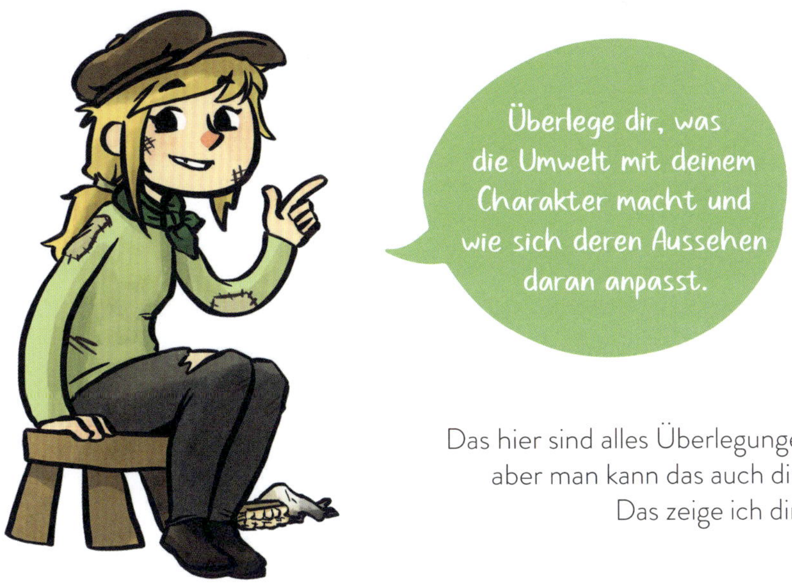

Das hier sind alles Überlegungen in Form von Stichpunkten, aber man kann das auch direkt mit Skizzen durchführen. Das zeige ich dir auf den kommenden Seiten.

Methode

SILHOUETTEN

Manchmal ist es besser, einfach drauflos zu zeichnen und erst im Nachhinein ein Design daraus zu entwickeln.

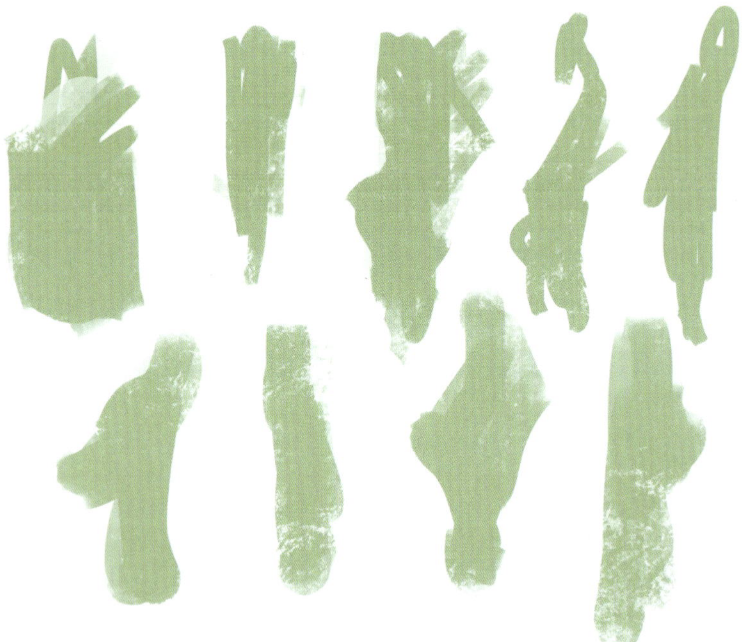

Step 1

Eine der besten Methoden, die du dafür nutzen kannst, sind Silhouetten. Dabei krakelst du einfach drauf los, aber versuchst grobe Formen zu erstellen, in die Charaktere passen würden. Versuche, diese unterschiedlich aussehen zu lassen und variiere zwischen dicken und dünnen Linien.

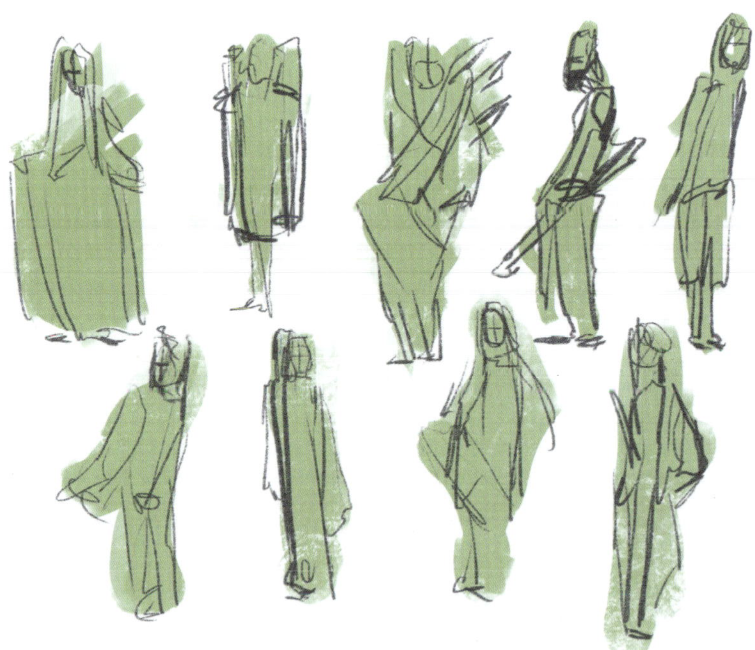

Step 2

Über diese groben Formen zeichnest du dann mit einem dünnen Stift all die Charaktere ein, die du darin erkennst. Nicht jeder davon wird gut aussehen, aber das müssen sie auch nicht, denn es geht zunächst nur um die Ideenfindung.

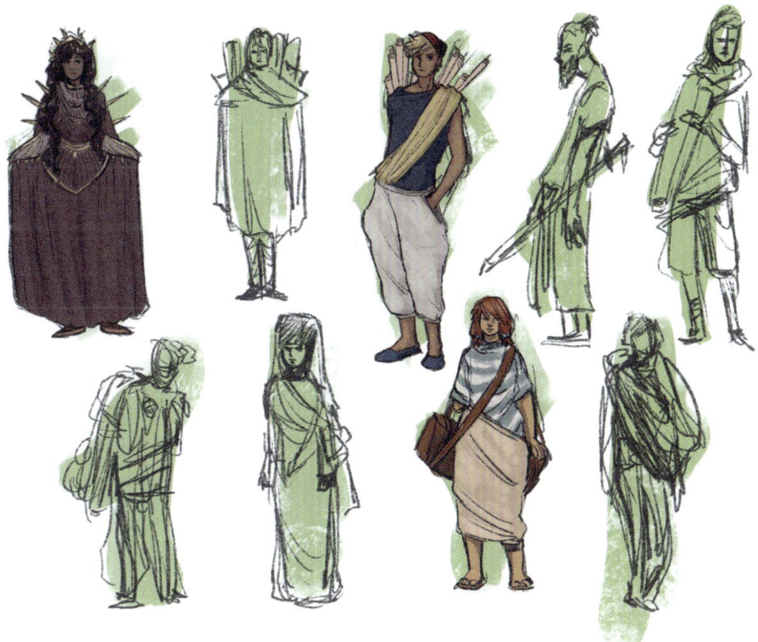

Step 3

Von diesen groben Skizzen suchst du dir die Designs aus, die dir am besten gefallen und überarbeitest sie. Dabei gibt es keine maximale Anzahl an Schritten. Starte außerdem so oft neu, wie du magst.

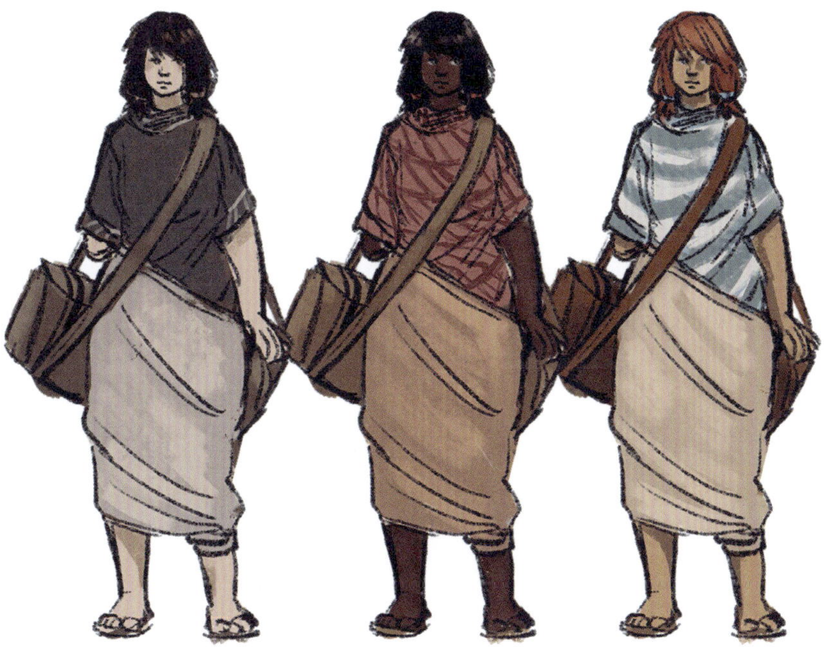

Step 4

Mit dieser Methode testest du verschiedene Looks, damit du sie nicht nur im Kopf, sondern vor Augen hast. Mit ihr kannst du viel besser erkennen was in deine Geschichte oder auf dein Bild passt.

Für eher abstrakte oder cartoonartige Charaktere funktioniert diese Methode meistens sogar noch besser.

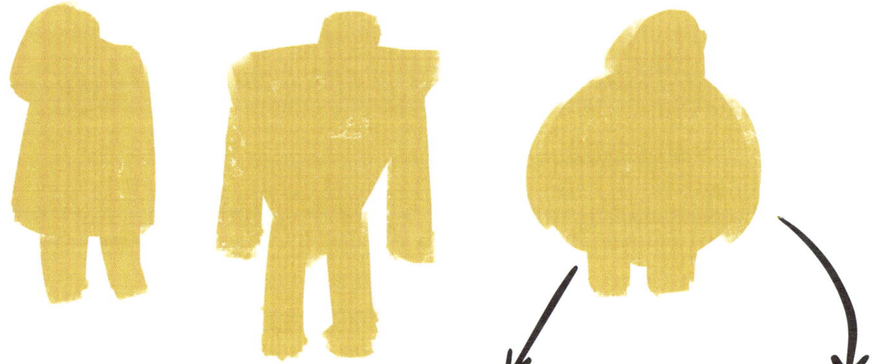

Die gleiche Silhouette kann zu verschiedenen Charakteren führen, also wenn dir eine besonders gefällt, kopiere sie ruhig mehrmals für verschiedenen Skizzen.

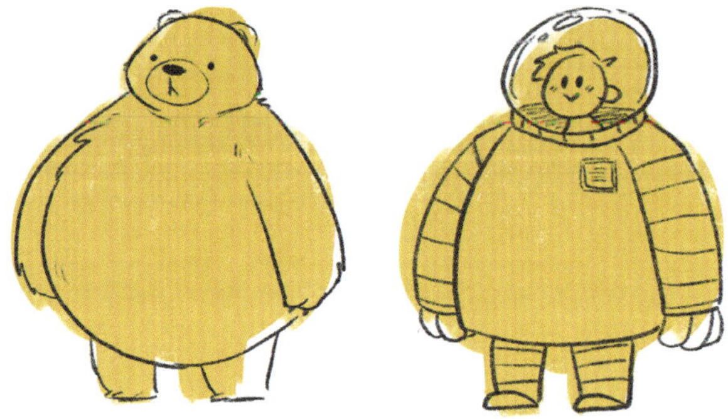

Viele schwören beim Character Design auch darauf, klare Grundformen für bestimmte Archetypen zu nutzen. So würde eine Figur, deren Silhouette und sonstige Formen eher aus Kreisen besteht sehr freundlich und lustig wirken, während du zackige Dreiecke eher für einen Bösewicht nutzen würdest. Genau das nicht zu tun kann jedoch auch eine kreative Entscheidung sein.

Diese Technik kannst du übrigens auch für Gegenstände oder Orte benutzen.

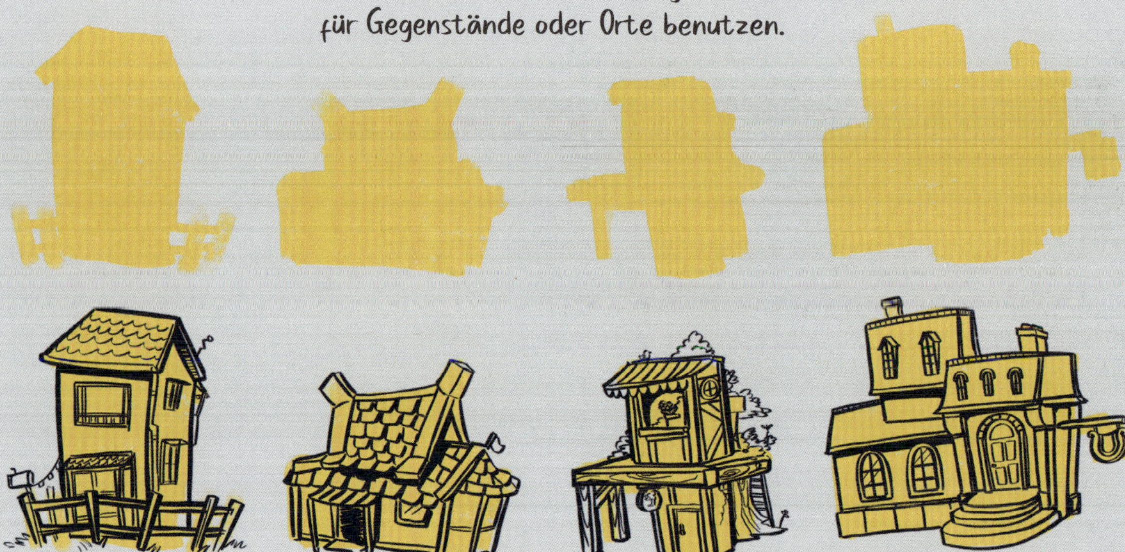

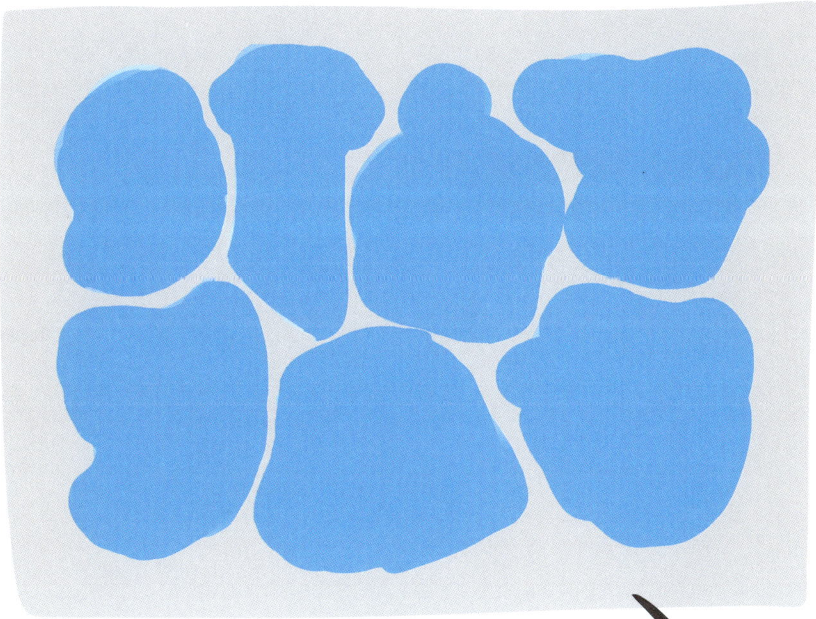

Eine lustige Kreativübung ist es auch, eine Seite mit Formen zu füllen und daraus eine Sammlung von Charakteren entstehen zu lassen.

Gerade wenn du ein bisschen zeichnen üben möchtest, aber das Gefühl hast, du weißt nicht in welche Richtung du gehen willst, helfen solche Herangehensweisen immer sehr. Damit trainierst du eben nicht nur deine Zeichenfähigkeit, sondern auch dein kreatives Denken. Auch das kann und sollte trainiert werden.

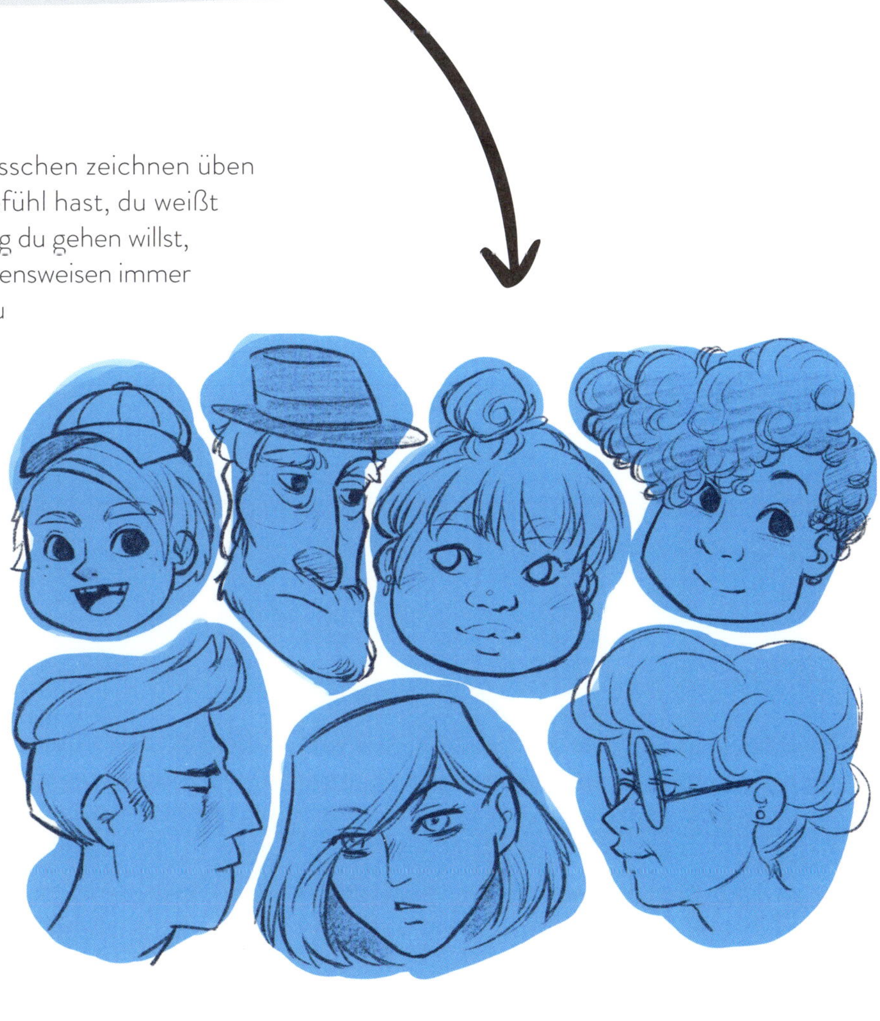

Bild

»WALDKREATUREN«

Mein Charakterprozess sieht häufig so aus: Da der kreative Prozess im Prinzip nur aus klaren Entscheidungen besteht, halte ich mich ein wenig davon ab, halbe Sachen zu machen, indem ich permanente Stifte für die Charakterumrisse nutze. Dadurch zwinge ich mich, mit dem zu arbeiten, was mir vorher spontan in den Sinn gekommen ist.

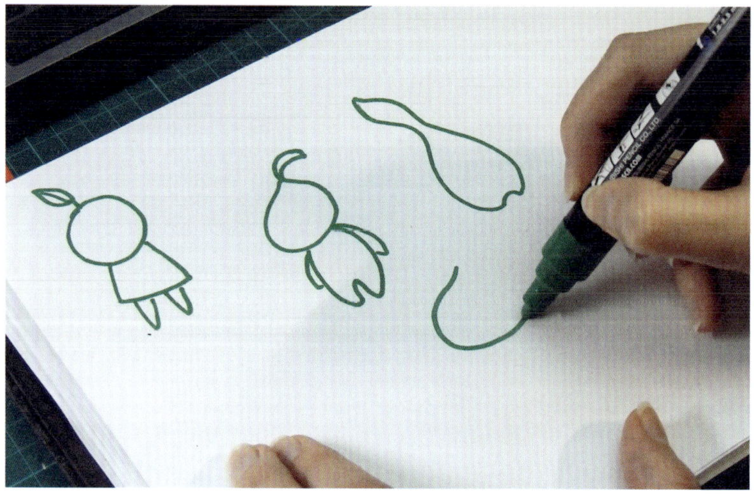

Die Details habe ich später mit einem Buntstift eingezeichnet. Dabei haben sich verschiedenen kleine Waldwesen ergeben.

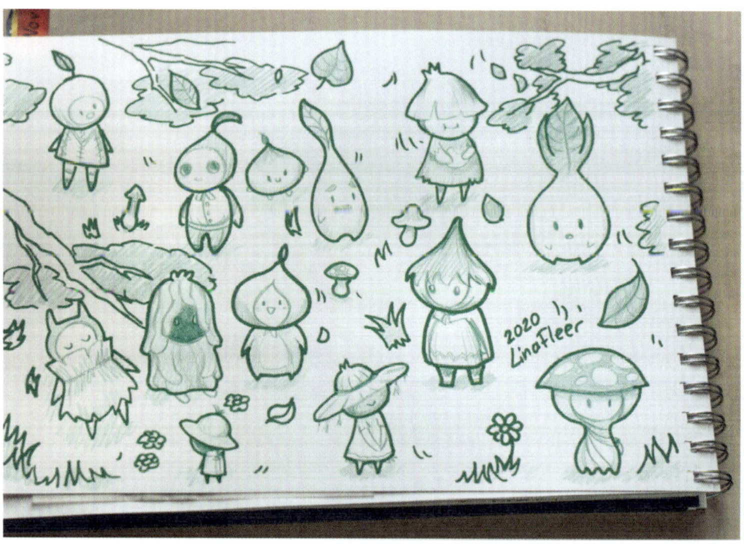

Ich nutze immer gerne verschiedene Farben für diese Skizzen, damit mein Skizzenblock schön bunt aussieht. In diesem Fall hat es mich wohl aber auch dazu gebracht, an einen Wald zu denken.

Also achte bei deiner Farbwahl auch darauf, wie dich die Farben vielleicht beeinflussen können!

Aus diesen skizzierten Figuren pickte ich meine Favoriten heraus, um sie zu richtigen Charakteren zu machen. Währenddessen kamen mir mehr und mehr Gedanken dazu, was für Wesen sie sein könnten und wie ihr Alltag aussieht.

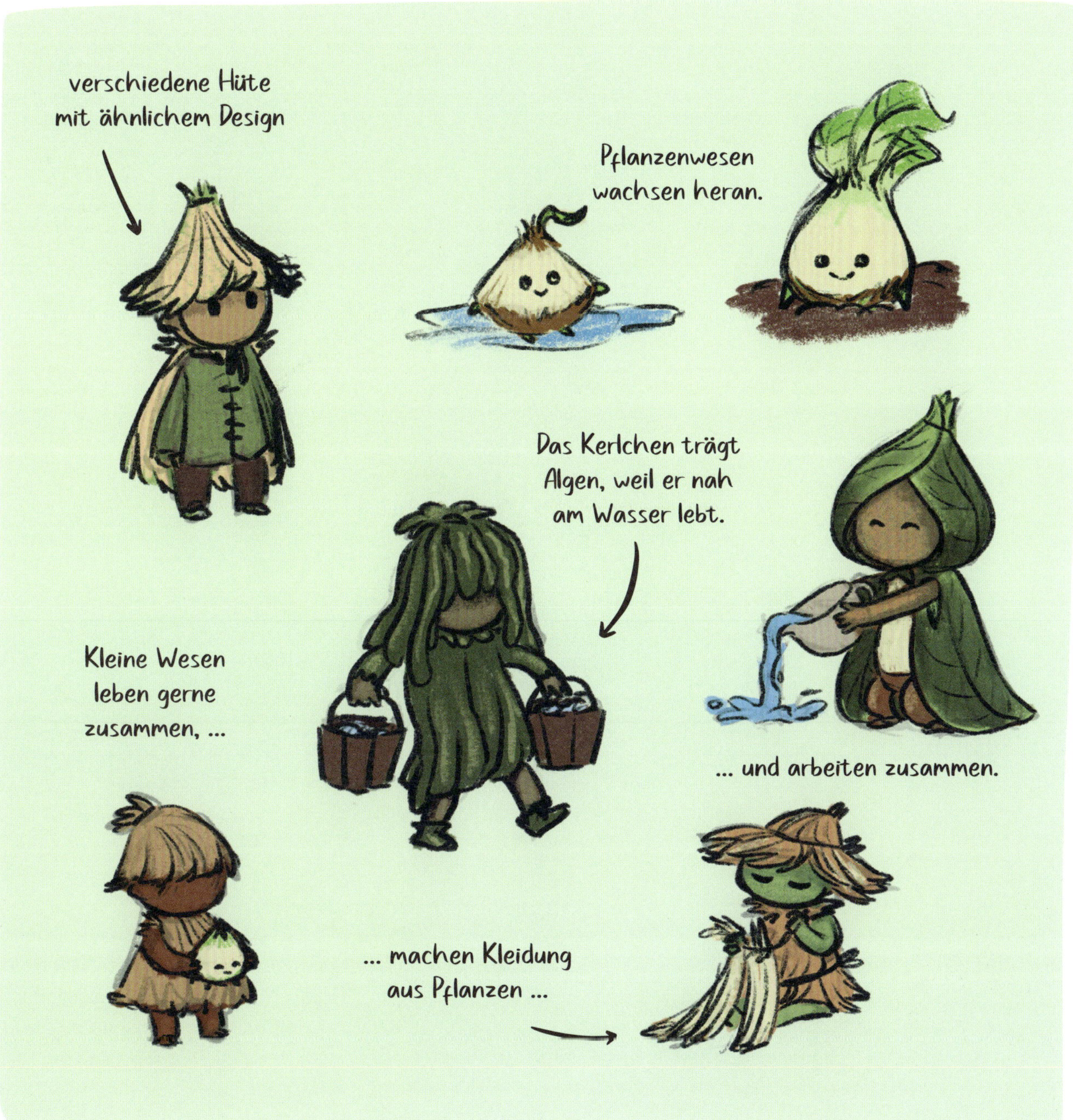

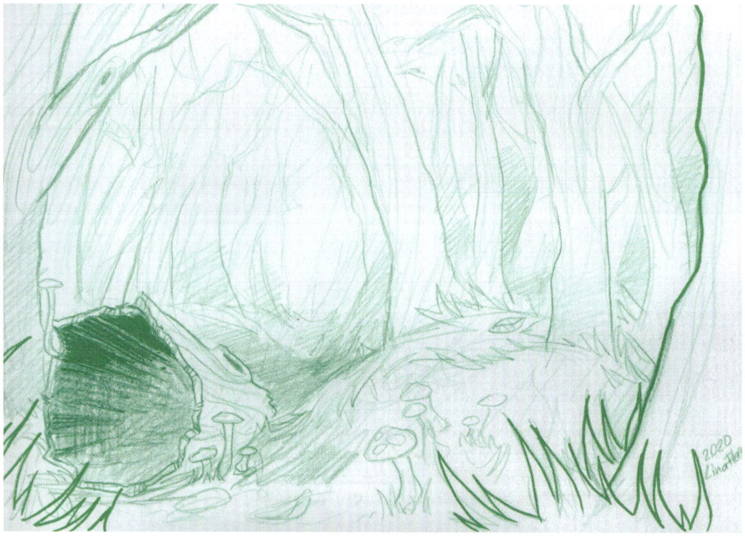

Die kleinen Wesen inspirierten mich zu diesem Konzept eines Waldhintergrunds. Bei der ersten Skizze dachte ich noch nicht sehr genau darüber nach, wie sie mit der Umwelt interagieren würden.

Nachdem ich das Konzept abfotografiert hatte, zeichnete ich die kleinen Wesen schnell digital ein und überlegte mir, wo sie leben würden und was sie dort wohl gebaut hätten.

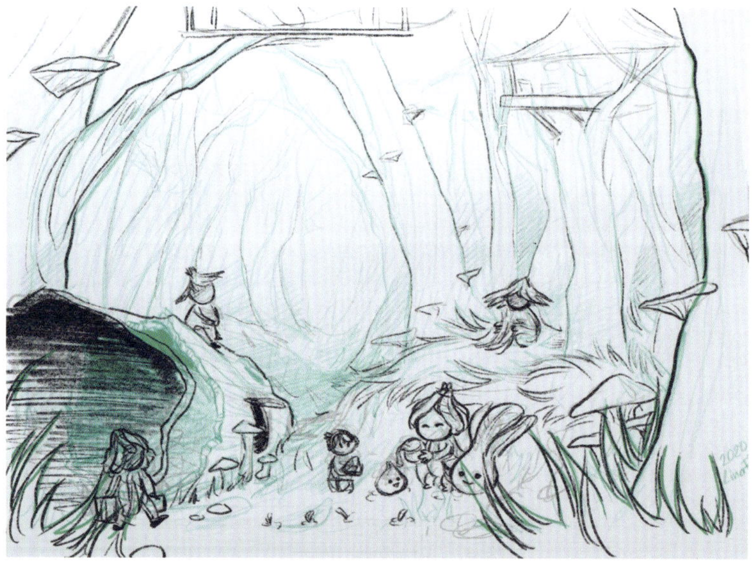

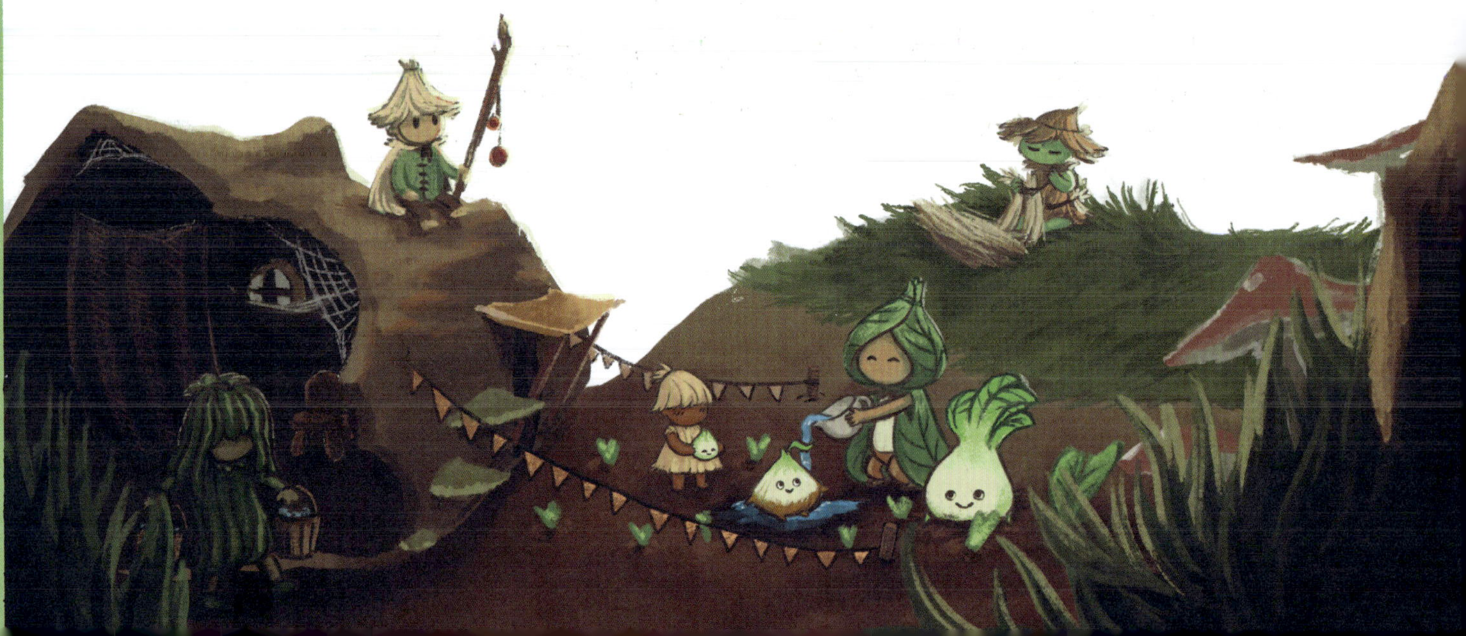

Wenn du ein Landschaftsbild betrachtest, dessen Hintergrund weit in die Ferne sichtbar ist, wirst du vielleicht bemerken, dass je weiter ein Element vom Betrachter entfernt ist, es umso heller und blauer wird. Meistens verschwindet es bis dahin auch in einer Art Nebel.

Diesen Effekt kannst du bei deinen Bildern simulieren, und darauf achten, dass Dinge im Hintergrund verblassen, um dem Bild noch mehr Tiefe zu geben.

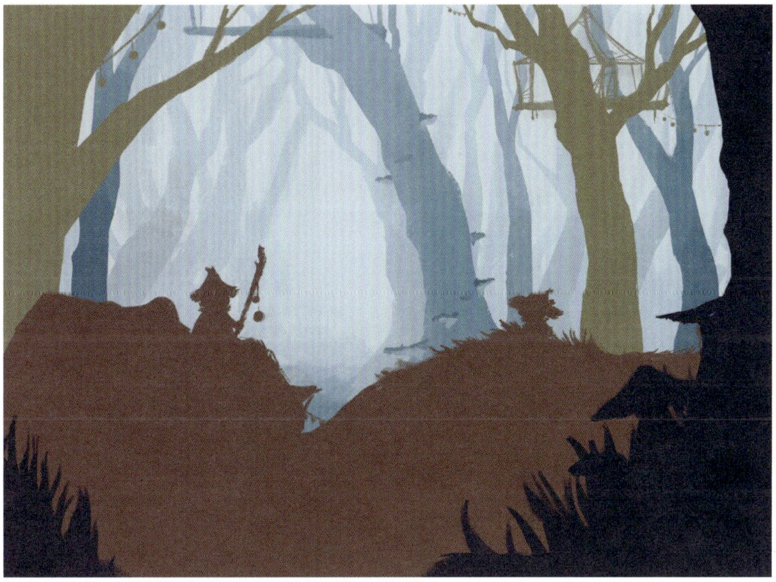

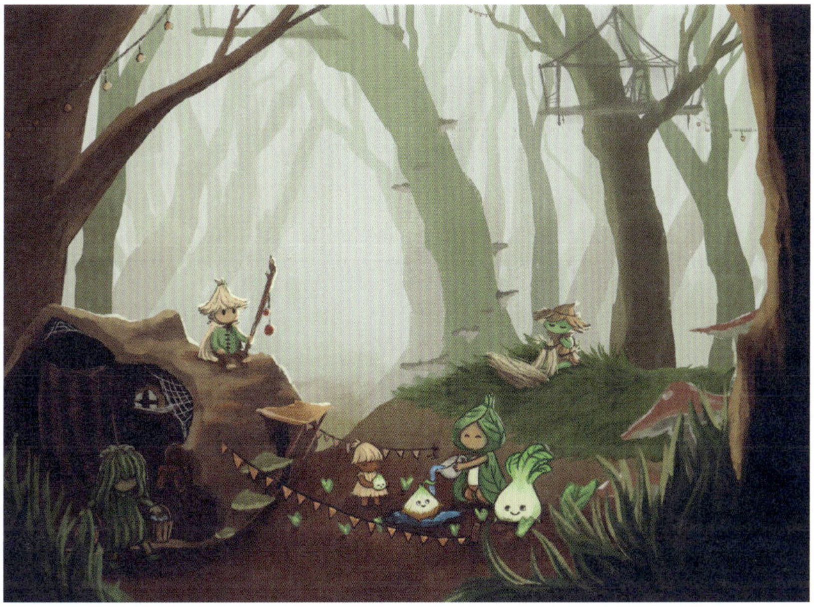

Bei diesem Bild hatte ich als Farbkonzept sehr viel Grün im Sinn, weshalb ich dieses Konzept nur statt mit Blau mit einem grünen Farbton umgesetzt habe, um die Tiefen des Waldes darzustellen.

Gerade in einem Wald würden viele Bäume mit der immer gleichen Farbe und dem gleichen starken Kontrast viel zu verwirrend aussehen und dem Auge keine Ruhe geben.

LICHT & SCHATTEN

Mach dir Gedanken um die Form. Ist sie rund, werden die Schatten weich verlaufen. Ist sie eckig, werden die Schatten auch hart an den Kanten erscheinen.

Aber je weiter sich ein Schatten von seiner Quelle entfernt, desto weicher wird er wieder.

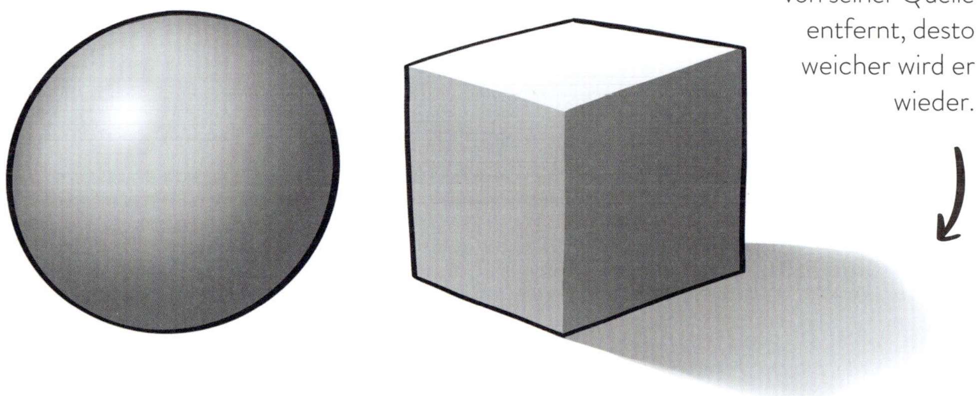

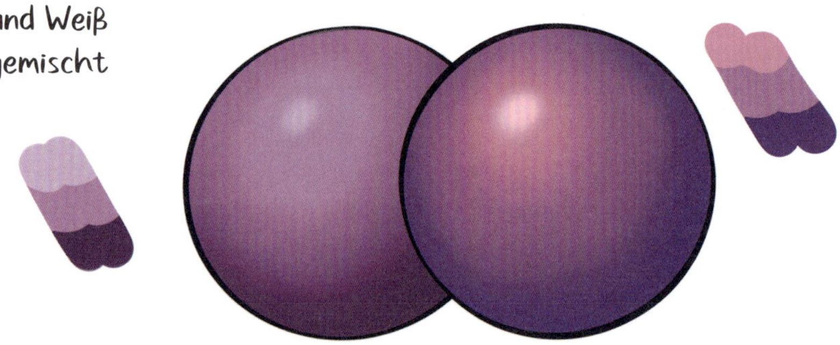

Je nachdem wie du deine Lichter- und Schattenfarben mischst, können sie eher grau oder gesättigter aussehen.

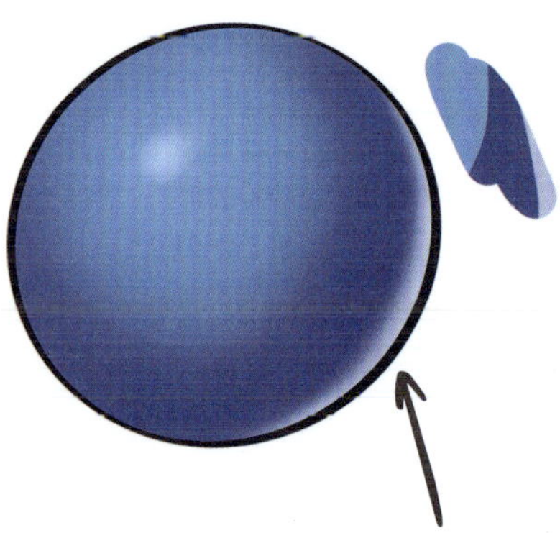

Du kannst auch noch ein Gegenlicht am Rand, ein sogenanntes »Rimlight«, hinzufügen oder den Verlauf zur Schattenseite durch einen Farbakzent interessanter aussehen lassen.

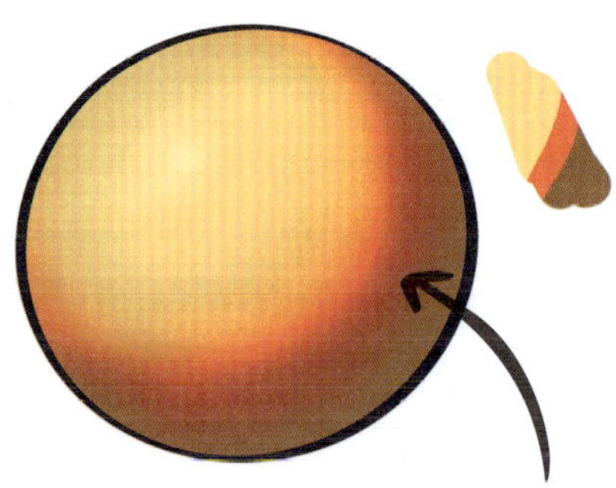

Bei so einer Zeichnung würde ich nun beispielsweise folgendermaßen vorgehen:

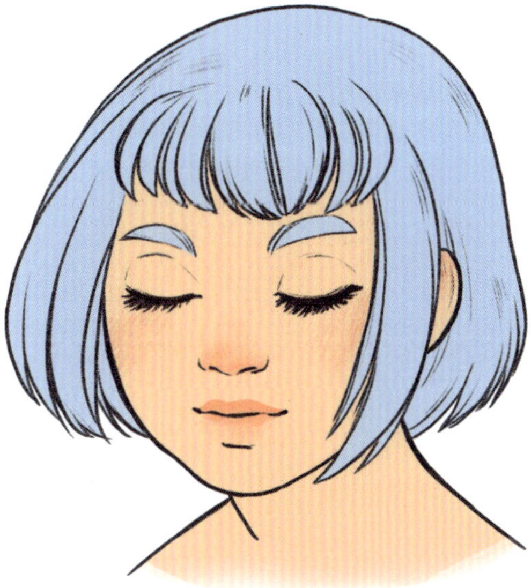

Step 1

Als Basis eine neutral ausgemalte Figur.

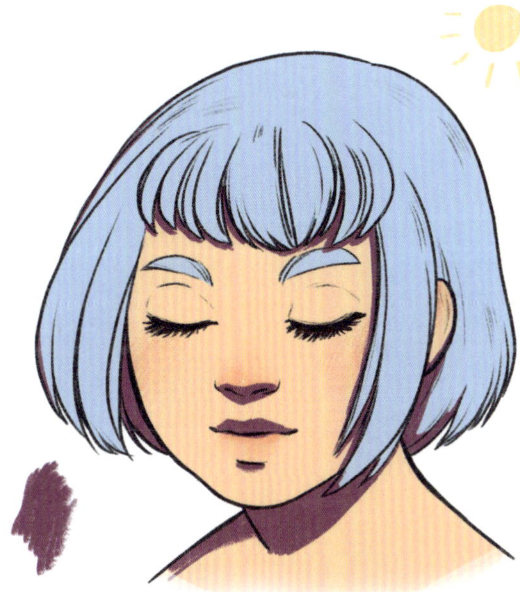

Schatten

Step 2

Als Erstes die härtesten Schatten an den Stellen, die von der Lichtquelle wegzeigen oder verdeckt sind, wie unterhalb der Nase oder dem Kinn.

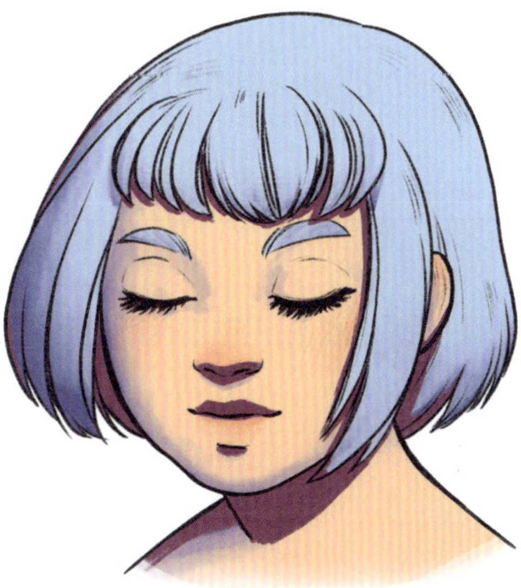

Übergangs-schatten

Step 3

Für den Übergang und als Akzent kommt ein weiches Blau an den Rändern dazu.

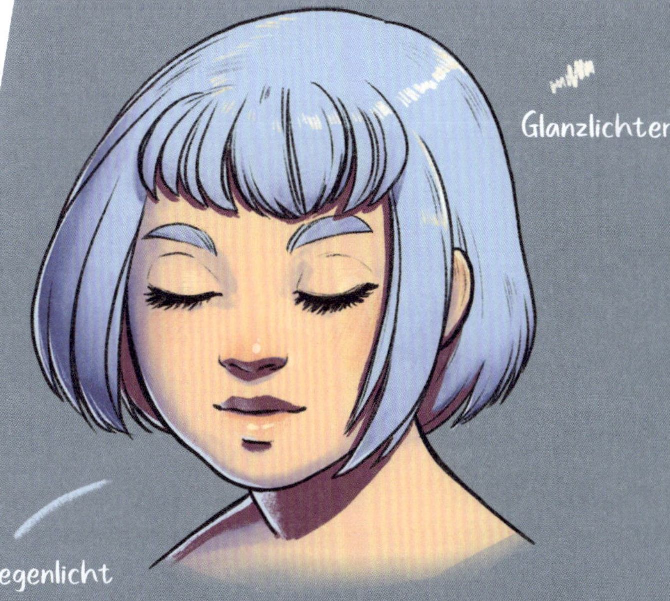

Step 4

Zuletzt folgen gelbliche Lichtpunkte an den erhöhten Stellen und ein hellblaues Rimlight auf der gegenüberliegenden Seite als Kontrast.

Licht prallt von Oberflächen ab und hat auch sonst nicht immer nur eine Quelle. Gerade nachts, wenn vieles künstlich beleuchtet wird, solltest du dir bewusst überlegen, wie das deine Bildgestaltung beeinflusst.

In diesem Bild haben wir dadurch nicht nur die Glühbirnen, die von der Decke hängen und dem Bild seine warmen Farben geben, sondern auch das dezente Licht der Stadt außen und mit dem Tablet auch eine deutliche Lichtquelle, die wir nicht mal direkt sehen.

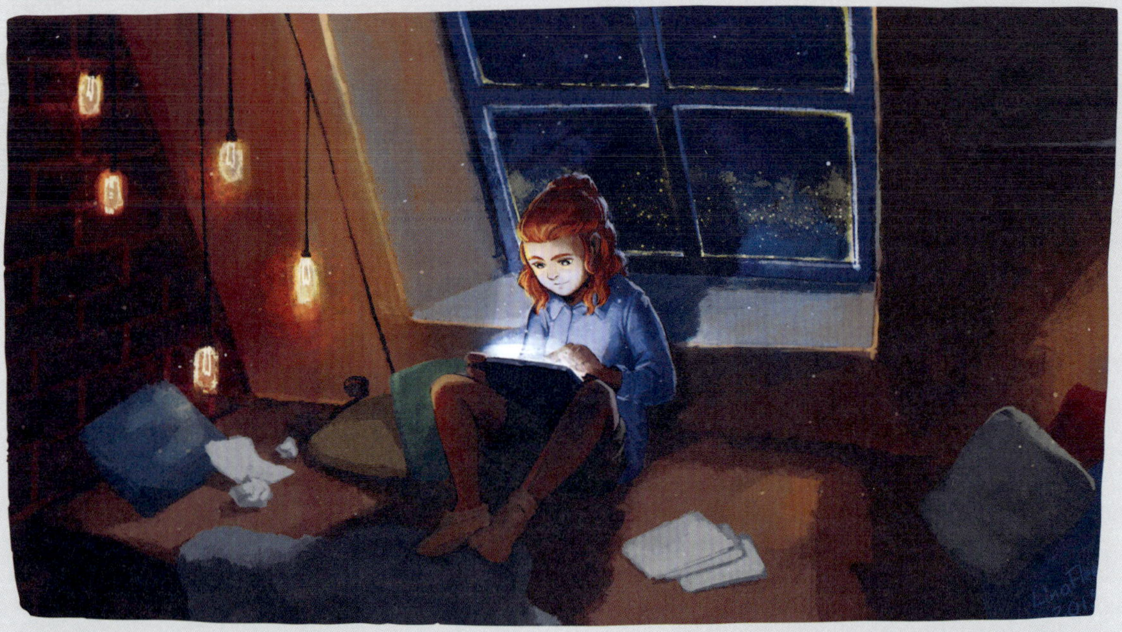

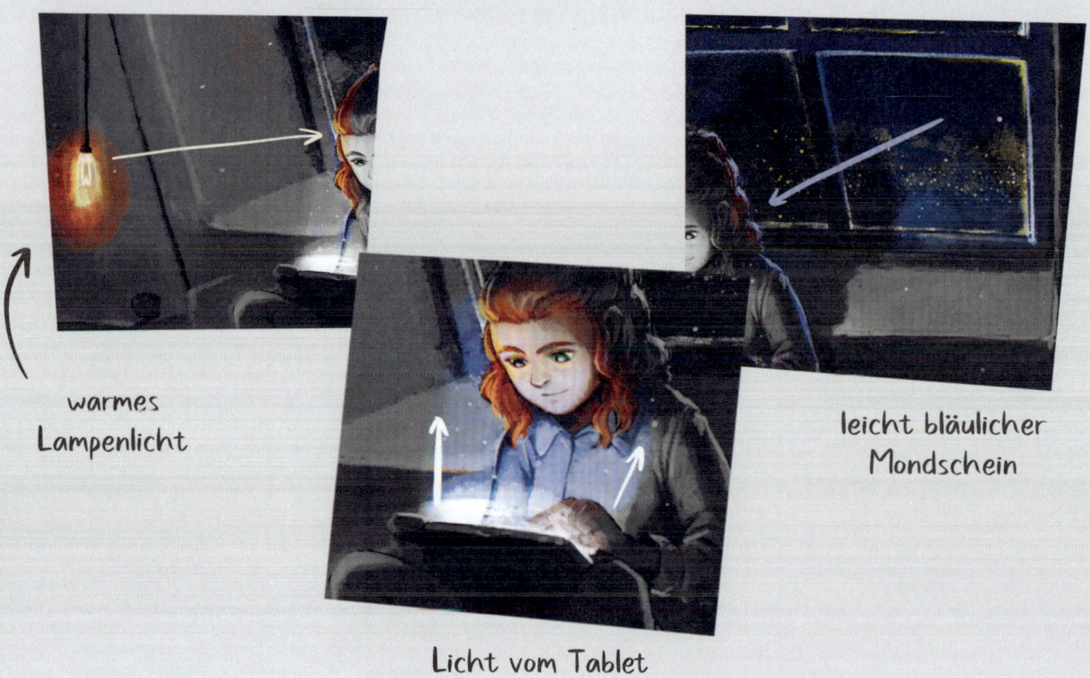

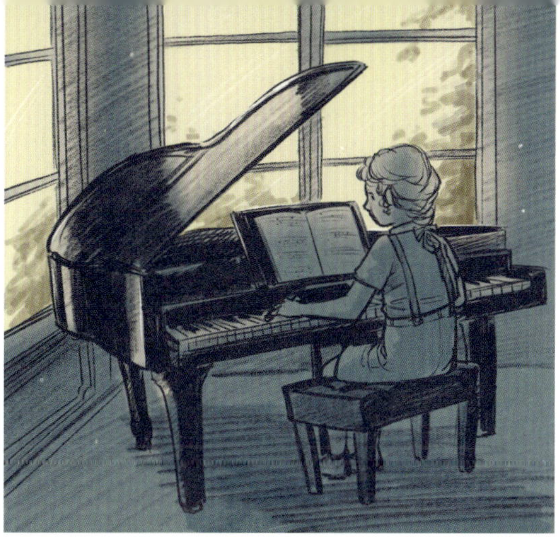

Auch die Art wie du mit Licht und Schatten in deinen Bildern umgehst, kann deren allgemeine Stimmung beeinflussen.

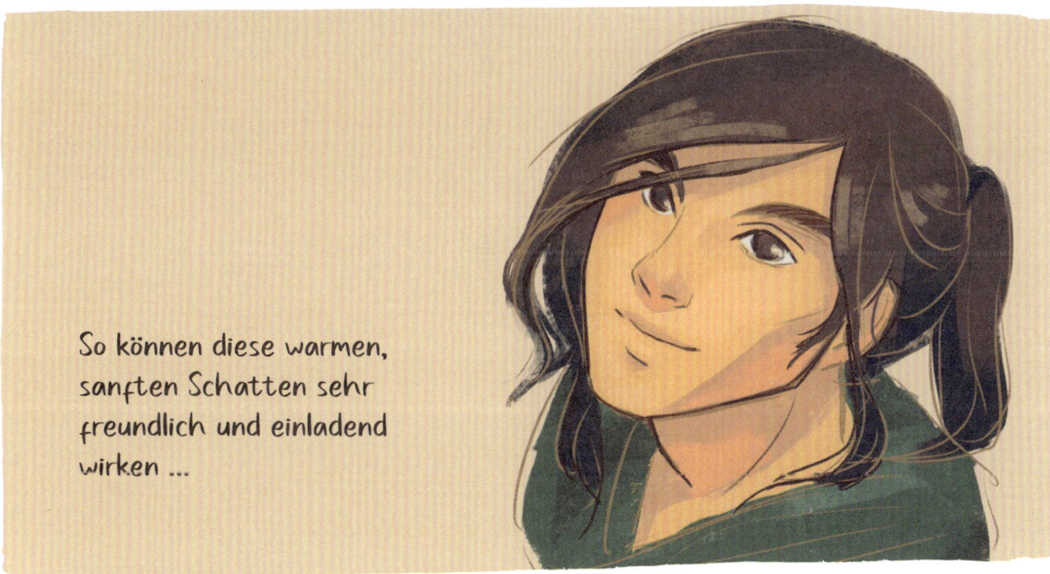

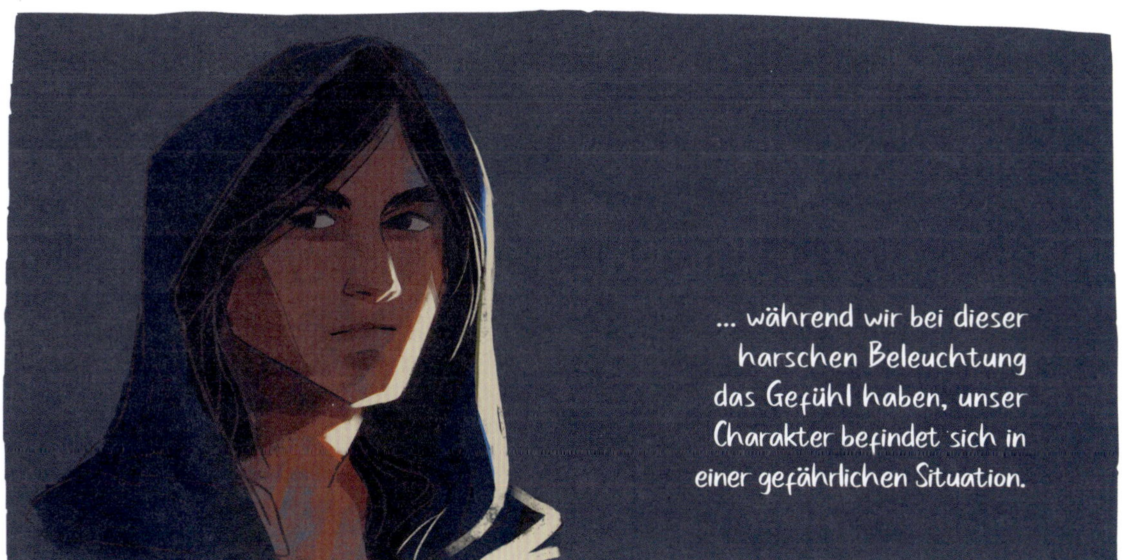

VORDER- & HINTERGRUND

Hast du schon mal über die Tiefe in deinen Zeichnungen nachgedacht? Für gewöhnlich werden verschieden weit entfernte Abschnitte eines Bildes in Vordergrund, Mittelgrund und Hintergrund eingeteilt.

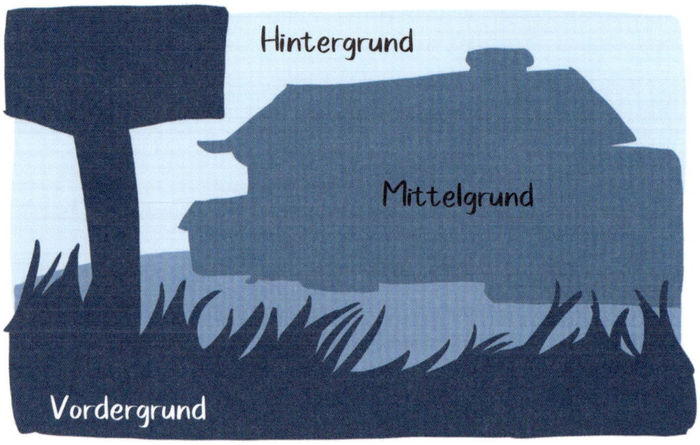

Einen Mittelgrund haben fast alle Zeichnungen, denn das ist meistens der Fokus und wäre zum Beispiel ein Charakter. An Hintergründe denken wir auch häufig, auch wenn es vielleicht nur simple Farben, der Himmel oder etwas wie eine weit entfernte Berglandschaft ist. Was wir allerdings viel zu oft vergessen, sind die Vordergründe.

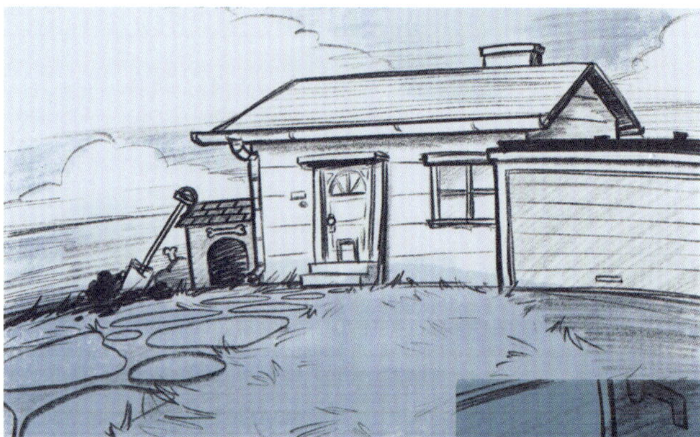

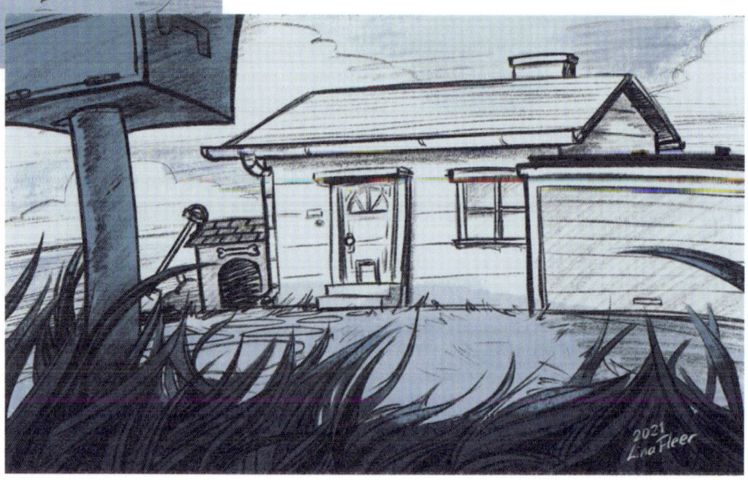

Dabei macht ein Element im Vordergrund häufig den Unterschied zwischen einer eher flach wirkenden Ansicht und einer Illustration, die uns das Gefühl von Tiefe vermittelt.

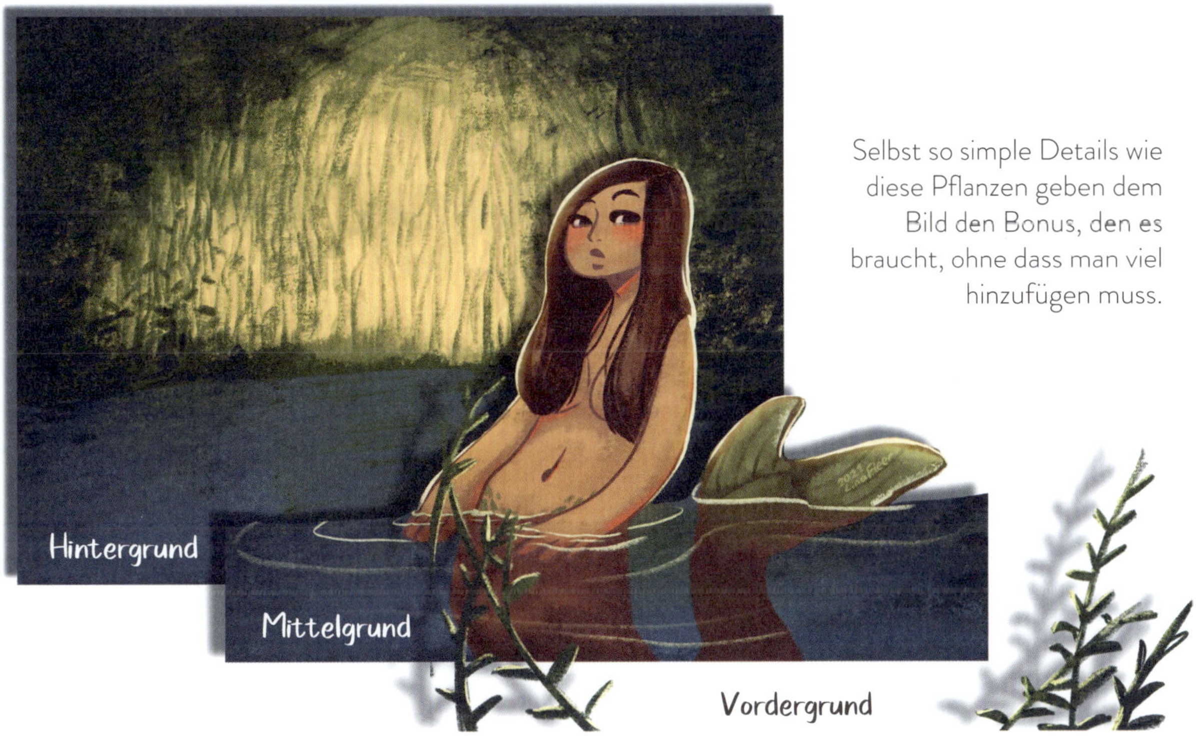

Selbst so simple Details wie diese Pflanzen geben dem Bild den Bonus, den es braucht, ohne dass man viel hinzufügen muss.

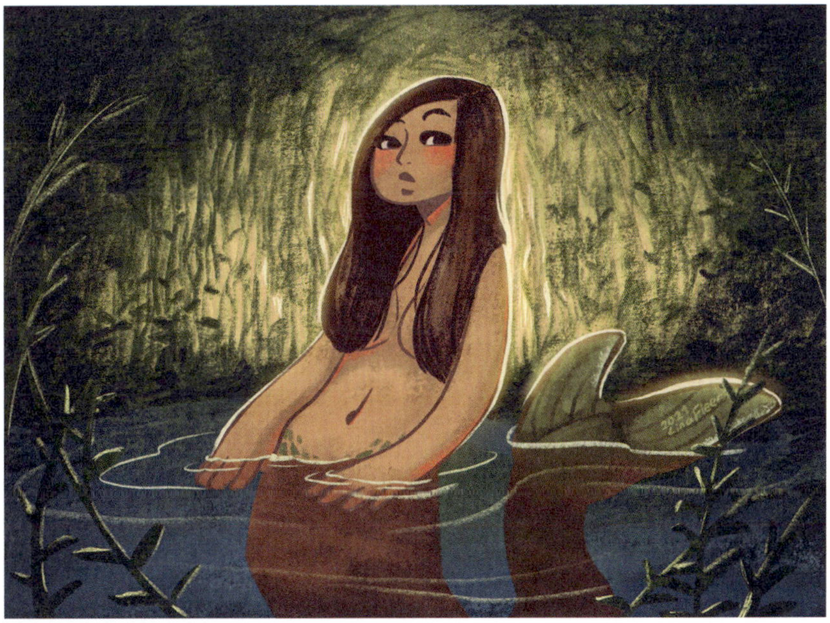

In diesem Fall rahmen die Ranken den Charakter zusätzlich ein und lenken den Blick in die Mitte des Bildes.

Bei der Bildgestaltung, gerade wenn es um die eines Hintergrunds geht, ist es von Vorteil sich Gedanken über die Grundformen zu machen. Bei einer Stadt, die beispielsweise nur aus dem einen Block in der gleichen Größe, in gleichen Abständen besteht, sieht die Skyline wirklich sehr langweilig aus. Allein die Größen zu variieren und durch Überschneidungen für Tiefe zu sorgen, lässt das Bild viel lebendiger wirken.

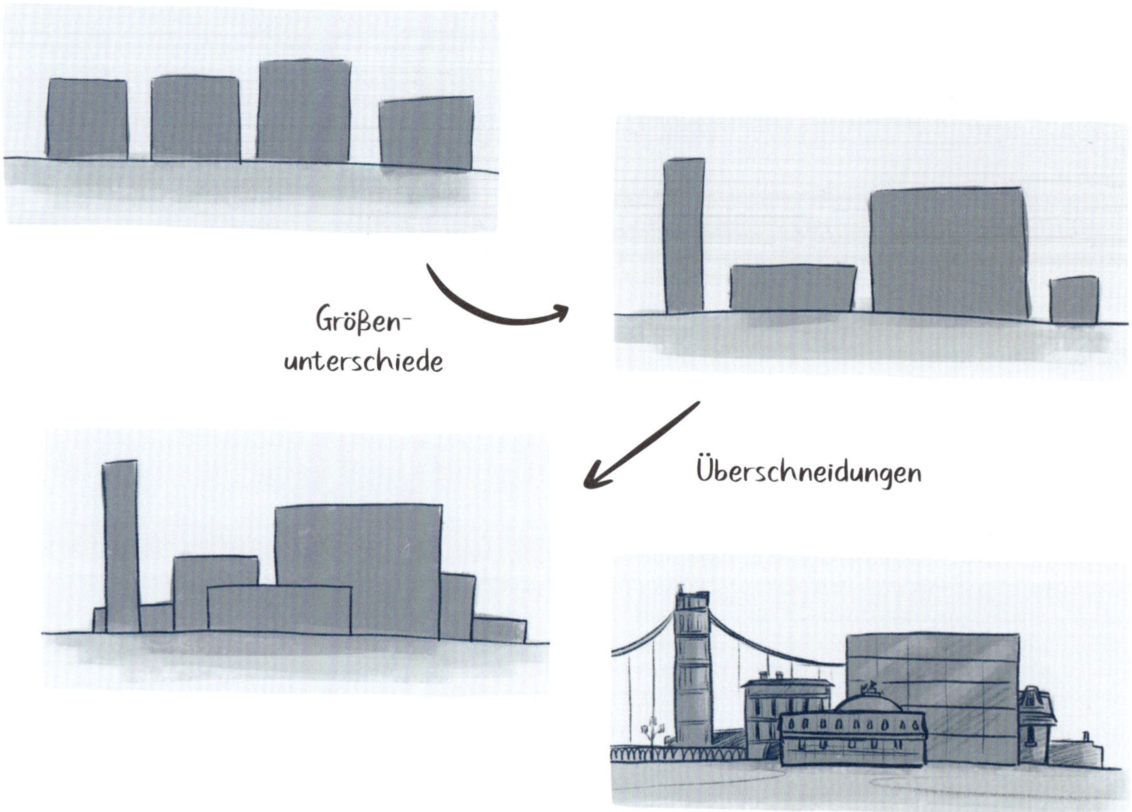

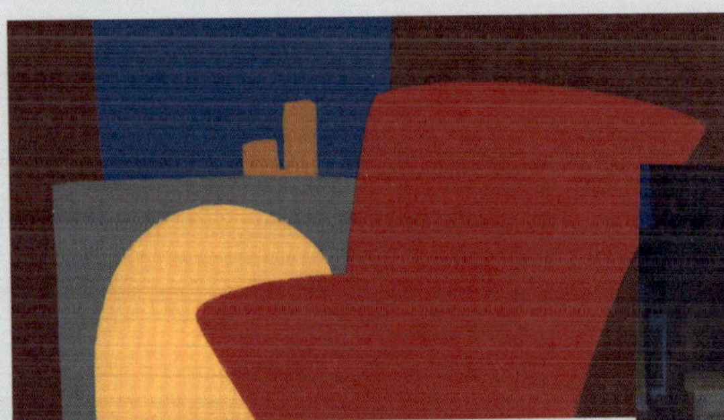

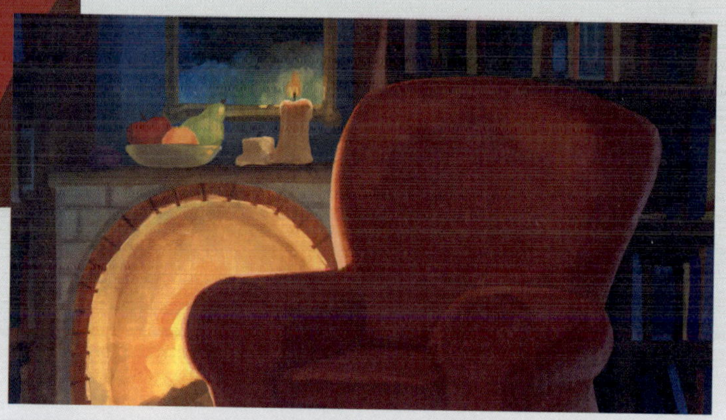

Umso ansprechender wird es, wenn du sogar ganz verschiedene Formen und Farben dafür nutzt.

Wenn du dir Gedanken um die Raumgestaltung machst, überlege dir, welcher Charakter in was für einer Umgebung leben und arbeiten würde.

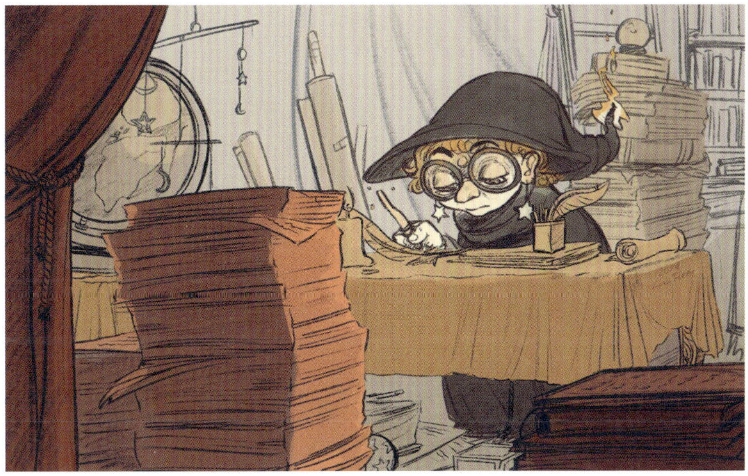

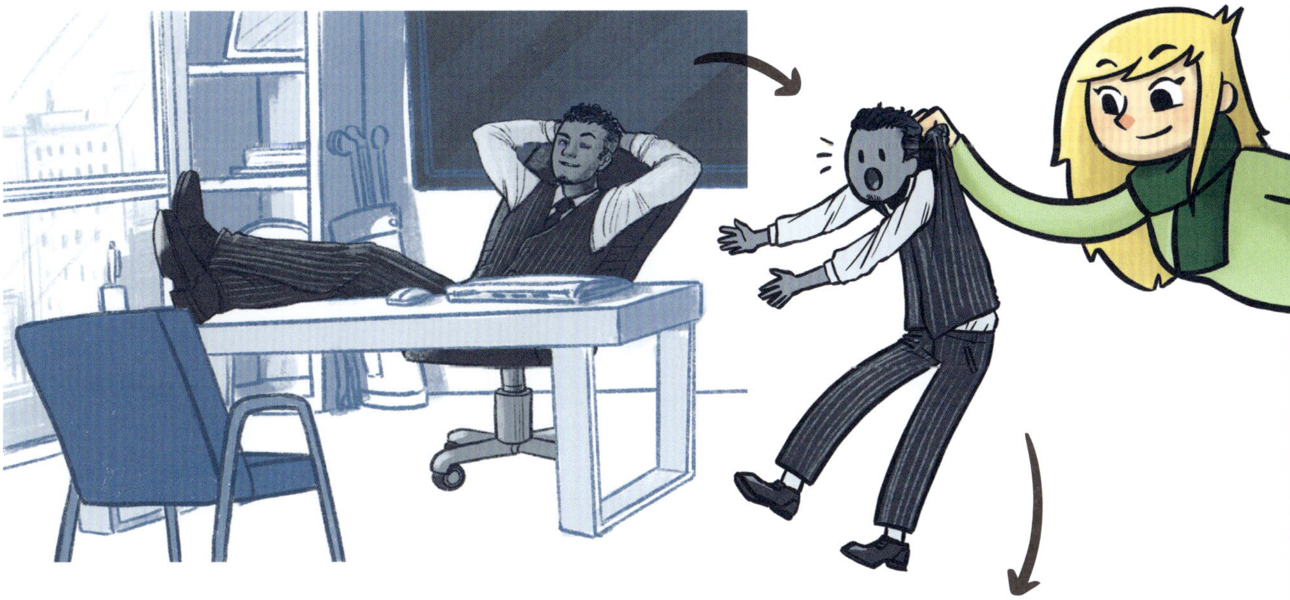

Es kann aber auch interessant sein, einen Charakter in ein Umfeld zu setzen, das auf den ersten Blick nicht zu ihm passt.

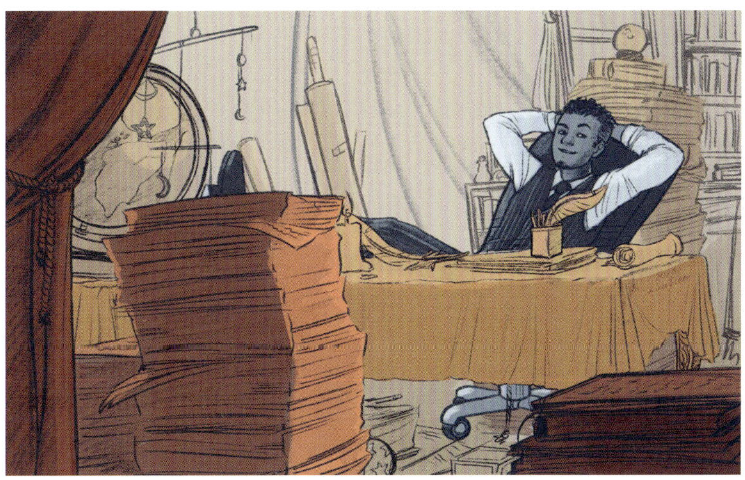

BILDAUFTEILUNG

Wenn du besonders künstlerisch wirken willst, kannst du diesen Aspekt auch »Bildkomposition« nennen. Diese beschäftigt sich damit, wo genau die einzelnen interessanten Elemente angeordnet sind, um den Blick des Betrachters geschickt über dein Bild zu lenken.

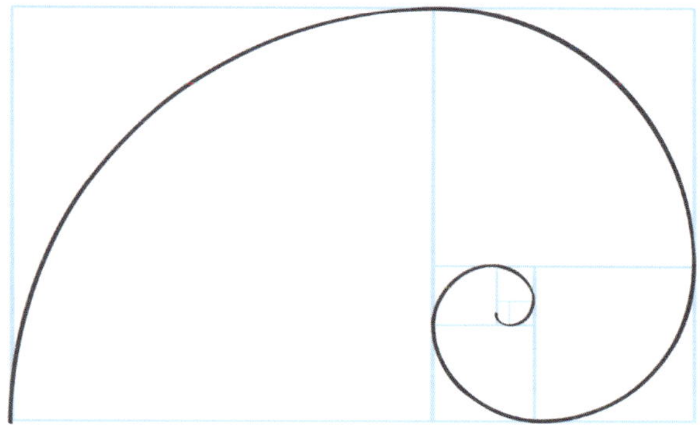

Dazu gibt es sogar mathematische Prinzipien wie den goldenen Schnitt, oder die Drittelregel. Allerdings hilft uns unser Gespür da meist schon ganz automatisch.

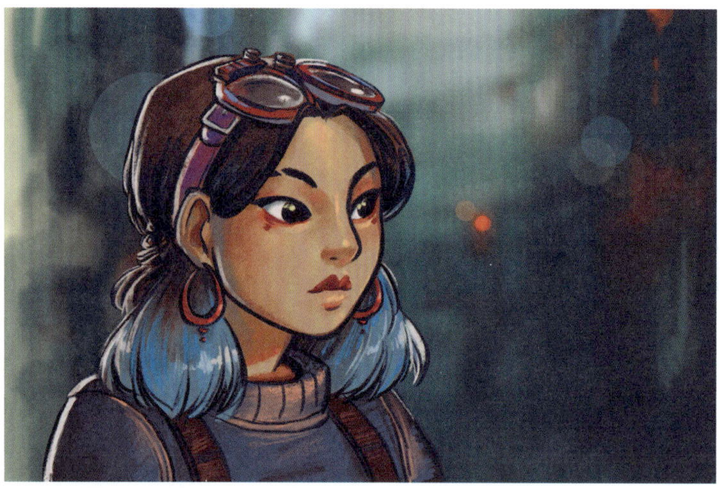

So merken die meisten Leute, dass diese Aufteilung deutlich besser passt …

… als diese …

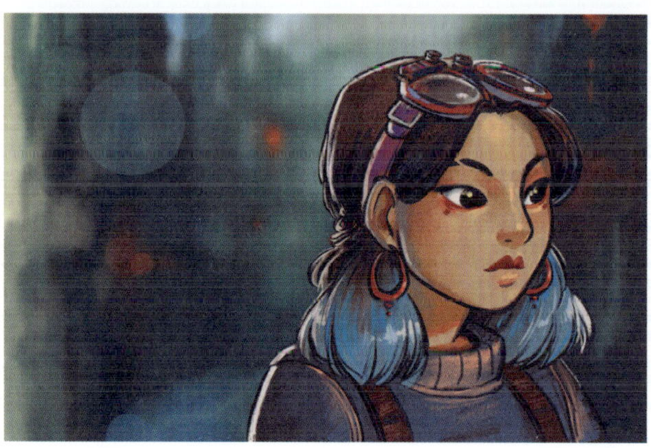

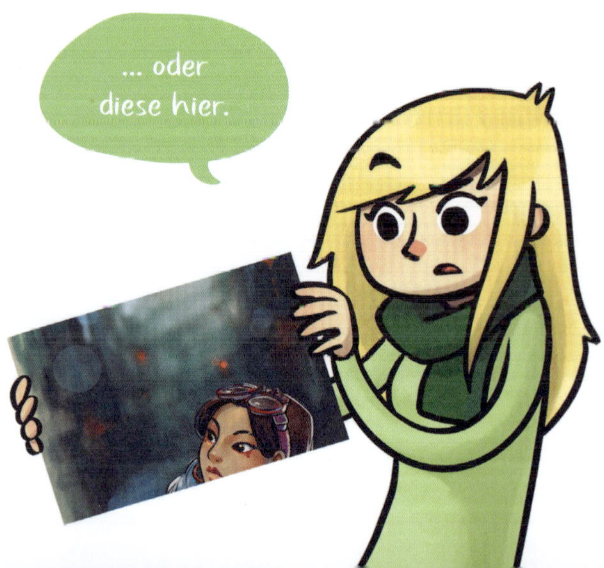

Diese Regeln zu kennen, hilft einem aber auf jeden Fall weiter, Entscheidungen auch bewusst zu treffen.

Symmetrisch aufgebaute Bilder, in denen auf die Mitte gedeutet wird, können durchaus ansprechend wirken. Häufig ist es aber fürs Auge interessanter, den wichtigsten Aspekt auf einen der Schnittpunkte zu setzen.

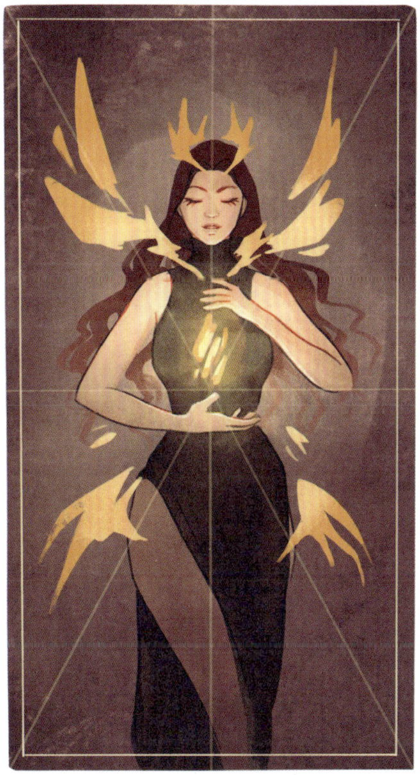

Symmetrie

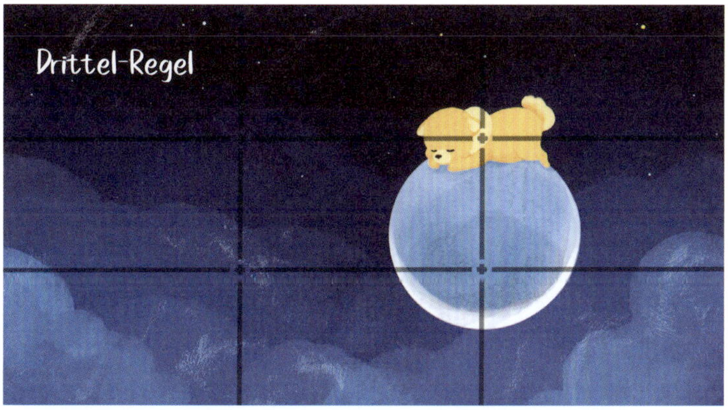

Drittel-Regel

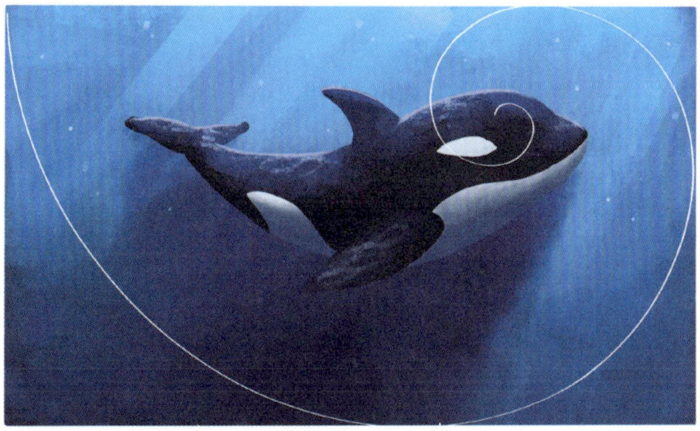

Goldene Spirale

Wie immer hilft es am meisten, die Regeln zu kennen, um sie dann bewusst brechen zu können. So kann man eine Situation umso absurder oder dramatischer wirken lassen, indem die Bildgestaltung absichtlich ungewöhnlich ist.

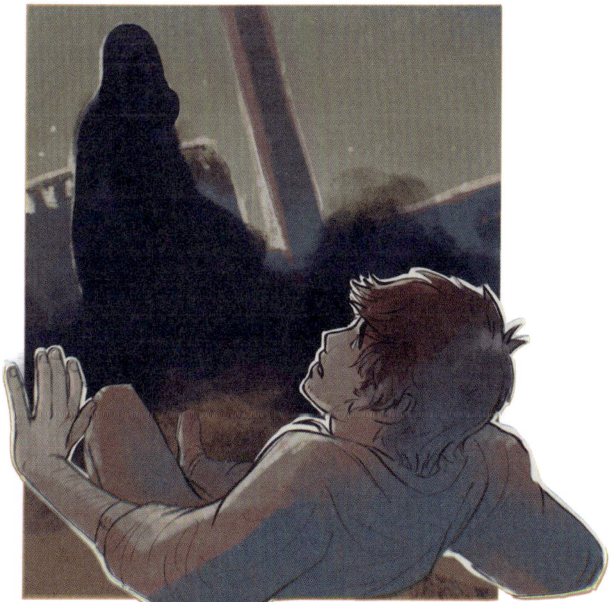

Bild

»DIE BUCHHANDLUNG«

Manchmal ist der Weg bis zu einem fertigen Bild recht lang. Es wird wahrscheinlich sehr oft vorkommen, dass du eine Zeichnung anfängst und sofort wieder verwirfst oder mehrmals neu anfangen musst, bis du wirklich zufrieden bist.

Deswegen will ich dir mal den Prozess zu einem meiner Werke zeigen.

Ich hatte die Idee für ein bestimmtes Motiv. Es sollte ein Mädchen darstellen, das im Regen vor etwas wie einer Buchhandlung sitzt und am Handy spielt oder ein Buch liest, während sie auf den Bus wartet.

Dabei wollte ich eine bestimmte Lichtstimmung erschaffen, bei der die Umwelt recht kalt und düster aussieht, aber warmes Licht vom Inneren des Ladens ausgeht, dass durch das Schaufenster dringt.

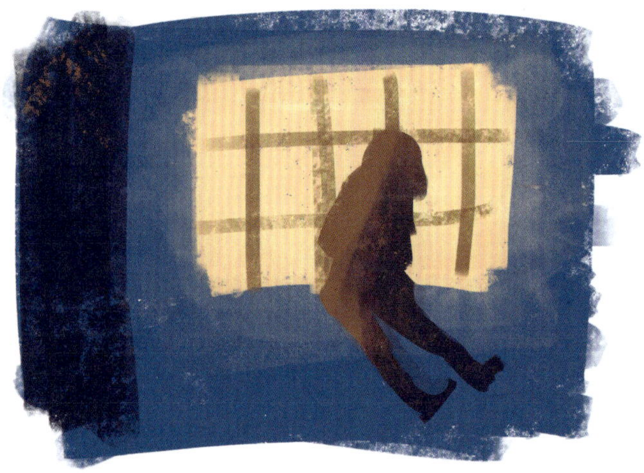

grobe Idee

Daraufhin machte ich eine erste Skizze, war dabei aber zu sehr auf die Person fokussiert, was dafür sorgte dass die Größenverhältnisse nicht wirklich passten. Dieses Konzept verwarf ich dann lieber, als noch lange daran rumzuwerkeln.

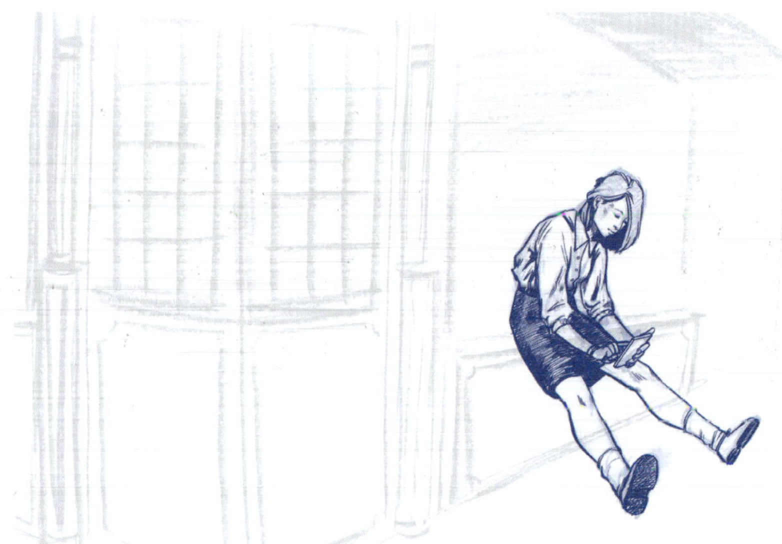

1. Versuch

Den nächsten Entwurf ging ich deswegen etwas gröber an. Ich machte mir mehr Gedanken über den Bildaufbau und skizzierte ihn erstmal in klein.

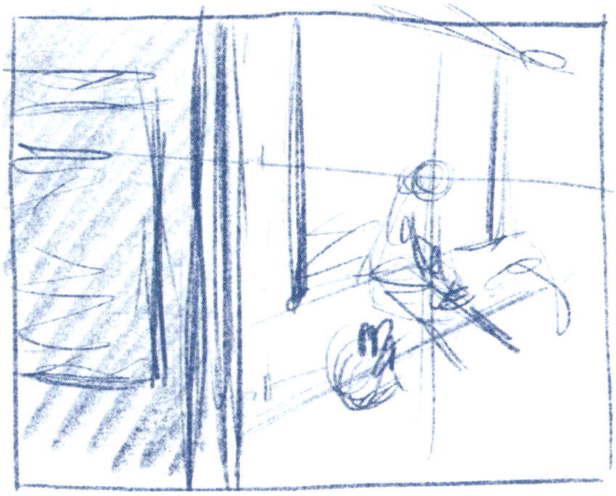

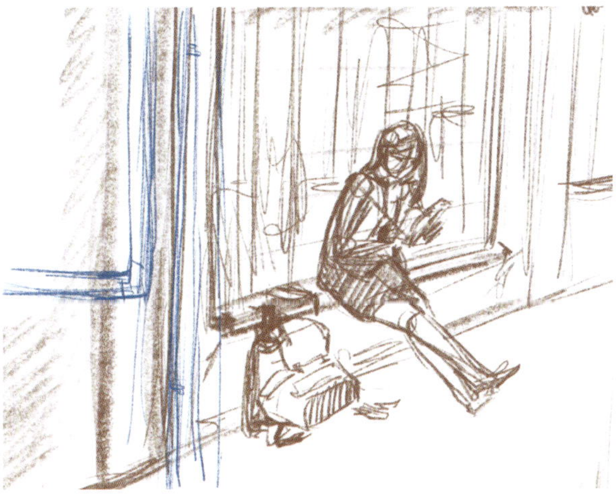

Die grobe Zeichnung die darauf folgte gefiel mir sehr.

Doch zusammen mit der Farbe änderte sich das schnell. Irgendetwas daran passte so gar nicht. Vielleicht lag es daran, dass das Mädchen sehr schlicht aussah oder vielleicht gefiel mir auch nicht, dass die Bushaltestelle nicht wirklich als solche erkennbar war.

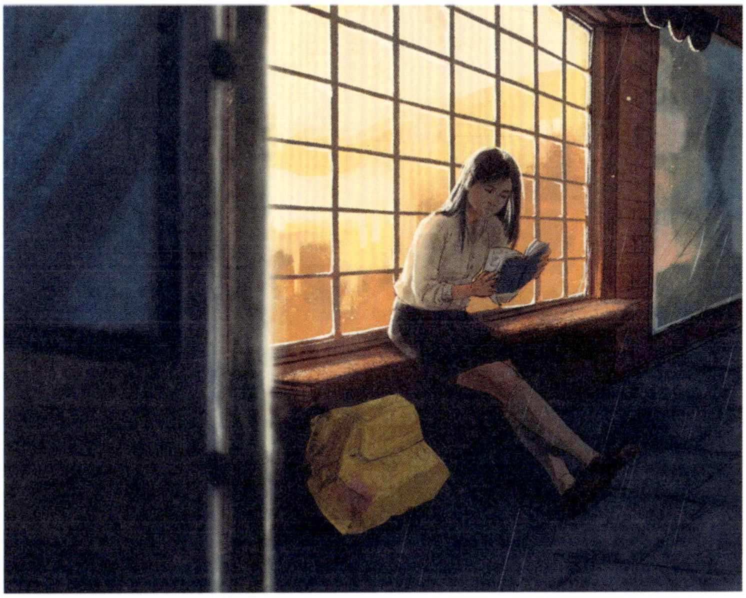

2. Versuch

Ich musste ein drittes Mal von vorne anfangen, denn aufgeben wollte ich nicht.

Ich wollte den Fokus ein bisschen mehr auf einen interessanten Charakter legen, also fing ich an zu brainstormen.

Da der Charakter ursprünglich zum Buch runterschauen sollte, hatten alle Skizzen auch diesen Blick. Bei der letzten Skizze wurde mir aber bewusst, dass gerade das wahrscheinlich mein Fehler war. Ohne wirkliche Emotion hatte das Bild einfach nicht die richtige Wirkung.

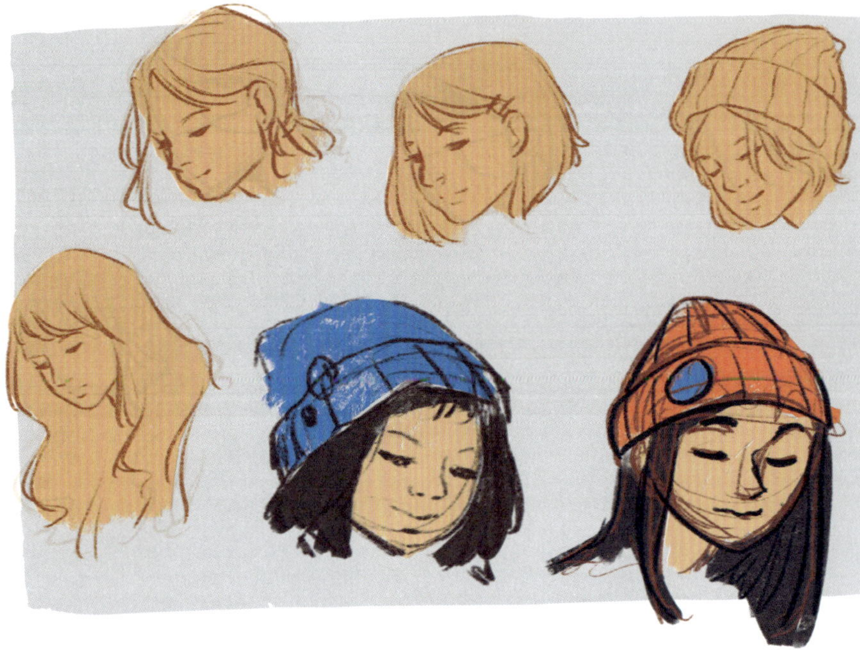

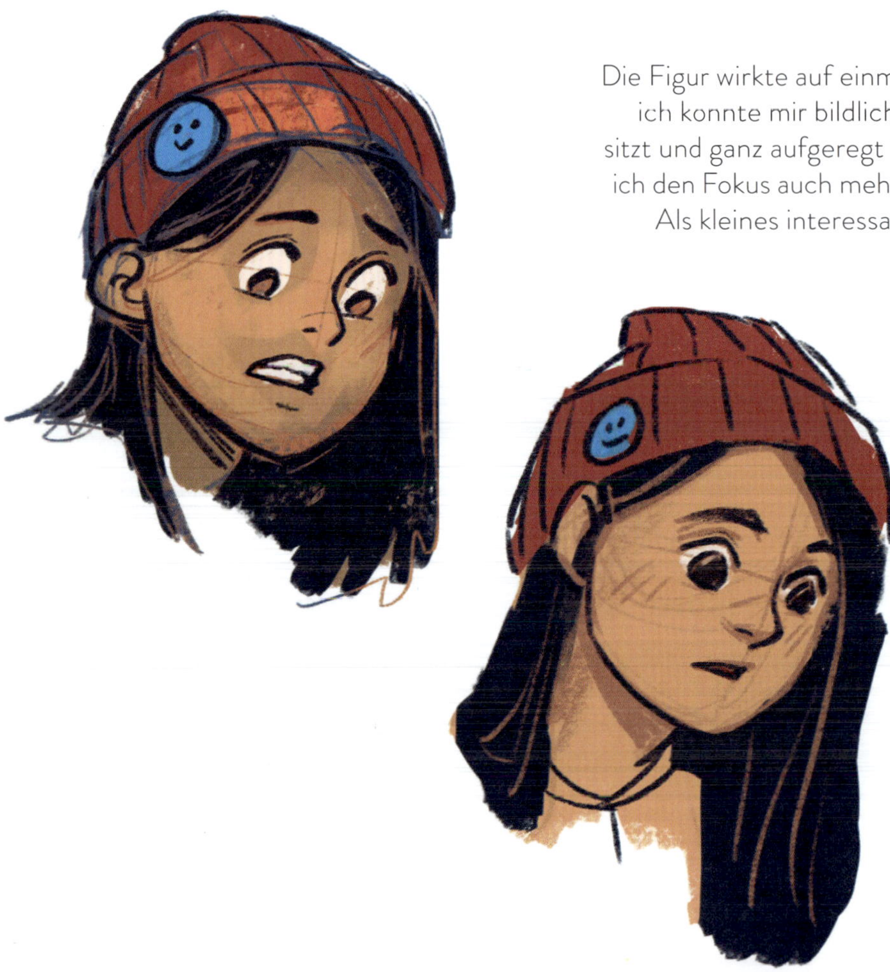

Die Figur wirkte auf einmal viel lebendiger und ich konnte mir bildlich vorstellen, wie sie da sitzt und ganz aufgeregt liest. Dadurch konnte ich den Fokus auch mehr auf das Buch lenken. Als kleines interessantes Element im Bild.

Durch diesen Grundbaustein fiel es mir auch viel leichter, den Rest des Designs anzufertigen.

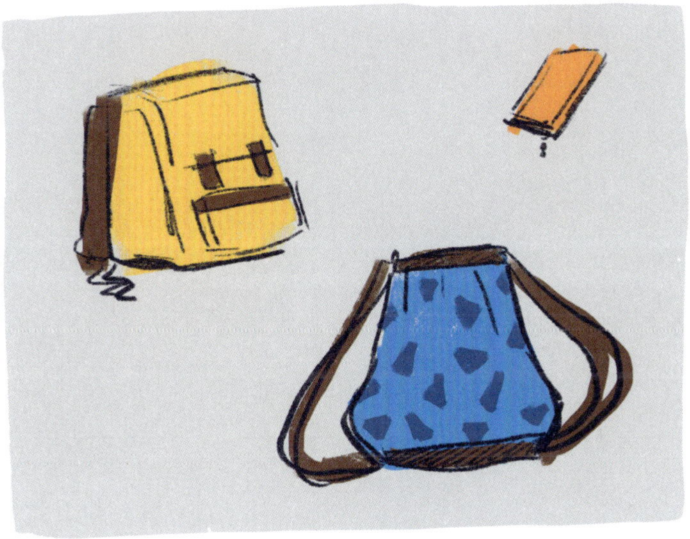

Wegen der Mütze mit dem Button dachte ich mir, dass sie wahrscheinlich mehrere bunte Accessoires besitzen würde. Erst wollte ich den gelben Rucksack übernehmen, aber dachte mir, dass ein Turnbeutel mit Muster darauf besser passen würde.

Ich mochte den Gelbton des vorherigen Rucksacks aber sehr, da er auch einen schönen Kontrast zur Mütze geben würde, also gab ich dem Charakter eine fluffige gelbe Jacke.

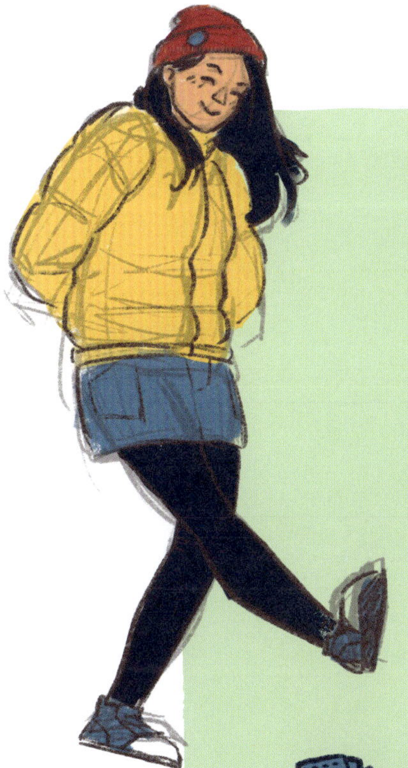

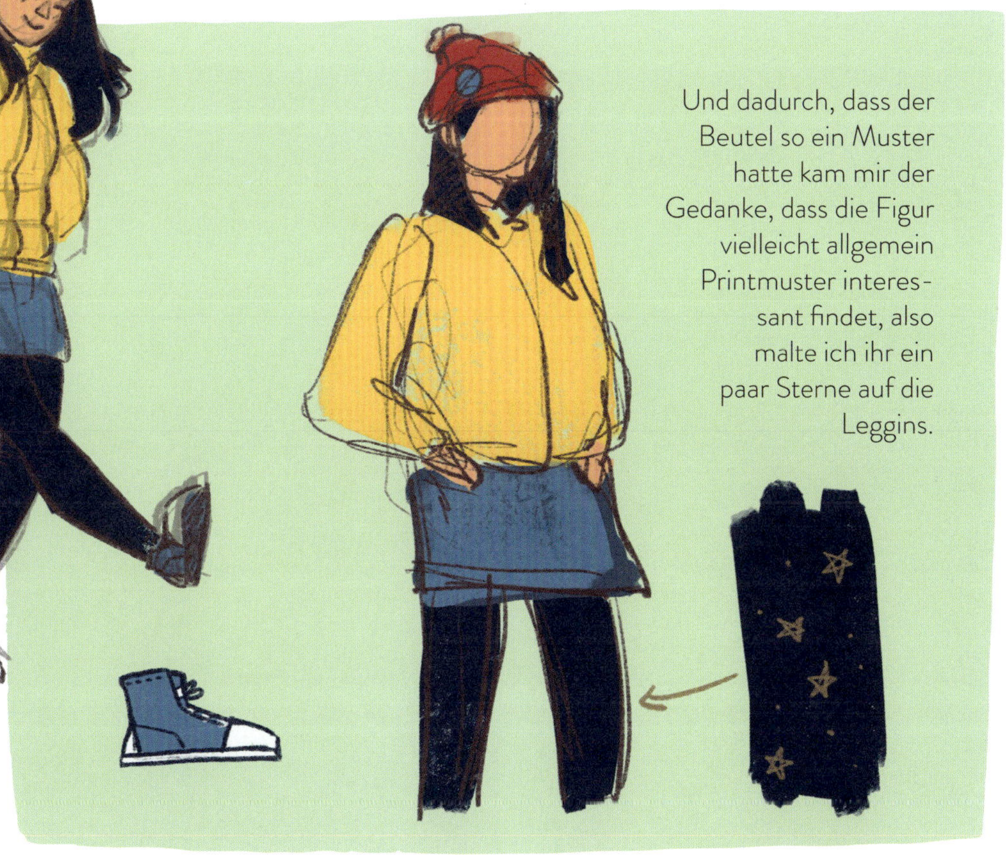

Und dadurch, dass der Beutel so ein Muster hatte kam mir der Gedanke, dass die Figur vielleicht allgemein Printmuster interessant findet, also malte ich ihr ein paar Sterne auf die Leggins.

Auch wenn es nur um ein einziges Bild ging, ich also kein ausgereiftes Character Design geplant hatte, kam eines zum anderen und ich hatte die perfekte Figur gefunden.

Nun da ich den Charakter besser kannte, fiel mir auf Anhieb eine interessantere Pose für sie ein. Sie fand das Buch so spannend, dass sie gar nicht anders konnte als an den Nägeln zu knabbern.

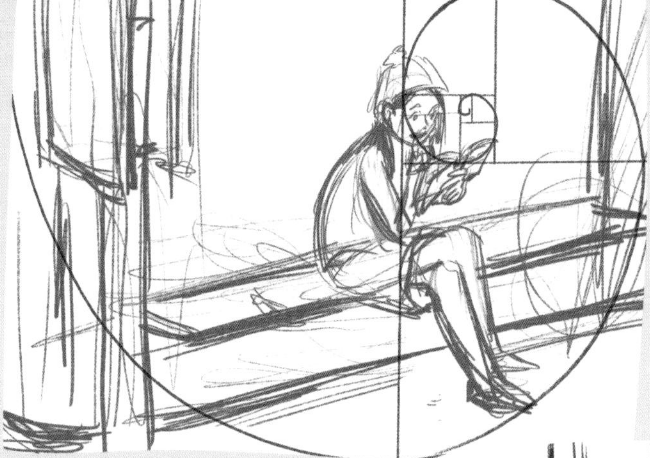

grober Aufbau

Schon fast durch Zufall ergab sich auch, dass die Bildkomposition der Goldenen Spirale entsprach. Der Blick verläuft schön über die Bushaltestelle, ihre Beine hin zu ihrem Gesicht und dem Buch.

Da meine Skizzen meistens unglaublich ungenau sind, fertige ich meistens noch eine oder mehrere weitere genauere an, bevor ich mit den finalisierten Linien anfange.

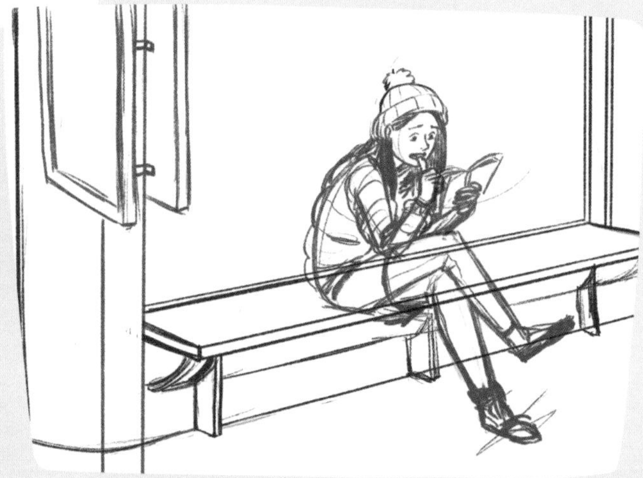

genauere Skizze

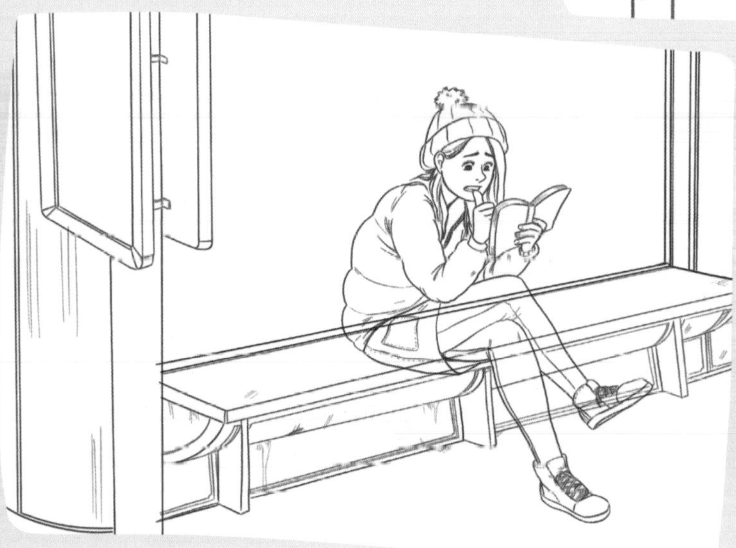

Outlines

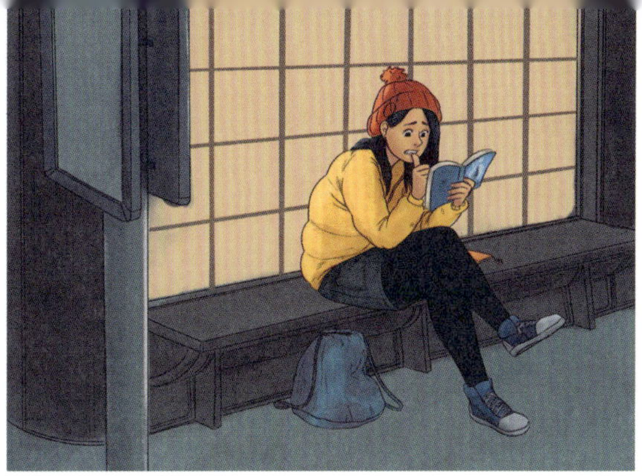

Sobald die Outlines stehen, kann ich auch die Farben ausfüllen. Ein paar simple Schattierungen sind auch schon drin, damit es für den Anfang nicht zu falsch aussieht.

Die Details und komplexere Lichteffekte folgen aber jetzt.

Reflektionen

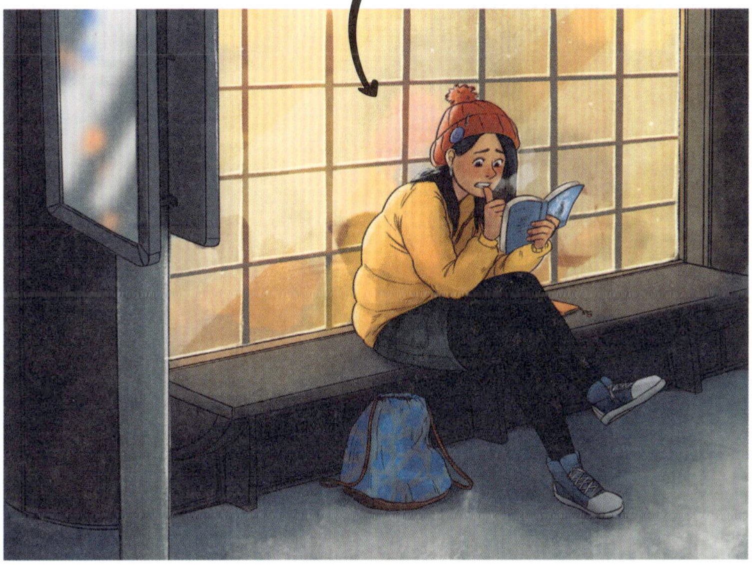

... eine Straße mit Verkehrslichtern zum Beispiel.

Viele Details müssen nur angedeutet werden, wie die Fensterscheibe mit ihren Reflektionen. So wird die Spiegelung des Mädchens beispielsweise dadurch dargestellt, dass die Farben ihrer Jacke und Mütze hinter ihr aufgemalt wurden.

Das Bushaltestellenschild öffnet das Bild in gewisser Weise noch ein bisschen. Darauf befinden sich spiegelnde Lichter, die suggerieren, dass sich außerhalb noch mehr befindet ...

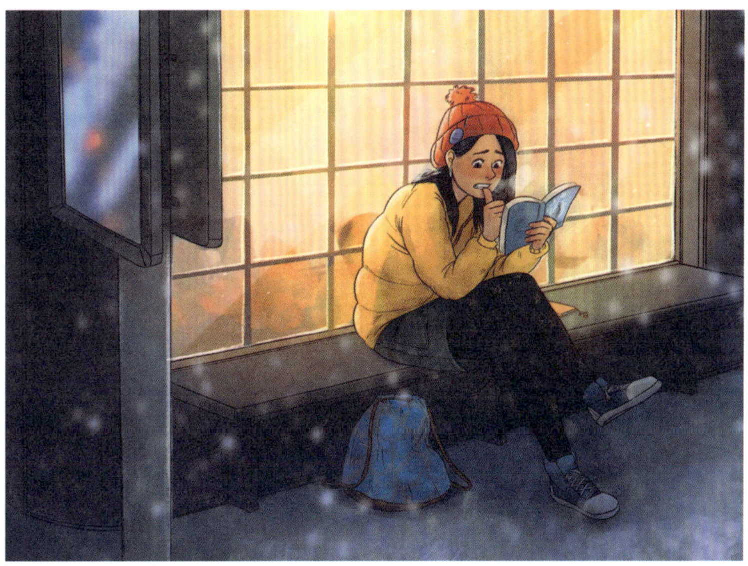

Zuletzt fehlen nur noch die Effekte. In diesem Fall ein orangefarbenes Leuchten im Bereich des Schaufensters und rund herum ein bisschen mehr dunkles Blau.

Eigentlich sollte es in der Szene regnen, aber wegen der dicken Jacke fand ich Schnee dann doch passender.

REFERENZEN

Referenzen nutzen klingt eigentlich nach etwas, das nur im ersten Kapitel oder vielleicht noch im zweiten relevant sein sollte. Aber nein, Vorlagen nutzen ist auch ein kreativer Prozess.

Diese Eule hatte ich vor einer Weile gezeichnet, ohne dass ich mir vorher noch mal explizit Bilder von den echten Vögeln angeschaut, geschweige denn wirklich abgezeichnet hatte. Ich war sehr enttäuscht von diesem Bild, denn man erkennt zwar um was für ein Tier es sich handelt, weil ich das grobe Aussehen noch im Kopf hatte. Manchmal reicht das Gedächtnis aber einfach nicht aus.

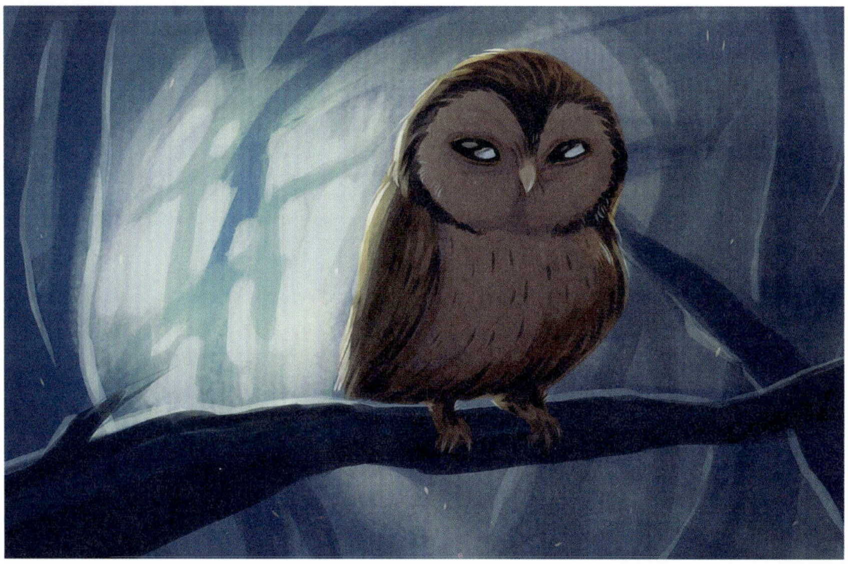

ohne Referenz gezeichnet

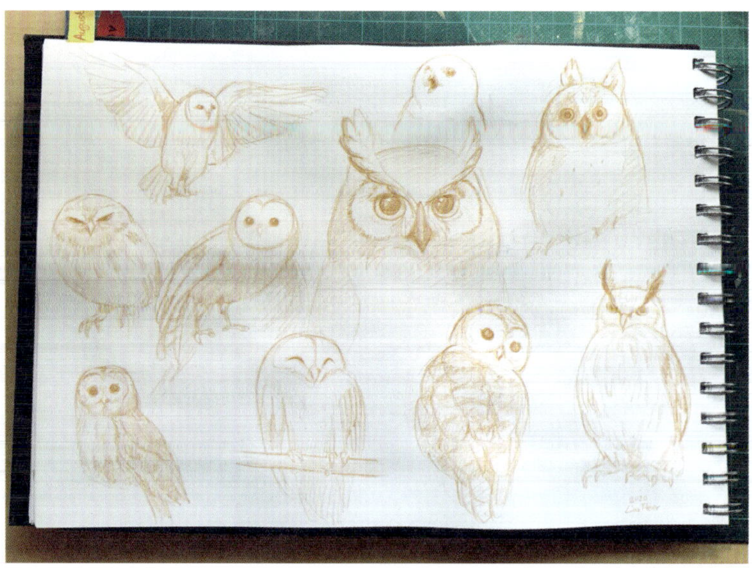

Da lohnt es sich, Zeit ins Lernen zu investieren. In dem Fall bedeutet das, einfach mal verschiedene Eulen abzeichnen und studieren, um danach auch besser entscheiden zu können, für welchen Look man sich entscheidet.

Danach ist man nicht nur selbstbewusster, was das korrekte Aussehen betrifft, sondern kann sich auch von verschiedenen Farben inspirieren lassen, denn man hat bis dahin schon viele verschiedene Fotos gesehen.

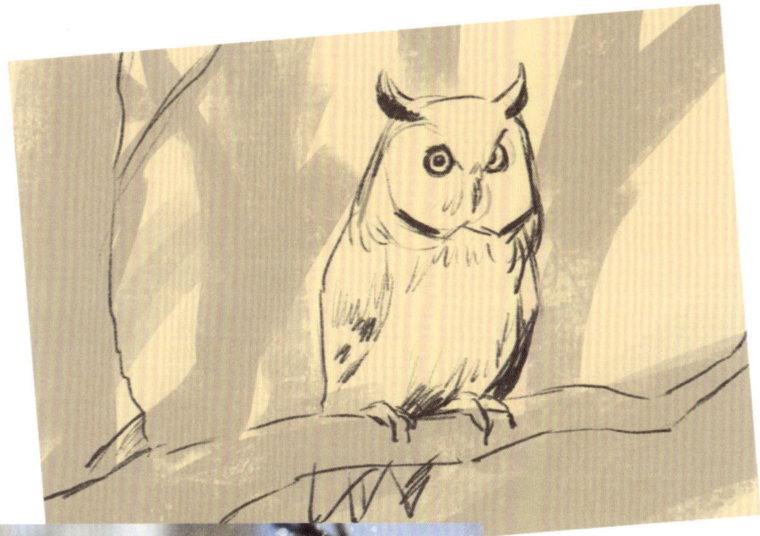

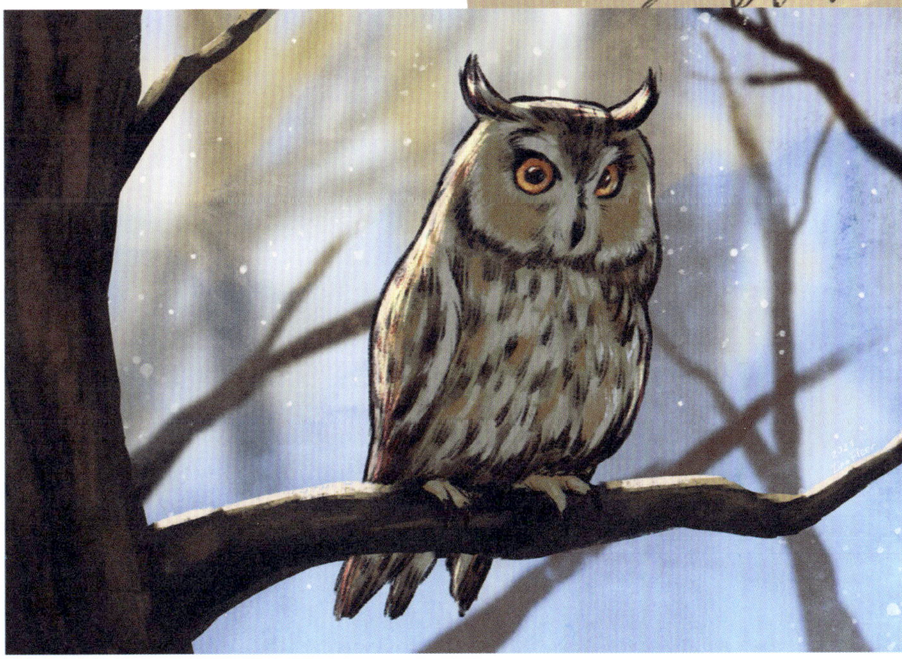

Referenz genutzt

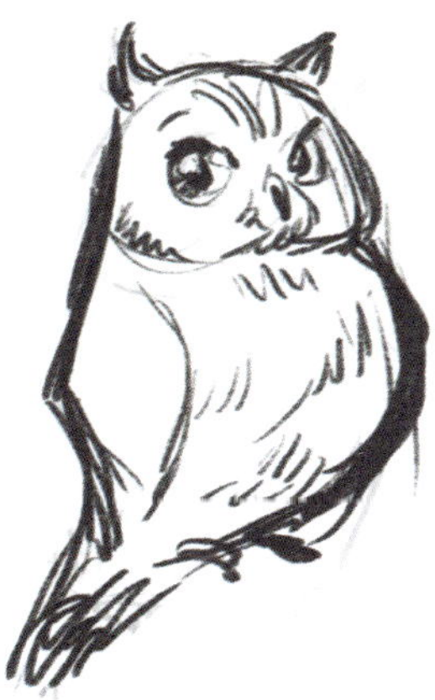

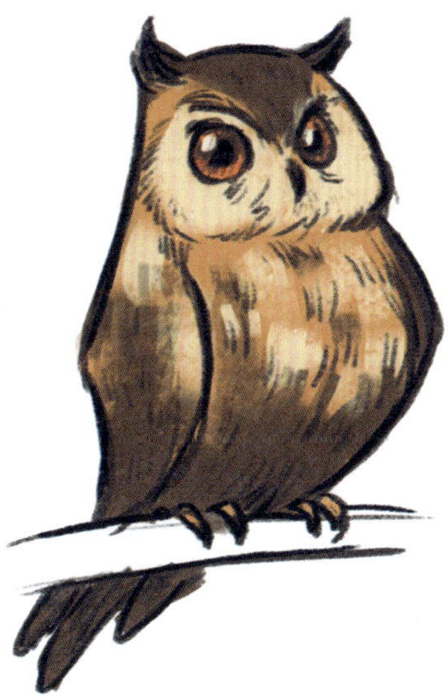

Und keine Sorge: Auch wenn du besonders viel von Fotos nachahmst, es sorgt immer auch für mehr Verständnis bei anderen Stilen. Du kannst dein angesammeltes Wissen viel besser verarbeiten und gewinnst auch in diesen Aspekten mehr Selbstsicherheit.

ERFAHRUNG & STIL

Am Ende dieses Buches kann ich dir nur noch einen Tipp geben: Mach dir keinen Druck! Du lernst in Schüben und wirst manchmal auch das Gefühl haben, nicht sofort weiter zu kommen, aber das ist ganz normal.

Sei froh, wenn du einen Punkt erreichst, an dem du unzufrieden mit deinen Fähigkeiten bist, denn das heißt, dass du dich weiterentwickelt hast und besser erkennst, woran du arbeiten solltest.

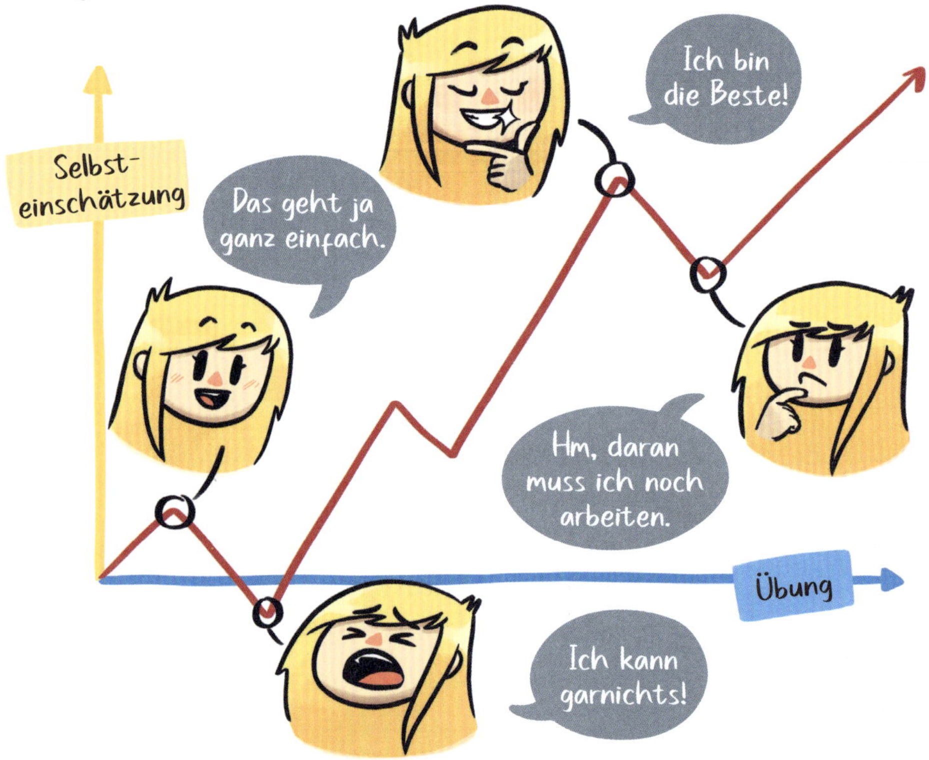

Nicht nur Zeichnen allein sorgt für eine Verbesserung. Kreative Hobbys wie Modellieren sind großartige Ergänzungen. Aber auch unscheinbare Dinge wie bestimmte Sportarten können dein Verständnis für den menschlichen Körper weiterbringen.

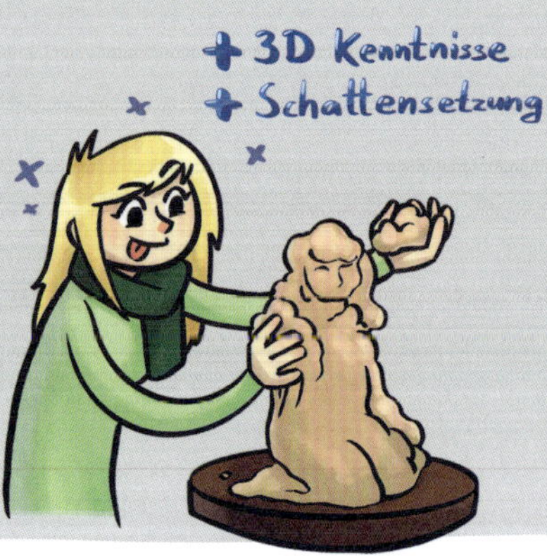

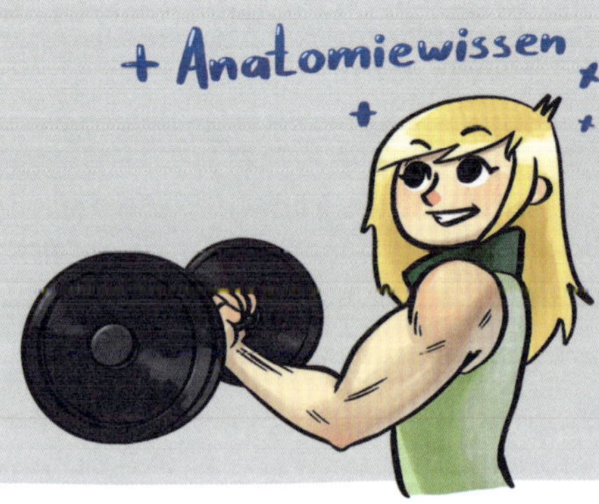

Auch dein eigener Zeichenstil wird sich auf die Dauer entwickeln. Du musst ihn nicht erzwingen oder dich früh entscheiden. Dadurch, dass du genau die Dinge zeichnest, die dir am liebsten sind, wirst du dich selber auch stilistisch in diese Richtung begeben.

Anders herum kann es aber hinderlich sein, wenn du dich zu früh festlegst und nicht auch mal neue Dinge ausprobierst. Viele kreative Menschen haben von Grund auf verschiedene Arten zu arbeiten oder müssen sogar beruflich von Projekt zu Projekt andere Stile übernehmen.

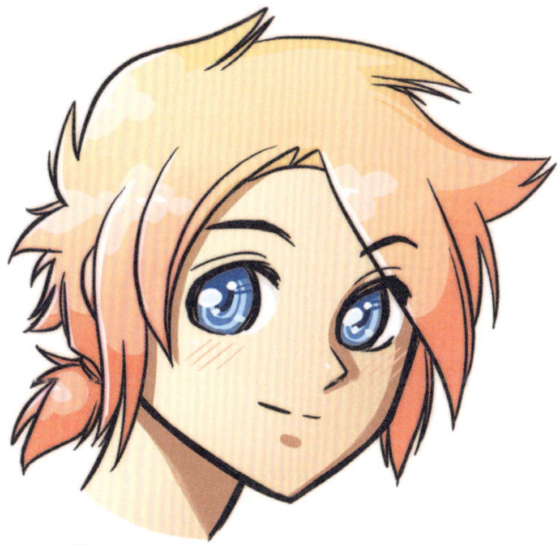

Mangastil

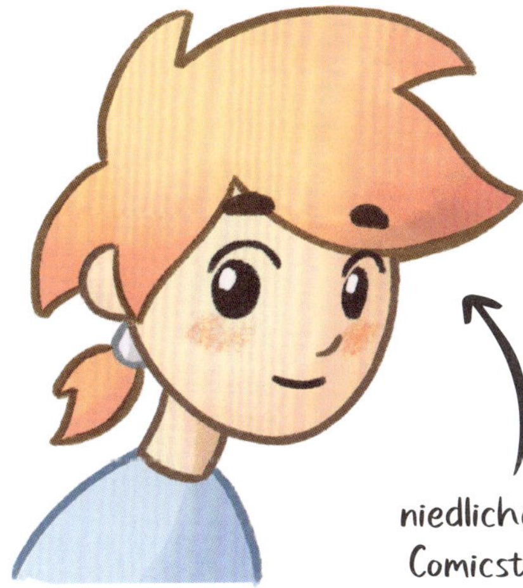

niedlicher Comicstil

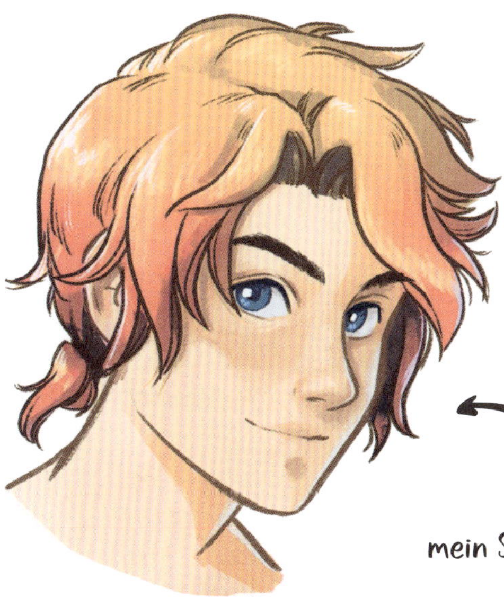

mein Standardstil

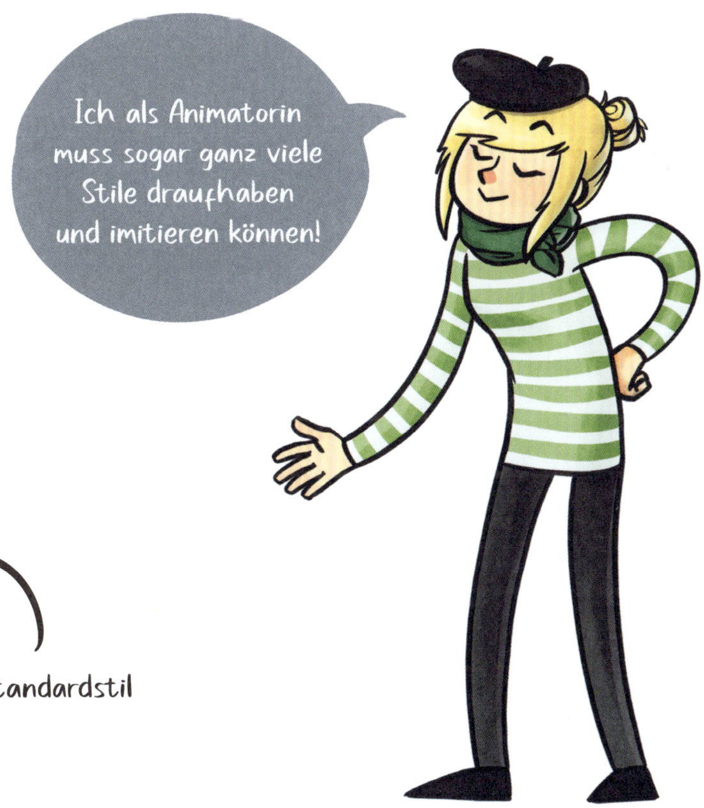

MATERIAL

Zum Zeichnen kannst du fast alles benutzen, aber ich möchte dir zuletzt noch zeigen, was ich am häufigsten für meine Bilder und Videos verwende.

Als Animatorin und Illustratorin arbeite ich meistens digital. Dafür gibt es verschiedene Set-ups, die alle ihre Vor- und Nachteile haben.

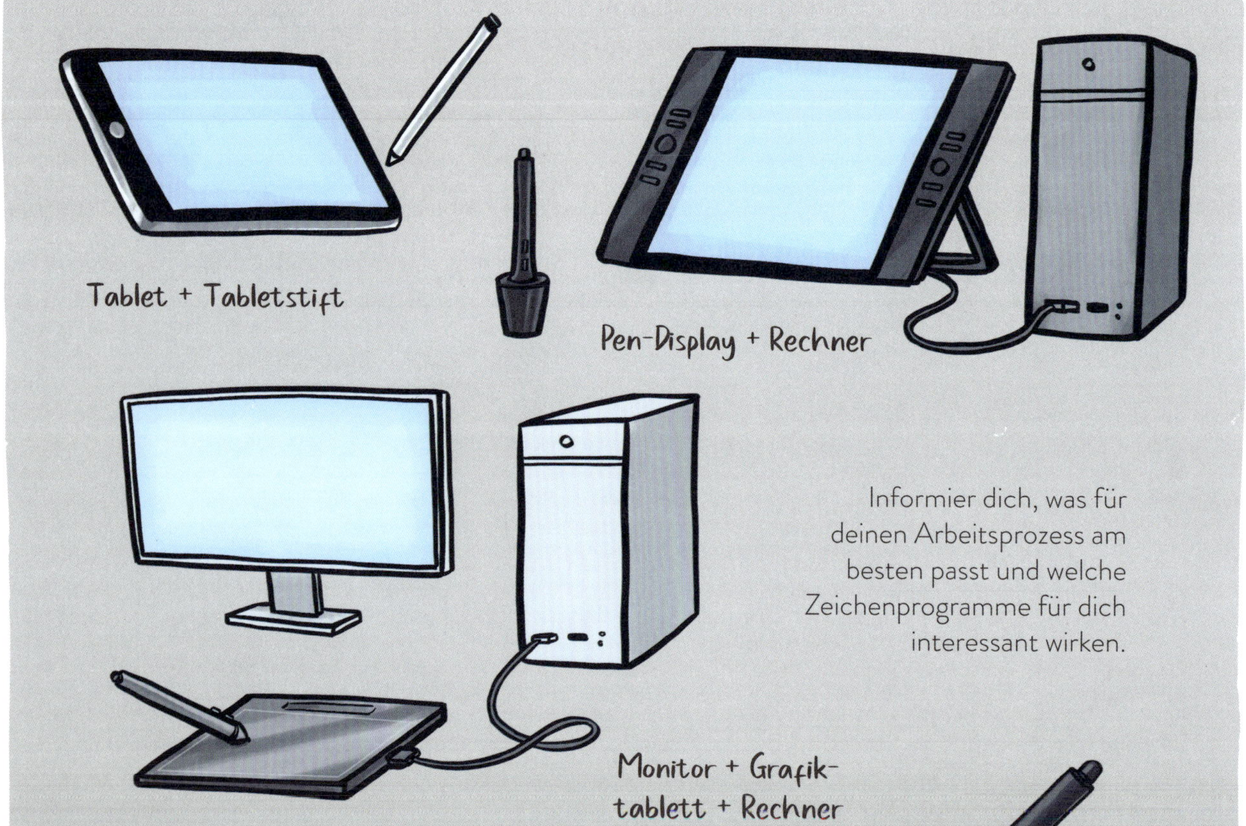

Informier dich, was für deinen Arbeitsprozess am besten passt und welche Zeichenprogramme für dich interessant wirken.

Auch wenn die Technik unterschiedlich sein mag und sich ständig weiterentwickelt: Hauptsache du hast einen Stift, mit dem du digital zeichnen kannst, und dieser erkennt, wie fest du aufdrückst.

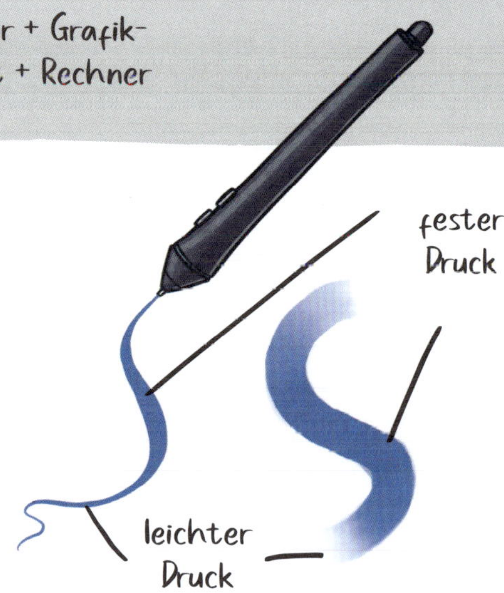

Manchmal zeichne ich aber auch unterwegs, also ist hier mal ein Einblick in mein Mäppchen:

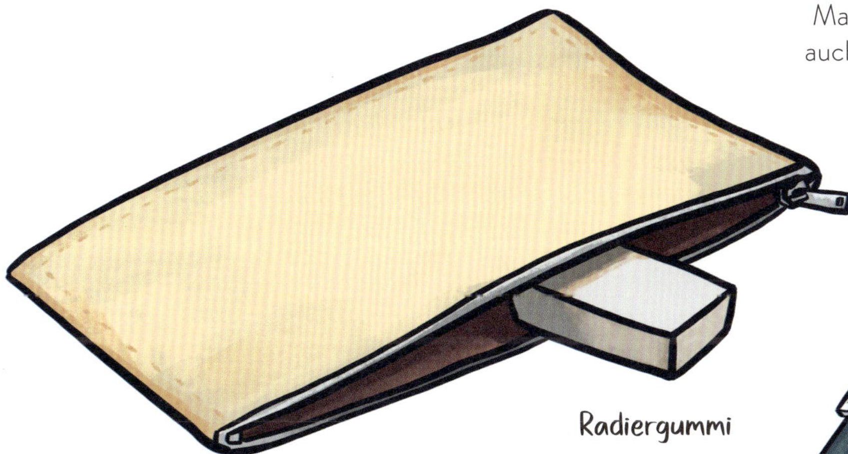

Radiergummi

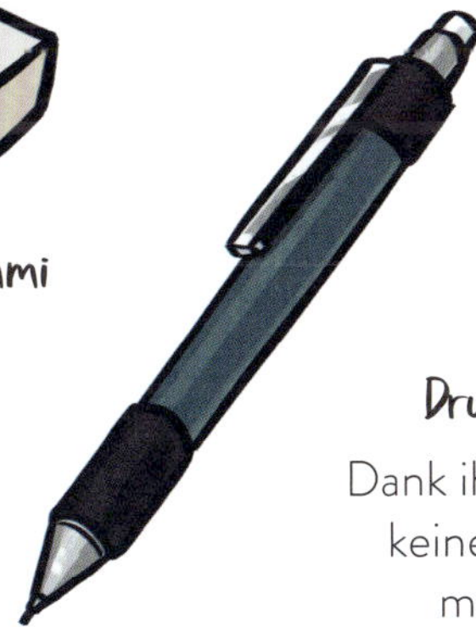

Druckbleistift

Dank ihm muss ich keinen Anspitzer mitschleppen. Als Mine nutze ich meistens 0,7B.

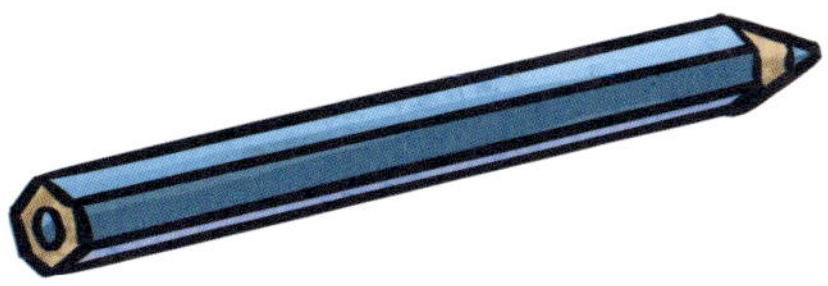

blauer Buntstift

Da ich ihn für grobe Skizzen nutze, sollte er leicht zu radieren sein.

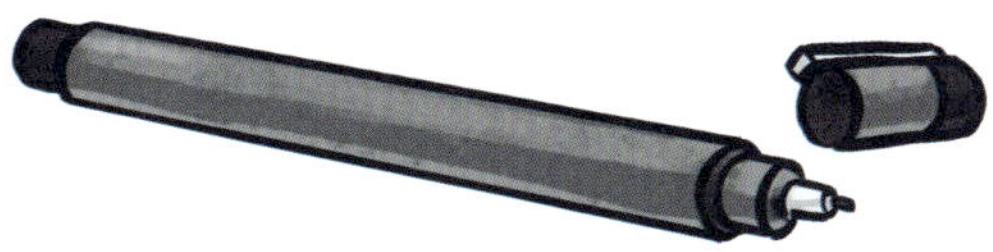

Fineliner

In den Größen 0,1 bis 2,0 sind sie perfekt für Outlines.

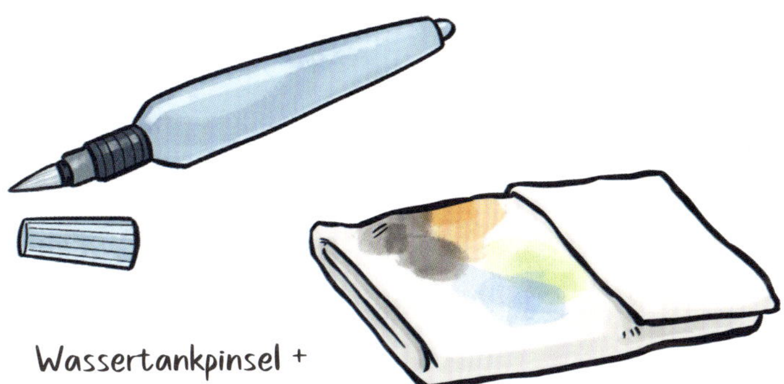

Wassertankpinsel + Taschentuch

Falls ich unterwegs malen möchte, dürfen ein Wassertankpinsel und etwas zum Farbe abtupfen nicht fehlen. Welche Farben ich gerne nutze, folgt auf der nächsten Seite.

Geodreieck

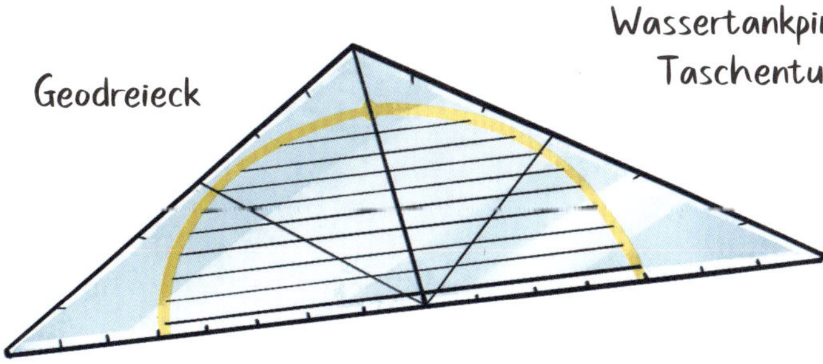

Hier mal eine kleine Auswahl meiner Lieblingsmalutensilien. Je nachdem kann man das Material auch miteinander kombinieren.

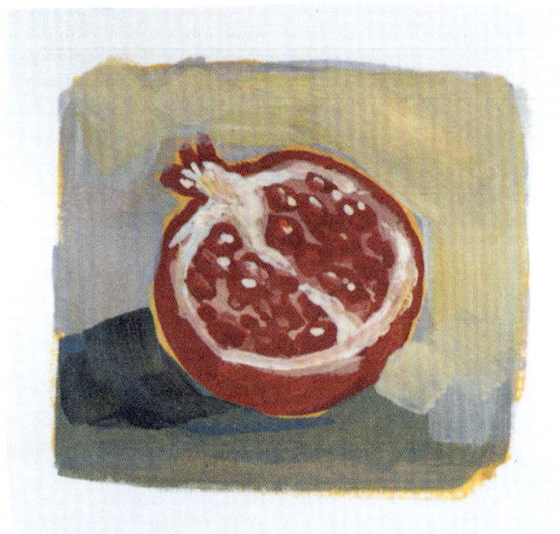

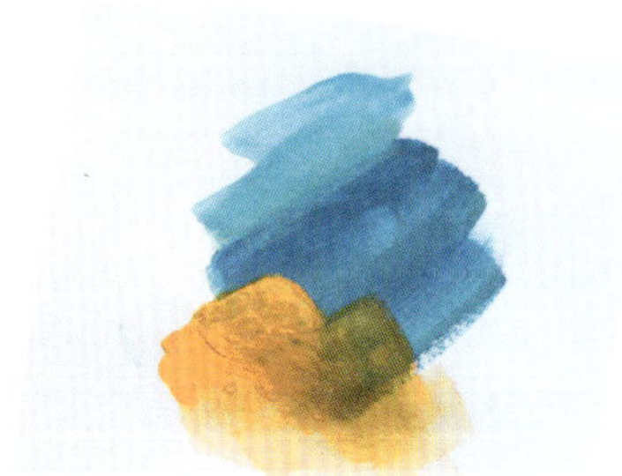

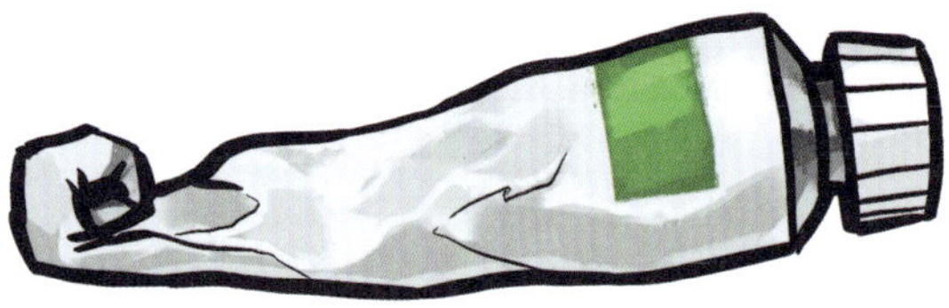

Gouache

Gouache ist eine wasserlösliche Farbe, die gleichzeitig aber sehr deckend ist. Super, wenn man mal etwas Ausgefalleneres in seinen Block malen möchte.

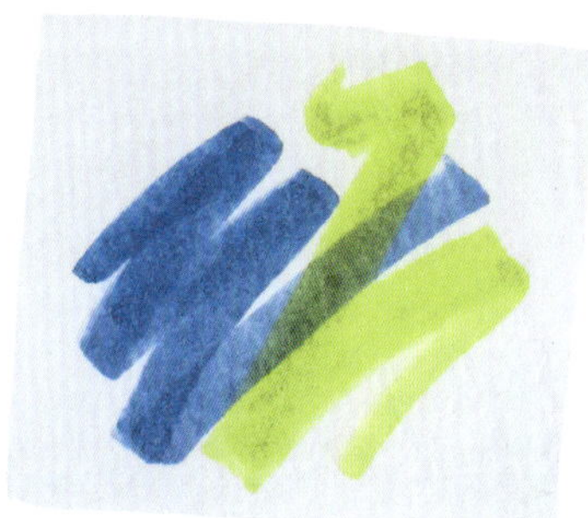

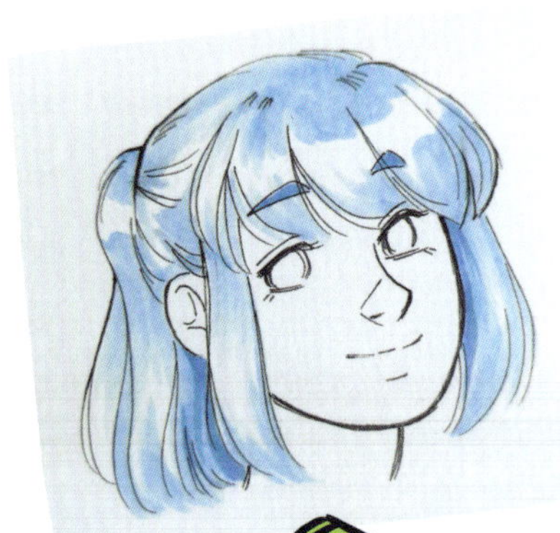

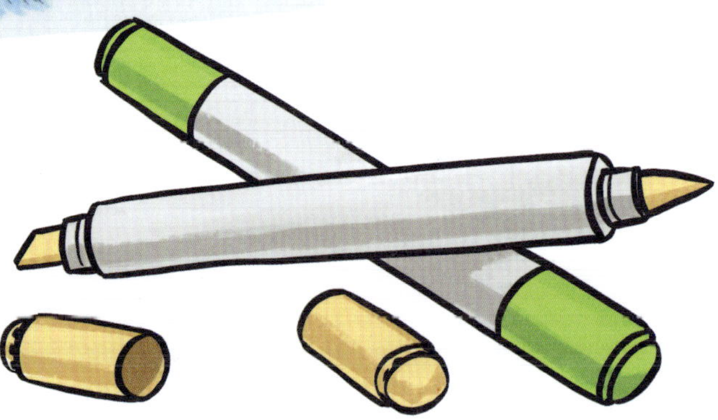

Alkoholmarker

Gerade bei Manga- und Comicbildern sehr beliebt. Du kannst damit Flächen perfekt ausmalen und Farben überlagern. Zudem gibt es eine riesige Auswahl an Stiften.

Buntstifte

Buntstifte kannst du für fast alles benutzen. Sie eignen sich super zum Skizzieren, zum Ausmalen oder um bunte Outlines zu ziehen. Zudem kannst du sie zusätzlich zu dem anderen Malwerkzeug einsetzen, um beispielsweise Details hinzuzufügen.

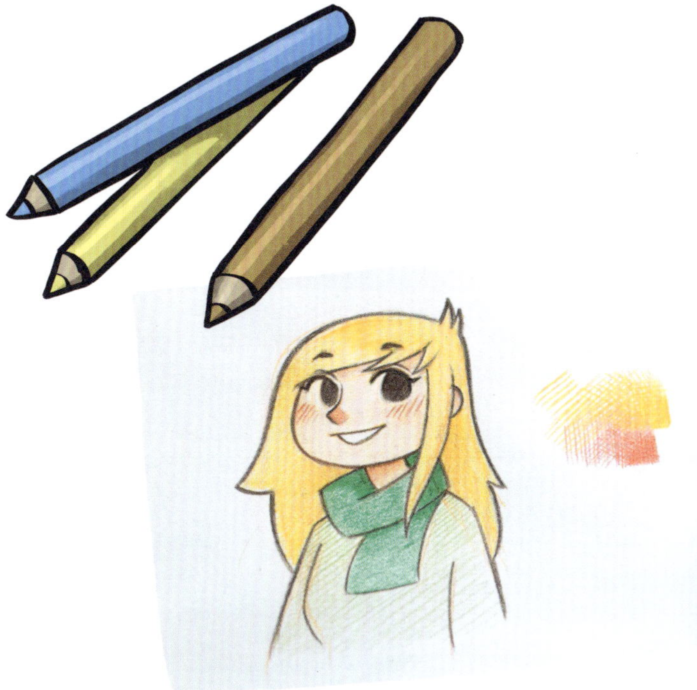

Aquarellfarbe

Damit malst du fast gleich wie mit den Wasserfarben, die du vielleicht aus der Schule kennst. Mit ihnen kannst du unglaublich hübsche Bilder erschaffen.

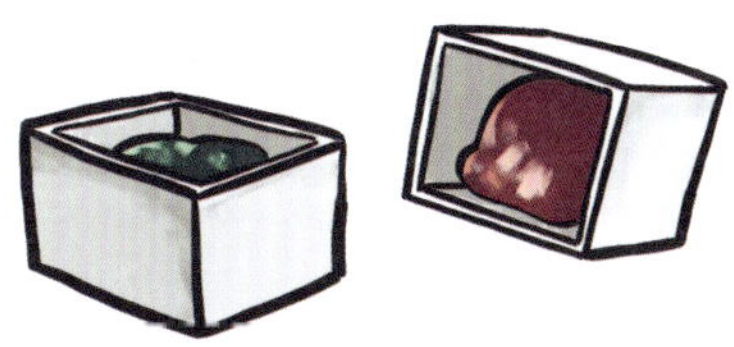

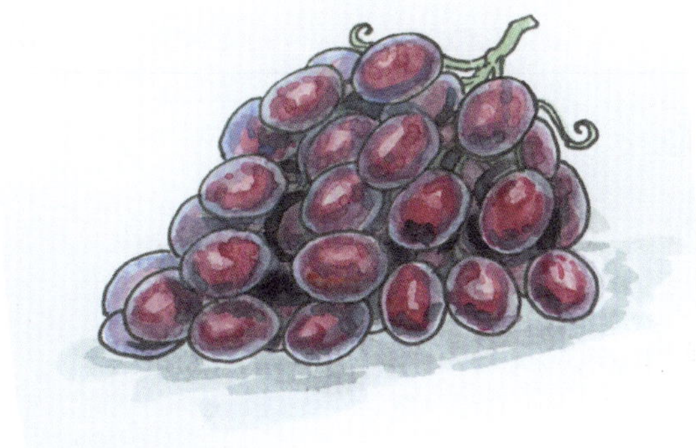

Aquarellbuntstifte

Eine Kombination aus Buntstift und Aquarellfarbe. Du kannst die Stifte wie ganz normale Buntstifte nutzen, aber wenn Wasser an das Pigment kommt, verwandelt es sich in Wasserfarbe. Perfekt für unterwegs.

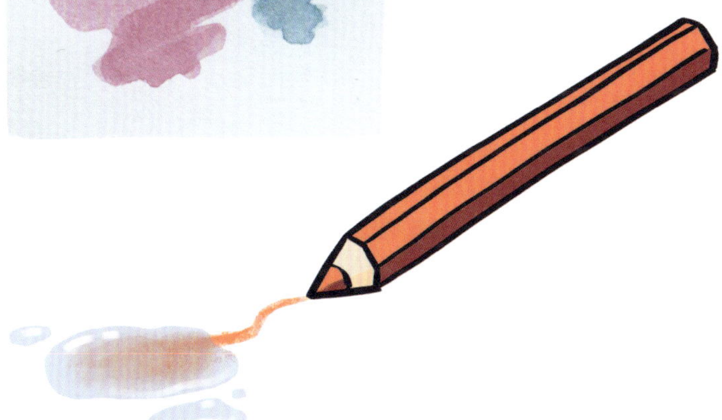

ÜBER DIE AUTORIN

Für Lina Fleer war nicht nur das Zeichnen, sondern auch alles rund um die Computerwelt eine Konstante in ihrem Leben. Sie studierte deshalb 2013 Game Design in Berlin und spezialisierte sich auf Animation und Character Design. Mit ihren eigenen Zeichentrickfilmen über Kunst, Videospiele und andere kreative Themen machte sie sich auf Youtube und anderen Social Media Plattformen selbstständig.

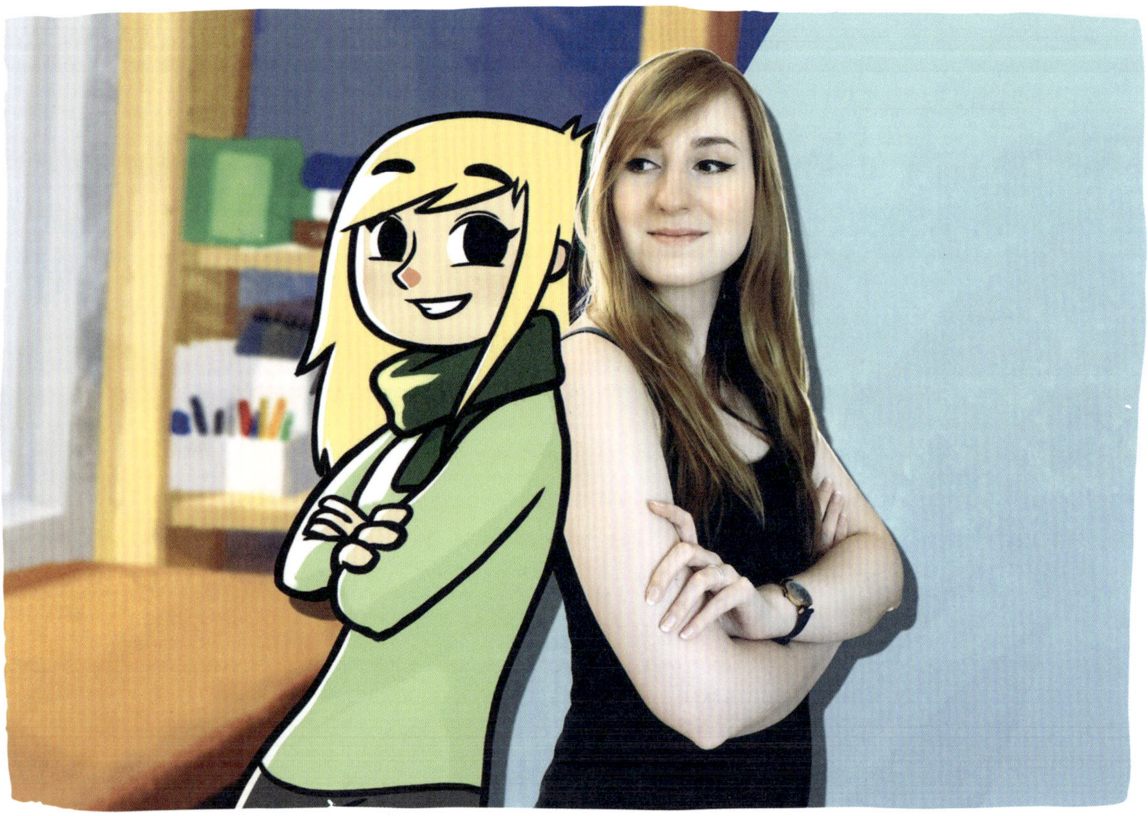

youtube.com
linafleer

instagram
@linafleer

twitch.tv
linafleer

twitter
@linafleer

DANKSAGUNG

Zuletzt möchte ich mich noch bei ein paar Leuten bedanken!

Bei meinem Mann

Der mich jeden Tag inspiriert und dazu bringt, das Beste aus mir rauszuholen.

Bei Phili

Fürs Gedankensortieren, Immer-da-sein und mich daran Erinnern, dass Kommas existieren.

Bei meiner ehemaligen Professorin

Meinem größten Vorbild nicht nur was das kreative Arbeiten, sondern auch die Lehrmethoden betrifft.

Bei meiner Community

Einer wundervollen Truppe der verschiedensten Menschen, deren Begeisterung mich jedes mal aufs Neue aus den Socken haut und einer der Hauptgründe ist, warum ich meinen Job so liebe.

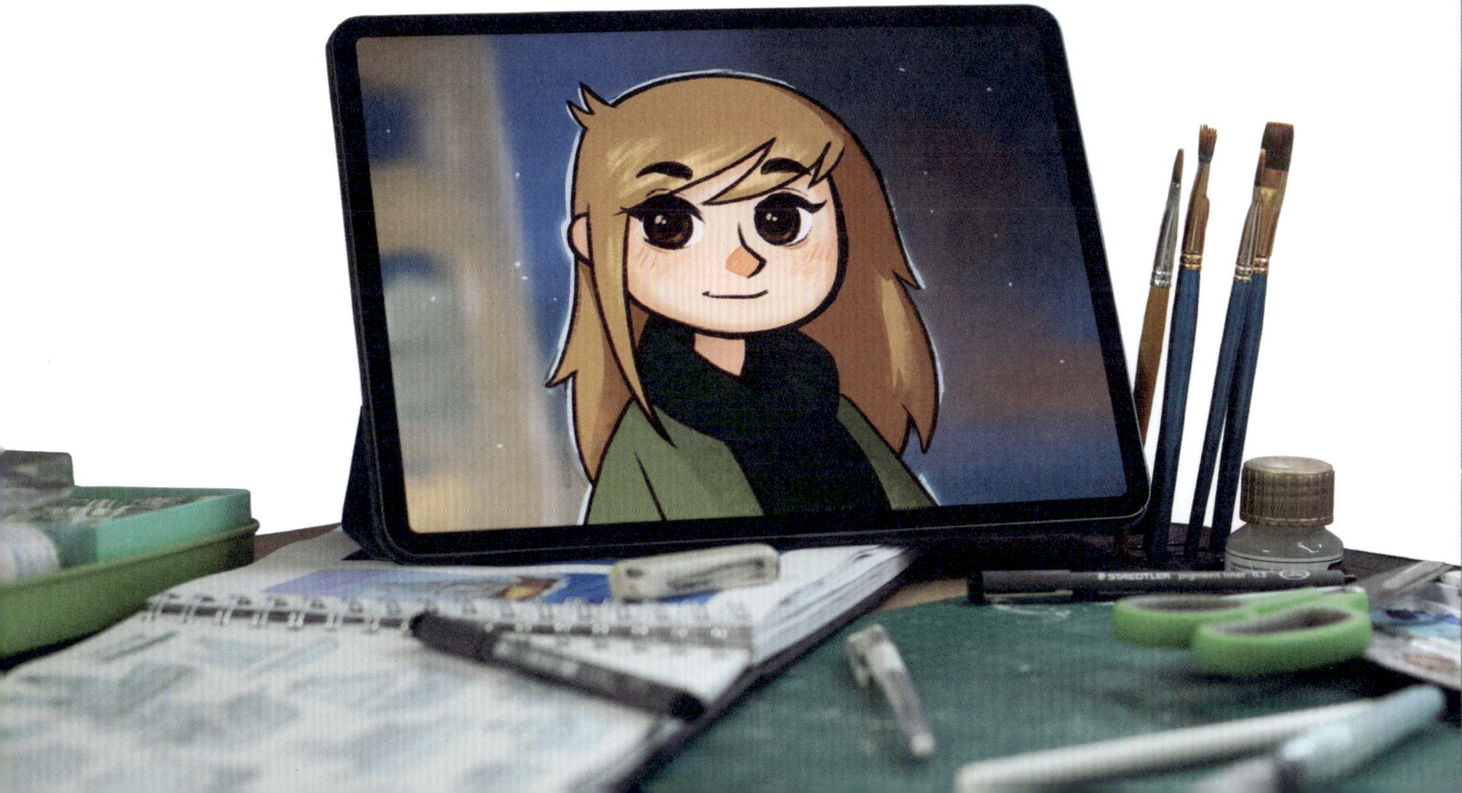

IMPRESSUM

Bibliografische Information der Deutschen Bibliothek.

Die Deutsche Bibliothek verzeichnet diese Publikation in der Deutschen Nationalbibliografie.

Detaillierte bibliografische Daten sind im Internet über http://www.dnb.de/ abrufbar.

EIN BUCH DER EDITION MICHAEL FISCHER

4. Auflage 2024

Covergestaltung: LinaFleer und Sonja Bauernfeind

Redaktion und Lektorat: Dr. Franziska Klorer

Layout: LinaFleer und Silvia Keller

Satz: Silvia Keller

ISBN 978-3-7459-0729-2

Gedruckt bei C&C Offset Printing Co., LTD., 14/F, C&C Building, 36 Ting Lai Road, Tai Po, N. T. Hong Kong

www.emf-verlag.de